東大の古典

25カ年［第12版］

柳田　縁 編著

教学社

はじめに

東京大学合格を目指して受験勉強に励まれている皆様、その指導者の皆様、その他、何らかの経緯で本書を手に取ってくださった皆様、知的な言葉の世界へようこそ。

本書は、東京大学の入学試験で出題された二十五カ年分の古文・漢文の問題をそのまま掲載のうえ、編著者による解答例・通釈・解説を加えたものです。受験参考書としての性格を第一義とするものではありますが、編著者からの御挨拶に代えまして、一文を記させていただきます。

掲載の文章や問題にじっくり取り組まれる方も、東京大学の入試問題ってどんなものかという興味で御覧になっている方も、とりあえずパラパラとページをめくってみて、どのような印象をもたれたでしょうか。その感想が編著者当方といくらかなりとも共有できればうれしいのですが、

言葉に真摯に向き合うための素材として、

古典文学の教養のためのアンソロジーとして、

これほど質の高いものはありません。編著者当方は、日本語文法を専攻しましたうえで、現在は大学受験予備校講師、いわゆる受験屋で、現行の大学入学試験に基づいての受験指導講義に加え、教材や模擬試験の執筆等を生業としております。その中でのふとした御縁で本書執筆の機会をいただいたわけですが、本書初版から数えますと四十年分以上にわたっての東京大学入学試験問題の文章を読み、設けられた問いの意図を考え、その要求に対する答案や解説を作成するという作業は、仕事の一環とはいえ、さまざまな発見や感動があり、非常に楽しく、勉強になるものでした。毎年の入学試験問題作成にあたり、一定して良質の文章を選定されている東京大学当局に感謝と敬意を表したいと思います。

大学の入学試験のための勉強の過程やその成果は、人生を次へ進めるための一つの段階であり、手段となるものです。東京大学の古典の問題は、望んで努力したうえで一定の基準を満たした者を選考するにあたり、しごくまっとうで公平なものだと

当方は考えます。ぜひ、ここで出会った先人の言葉に真摯にぶつかり、その意味を考え、その理解を自分の言葉で表現する模索や訓練を実践してください。そのうえで、自分が選んだ道を進んで社会人となり、誠意ある自分の言葉を発信していってください。本書を通じて出会った皆様と、的確な言葉の遣い手を目指す同志となれることを信じています。

柳田　縁

★〔通釈〕につきまして、古文と漢文で方針が異なっておりますことを御了承ください。古文は、書かれている通りの日本語に忠実にとの観点から、原則「何も足さない・何も引かない」ことを旨とし、ごく事務的な作りになっています。漢文は、他言語の翻訳にあたるため、構文や訓点に基づきつつも、理解の範囲内での「解釈」として、時制や敬語を加えたり会話文はそれらしく表現したりするなど、いくらかの脚色を施している部分があります。

★他社の媒体によるものを含めまして、同分野の研究者の方々や同業者の方々の先行文献を参考にさせていただいた点が多分にございます。個々に申し伝える機会をもつことができませんことをお詫びかたがた、さまざま勉強させていただいたことへの感謝を申し上げます。ありがとうございます。

目次

【本書の利用法】

東大の入試は二次試験重視型（共通テスト：二次試験＝一：四）で、二次試験における国語の配点は文科が一二〇／四四〇点、理科が八〇／四四〇点である。特に文科の場合、二次の国語が合否を左右すると言っても過言ではない。さらに、国語の試験における古典（古文・漢文）の割合は、文科が一九九九年度以前は四／七題、二〇〇〇年度以降は二／四題、理科が一九九九年度以前は二／四題、二〇〇〇年度以降は二／三題となっている。古典分野への十分な対策が不可欠である。

本書は、実際の東大入試問題を研究し、受験生に必要十分な情報と対応策を示すために作成したものである。以下に示す利用法に基づいて練習を重ねてほしい。

一　本文と設問のパターンに慣れる

東大で出題される文章は決して難解なものではないし、設問にも奇問の類はみられない。小手先のテクニックは不要、きちんと文章を読み解く力が求められているということである。〔設問の特徴と留意点〕をよく読み、本文・設問・答案のつながりを意識した演習を行ってほしい。慣れるためにはある程度の量をこなすことも必要である。本書に掲載の問題はすべて解く意気で、計画的に取り組んでいこう。文章や思考過程に慣れるという意味では、特に古い年度のものについて、時には、必ずしも演習形式で解答を作ることにこだわらず、読み物のつもりで文章や現代語訳・解答例・解法をたどるのも一つの方法である。

二　解答形式に慣れる

本書では、各問に設けられた解答欄の大きさを明記し、解答例もそれに見合った分量（一行＝三十字程度）のものを示している。まずは実際に自分で書いてみること。さらに、それを解答例と比べ、内容や分量の過不足を点検しよう。また、時には解答例を実際の大きさの解答欄に書き写してみて感覚をつかむのもよいだろう。そうした練習を積み重ねていけば、内容・分量ともに出題者の要求に沿った答案が作れるようになるはずである。本書の問題編巻末に、東大の解答用紙の解答欄を再現したものを掲載しているので、活用してほしい。

三　時間を決めて解く

文科・理科ともに二〇〇〇年度以降は大問数が減少した（下の●設問構成の変遷参照）が、一題あたりの文章量・設問数は増えているため、時間的に余裕があるとは言えない。東大合格のためには、手早く適切な処理能力も不可欠である。必ず、時間を計って問題演習を行ってほしい。目安は次の通りである。少々厳しい設定になっているが、集中力を養い、余裕をもって本番に臨むための練習である。

〔文科〕一九九九年度以前は一題二〇分以内、
二〇〇〇年度以降は一題三五分以内。

〔理科〕一九九九年度以前は一題二〇分以内、
二〇〇〇年度以降は一題三〇分以内。

●設問構成の変遷

理科

100分				
四	三	二	一	
漢文	古文	**作文**	現代文	～1999
三	二	一		
漢文	古文	現代文		2000～2023

文科

150分							
七	六	五	四	三	二	一	
漢文	古文	現代文	漢文	古文	**作文**	現代文	～1999
四	三	二	一				
現代文	漢文	古文	現代文				2000～2023

四　的確な自己採点を行う

古文・漢文ともに現代語訳問題では八割以上、説明問題では六割以上の解答を目指してほしい。現代語訳問題は、語句の意味や文法・句法など、可否が明確に判断できる要素が多くある。厳密な確認を怠らないようにしよう。説明問題については、自分の答案と解答例とをしっかり見比べ、重なっている部分、ずれている部分を見極めよう。もちろん一言一句にこだわりすぎる必要はない。内容が必要なポイントを満たしていれば十分評価の対象になるのである。自分の答案を客観的に見る目を養うことも受験勉強の一環であるということを強調しておきたい。そのうえで、本書に示した解答例や解説を参考に、語彙や表現の幅を広げようとする姿勢が大切である。

（編集部注）本書に掲載されている入試問題の解答・解説は、出題校が公表したものではありません。

古文篇

出典作品の特徴と留意点

二〇〇〇年度以降は、文科・理科で共通の文章が使用され、文科は理科よりも設問数が二～三問多く出題されるという形が定着している（二〇〇一年度は除く）。文科のみで出題される設問は、文科・理科共通の設問と比べると、より細やかな部分の解釈や説明に関するもののようである。

出題される文章は、物語系のものが多くを占めている。登場人物の状況や関係を正しく把握し、心情を丹念に読み取ることが求められる文章で問題が作られていると言えよう。前書きや注も適宜付けられているので、素早くかつ正確に情報を把握し、本文の理解につなぐことも必要である。有名作品が出題されることもしばしばある。特に中古・中世の代表的な作品については、出題された部分をきっかけに、成立時代や作者、おおまかな内容や登場人物などの文学史的な性格も確かめるようにしてほしい。同じ作品の他の章段を読んでみたりするのも良い練習になる。物語のほかに、評言が添えられた説話や、歌論・音楽論・俳論など、あるテーマに関する筆者の主張を述べた文章の出題も目立つ。内容を逐語訳するのみならず、具体例と論旨との関係や筆者の価値判断などにも留意して読む癖をつけたい。

和歌を含む文章もしばしば出題されている。和歌の修辞技法に習熟しておくことはもちろん不可欠であるが、どのような状況で詠まれた歌なのかを地の文からしっかり読み取り、歌に込められた心情をつかむよう意識することが大切である。

設問の特徴と留意点

東大の古文の設問は、原則として現代語訳と説明のみである。

●現代語訳

文法の基本知識である活用・接続の仕組みに基づき、正しい品詞分解ができることが大前提である。助動詞・助詞・敬語は、それぞれの用法を理解して、適切な言い換えができるように練習しよう。語句の意味は、古語辞典を何度も引き、意味や訳し方を学習していくこと。語源や語構成の説明などもあわせて読み、例文を参照しながら、本文でその語句は何についてどのような意味で用いられているのか、どのような表現に置き換えるのが適切かを繰り返し確かめていくようにしよう。

【傍線部のみの現代語訳】

設問㈠として出題される。原則として各語を順に現代語に言い換えていく作業をするが、傍線部自体の語句の解釈や付属語の用法は、前後の内容とのつながりによって確定する場合がほとんどである。文脈をしっかり把握したうえで、内容に整合する、的確で過不足のない現代語訳を示す必要がある。また、逐語訳のままでは意味が通りにくい場合は自然な表現に整えたり、解答欄の制約からある程度簡略化した表現をとったりしなければならないこともある。

【条件付きの現代語訳】

設問㈡以降で、「主語を補って現代語訳せよ」「誰が何をどうしたのかわかるように、言葉を補い現代語訳せよ」「必要な言葉を補って現代語訳せよ」「『このこと』の内容がよくわかるように現代語訳せよ」のように、条件付きの現代語訳が出題されることがある。この場合も、まずは傍線部自体の品詞分解と逐語訳を行い、構文を正確に分析する。そのうえで、指示された内容を本文の前後から見出し、傍線部の訳に付け加える形で解答する。主語・目的語・動作の対象などは、傍線部自体の述語に対する情報を話の展開をたどって判断する。人物は、敬語の有無や種類によって特定できる場合も多い。会話文・心内文での人物呼称は、話し手からの言葉遣い（〃私〃や〃あなた〃）とすることにも注意しよう。指示語の具体化は、原則として傍線部の前に書かれていることとのつながりを確かめ、傍線部の指示語に当てはめる形で解答する。

●説明

設問文をきちんと読み、どのような内容をどのような形で答えればよいかという方針を立てることが第一。現代語訳と同様に、傍線部自体や解答の素材となる部分の正確な解釈が不可欠であることは言うまでもない。客観的な事実関係の説明が求められているので、敬語表現などは省き、設問の要求に応じた形式で解答する。

【傍線部自体の趣旨の説明】

設問の指示に従い、傍線部自体の語句や表現を言い換える形で解答する。本文の他の箇所に述べられている内容を援用したり、要するにどのようなことが述べられているのかという核心部分を抽出したり、傍線部に比喩表現がとられている場合は、それが何を意味して用いられているのかの理解を示したりする必要がある。

【因果関係の説明】

原因・理由とその結果について、論理的な関係を把握することが求められる。理由説明の場合は、傍線部自体の理解を前提に、その理由が述べられている部分を本文から見出して解答する。傍線部と同じ内容を繰り返しただけでは因果関係の説明にならないので注意しよう。

【心情の説明】

登場人物の心情について、傍線部および本文から読み取ることができる内容をまとめる。心情は、当人が置かれた状況や他者の言動によって生じたり変化したりするので、要するにその因果関係の理解が問われているとも言える。心情を表す形容詞や形容動詞などの意味をきちんととらえることも重要なポイントとなる。

【和歌の説明】

まずは和歌自体を正確に現代語訳すること。和歌は一首で完結した内容となっているので、和歌の一部に傍線が付されている場合も、句切れの理解も含め、一首全体の構文を把握することが欠かせない。さらに肝要なことは、和歌が詠まれるに至った事情や和歌そのものの内容について、地の文に書かれていることとの関連を見極めることである。地の文で述べられている状況や心情がそのまま詠まれたり、地の文で話題になっている景物などが修辞として詠み込まれたりするのが定番なので、本文内容を必ず確かめるようにしよう。枕詞・序詞・掛詞・縁語などの修辞についての基本知識も固めておくこと。

【主張・主題・評価などの説明】

筆者の価値判断などについて、本文全体の内容をふまえた理解が問われる。何についての主張や評価であるのかを把握したうえで、主張の内容や評価の方向を読み取ること。本文で述べられている内容について、並立・対比・因果関係などの論理的な関係性を整理してとらえることが求められる。

第二問

二〇二三年度 文理共通

出典 無住『**沙石集**』 巻第九 二十三 耳売りたる事

鎌倉時代に無住が著した仏教説話集。十巻から成り、霊験譚や遁世譚などのテーマに応じた話が百五十話ほど収められている。無住は臨済宗の僧で、仏道を民衆に広く説くために著したものとされる。

通釈

奈良の都に、ある寺の僧で、耳たぶが厚い僧に、ある貧乏な僧がいて、「お与えください。あなたの耳を買おう」と言う。（耳たぶが厚い僧は）「早くお買いになれ」と言う。（続けて）「どれほどでお買いになるだろうか」と言う。（貧乏な僧は）「五百文で買おう」と言う。「それでは」ということで、銭を受け取って売った。その後、京へ上って、人相見のもとに、耳を売った僧と一緒に行く。（人相見が耳を買った僧を）占って言うことは、「幸運はおありにならない」と言うときに、耳を買った僧が言うことは、「あのお坊さんの耳を、その代金はこれこれのような額で買っています」と言う。「それでは（その）御耳で、来年の春の頃から、御幸運が成って、御安心だろう」と占う。そうして、耳を売った僧に対しては、「耳にだけは幸運の相がおありになるけれども、それ以外には見当たらない」と言う。あの（耳を売った）僧は、現在まで暮らし向きがよくない人である。「このように耳を売ることもあるので、貧乏を売ることもきっとあるにちがいない」と思い、奈良の都を出て行って、東国の方に住みましたが、学僧であって、説法などもする僧である。

ある高僧が（耳を売った僧に）言うことは、「老いた僧（＝私）を仏事に招くことがある。身が老いて道のりが遠い。私に代わって、出向いてくださいよ。ただし三日の道のりである。想像するところ、布施は十五貫文を超えるはずはない。またここから一日の道のりである所で、ある神主で裕福な者が、七日の逆修（＝生前に死後の冥福を祈る仏事を修すること）をすることがある。ここも私を招くとはいうものの（私は）行くようなことを望まない。ここは、一日に最悪ならば五貫、うまくすると十貫ずつは（布施を）しようとしているだろう。あなたは、どちらにお行きになるだろうか」と言う。あの（耳を売った）僧は、「（どちらに行くかなどと）おっしゃるまでもない。遠い道のりをどうにか我慢して、十五貫文などを受け取りますようなことより、一日の道のりを行って七十貫を受け取りましょう」と言う。「それならば」ということで、一方（＝遠路の方）へは別の人に行かせる。神主のもとへはこの僧が行った。

（耳を売った僧は）もはや海を渡って、その場所に到着した。神主は年齢が八十歳に及んで、病床に臥している。（神主の）子息が申しましたのは、「年老いた身に加え、病気が何日も長く続いて、無事は期待することが難しゅうございますけれども、ひょっとして（回復することもあるか）と、何はともあれ祈禱に、真読の大般若（＝『大般若経』六百巻を省略せずに読誦すること）を行うことを望みます」と申します。「また、（もともとお願いしていた）逆修は、どうあっても準備をいたしまして、そのまま引き続いていたしましょう」と言う。この僧が思うことは、「先に大般若の布施を受け取るのがよい。さらに逆修の布施は手に入ったも同然なこと」と思って、「たやすいことでございます。参上しているからには、お言葉に従うつもりだ。どちらも得意としていることである。とりわけ祈禱は私の宗派の秘法である。きっと霊験があるにちがいない」と言う。

（神主の子息は）「ところで、酒はお飲みになるのか」と申します。（耳を売った僧は）普段は十分な酒飲みではあるけれども、「酒を好むと言うのは、（先方が私を）信じ敬う心が薄いだろう」と思って、「どう見ても貴そうな様子でいよう」と思って、「一滴も飲まない」と言う。「それならば」ということで、（神主の子息は）温かい餅を勧めた。したがって、『大般若経』の法会の趣旨や願意を仏に申し上げて、あの餅を（病人に）食わせて、「これは『大般若経』の仏法の妙味で、不死の薬でございます」と言って、病人に与えた。病人はありがたく思って、横になったままで合掌して、三宝諸天（＝仏と仏法と僧と、仏を守護する神々）の御恩恵と信じて、一口で食べたところ、何日も食事をしていないため、（餅を噛むのに）疲れた様子で、うまく食べることができなくて、むせた。妻や、子供が、抱えて、あれこれしたけれども、その甲斐なく、死んでしまったので、かえってどうともこうとも申しますようなこともなくて、「亡き親の追善供養のときに、お知らせを申し上げよう」と言って（耳を売った僧を）帰らせた。

帰る道中で、風や波が荒くて、波をどうにか切り抜け、やっとのことで命が助かり、着物やその他の持ち物は損ない失った。またもう一方の所の（仏事の）営みは、布施が、非常に多いものであった。これも、耳の福を売ったことの結果が現れたものかと思われた。あらゆることが食い違ってうまくいかないのに加え、心も卑しくなってしまった。

解法

(一) 現代語訳

ア 「たべ」はバ行四段活用動詞「給《た》ぶ」の命令形。「給《た》ぶ」は、「給《たま》ふ」の音便縮約形とされるもので、ここでは「与ふ」の尊敬語として用いられており、〝お与えください〟や〝ください〟と訳す。「御坊」は僧に対する敬称で、ここでは第二人称として〝あなた〟や〝貴僧〟と訳す。「買はん」の「ん」は助動詞「ん」（「む」）の終止形で意志の用法。

解答例　お与えください。あなたの耳を買おう

イ　副助詞「ばかり」はここでは限定の用法。係助詞「こそ」と「おはすれ」で係り結びが成立し、そこで文が終止せずに逆接で後へ続く形となっている。「福相」は〝吉相・幸運の兆し〟のこと。「おはすれ」はサ行変格活用動詞「おはす」の已然形で、〝あり〟の尊敬語として用いられている。「耳ばかりこそ福相おはすれ」から逆接で続く「その外は見えず」は、〝耳以外には吉相は見当たらない〟ということであるが、何かを補うようには指定されていない現代語訳の問いなので、「そ」の指示内容の具体化や〝吉相は〟の補いなどはないままでよいだろう。

解答例　耳にだけは吉相がおありだけれども、それ以外には見当たらない

ウ　「予」は第一人称。動詞「赴く」は〝出向く・行く〟ということ。「給へ」は尊敬語補助動詞の用法の「給ふ」の命令形。「かし」は念押しの終助詞で〝よ〟または〝ね〟と訳す。

解答例　私に代わって、出向いてくださいよ。

(二)　現代語訳・指示内容

「何れも」は、神主の子息が望んだ「真読の大般若」と「逆修」の二つの祈禱を指している。「得たる事」は〝得意としていること〟の意。「なり」は断定の助動詞。

解答例　真読の大般若も逆修も、どちらも得意としていることである

㈢　因果関係・心情

本来は相当な酒飲みである僧が〝（酒は）一滴も飲まない〟と言った理由は、傍線部オの前の二つの心内文に求められる。「酒を愛すと云ふは、信仰薄からん」は、酒好きだと言うと施主はあまり自分を信じ敬いはしないだろうということ。ここでの「信仰」は、僧の仏道への信仰心ではなく、祈禱の施主たちが僧を信じ敬う気持ちのことである。「いかにも貴げなる体ならん」は、いかにも貴い様子であろうということ。「貴げなる体」に見せかけ、施主の「信仰」を得ようと思ったという内容をまとめる。〔解答例〕のほかに、本文の順に即して「施主の信用を得るために、貴い僧らしく見せようと思ったから。」や、酒好きだと答えた場合の危惧を説明する形で、「酒好きだと言うと貴い僧に見えず、信用を得られないと思ったから。」のようにまとめることもできるだろう。

解答例　酒好きを隠して貴い僧らしく見せ、信用を得ようと思ったから。

㈣　現代語訳・省略の補足

「中々」（＝「なかなか」）は、通常の認識やもともとの予想とは逆の側面があることを示す副詞で、〝かえって・むしろ・逆に〟のように訳す。「とかく」は〝どうともこうとも・あれこれ〟の意の副詞。「申す」は、ここでは〝言う〟の対象である僧への敬意を表しているわけではなく、表現に重みを持たせるために用いられているようである。地の文に散見される「申す」はいずれも同様で、訳は〝申します〟

またはそのまま〝申す〟として処理する。副助詞「ばかり」はここでは程度の用法。傍線部カ全体の逐語訳は〝かえってどうともこうとも申しますようなこともなくて〟となる。これは神主の妻子の様子で、病気の神主に僧が餅を食べさせた結果、神主が死んでしまったため、本来なら泣き叫んで僧に怒りをあらわにしたり僧をなじったりしそうなものだが、かえってそうもしないということであろう。後に「『孝養の時こそ、案内を申さめ』とて返しけり」と続いているのは、僧に対して怒りを通り越して逆に何も言えず、僧の顔も見たくない気持ちでそっけない態度をとってとりあえず去らせたということを意味していると思われる。以上の内容を読み取った上で、設問の「状況がわかるように」という指示には、主語として〝神主の妻子・病人の家族〟を補い、神主を死に至らせた僧に対する態度であることがわかるように書いて対応する。解答欄は一行なので、補足も訳自体もできる限り簡潔な表現をとらざるを得ない。

解答例　神主の妻子は、神主を死なせた僧にかえって何も申しようがなくて

㈤　趣旨・評価

この段落の傍線部キの前までの内容は、僧が神主の家を追い出された帰途に災難に遭ったり、布施が少なそうだと見込んで行かなかった先では多くの布施が出されたとのことであったりして、何もかもうまくいかなかったのは、福耳を売ったせいであろうというもので、傍線部キは耳を売った僧の有様を言ったものであるという理解が大前提。その上で「心も卑しくなりにけり」とされているのは、耳を売った後の僧の一連の言動は、ひたすら布施を多く取ることを目論むものになっていたということである。「心も」の「も」は、不運に見舞われたことに加え、「心」のあり方までもが卑しくなったということ

を示している。傍線部の前に書かれている内容は具体的に盛り込めそうにないので、耳を売った僧のことであるという理解を示し、「も」による累加の意味を出すのは忘れずにまとめるのが妥当かと思われる。

解答例　耳を売った僧が、欲の深い下品な人間にまでなったということ。

二〇二二年度　文理共通　第二問

出典　『**浜松中納言物語**』　巻の一

平安時代後期に成立した作り物語で、作者は菅原孝標女とする説もあるが未詳。数奇な運命に翻弄される中納言の半生を、日本と中国を舞台に描いたもので、『源氏物語』の影響が色濃くみられながらも、輪廻転生や夢のお告げなどが取り入れられているところに特徴がある。

通釈

（中納言は）隠しきれない内心を口に出してしまいそうなのにつけても、そうはいってもやはりそうはせず、どうしようもなく悲しいときに、皇子もちょっと退席なさるので、（后の）おそばにいる女房たちも、それぞれ何かおしゃべりをするのだろうかと（思われる声が）聞こえるのに紛れて、

二度と（あなたと結ばれたことを現実だと）合点する手立てもない。（あなたと結ばれたのは）どのように見た夜の夢であるのだろうか。

（中納言は）非常に声をひそめて人にわからないようになさっている。

夢とさえどうしてあなたは思い出したりもしてしまっているのだろうか。ただ幻として結ばれるのは結ばれるといえるか、いや、いえない。

（后は）こらえきることができそうにもない御様子のつらさのために、（はっきりと）言うともなく、かすかな声で人にわからないように言って、そっと（御簾の中に）お入りになった。並一通りに人目を気にしないならば、（中納言は后を）引き止めもし申し上げるにちがいないけれども、身を慎んで気持ちを抑える。

宮中から皇子がお出ましになって、管絃の御遊びが始まる。（中納言は）何の音色もわからない思いがするけれども、今夜を最後だと思うので、気丈に思いこらえて、（皇子から）琵琶をいただきなさるのも、現実だという気はしない。御簾の中で、琴《きん》の琴《こと》を合奏なさっているのは、未央宮で聞いたもの（＝以前、未央宮で女房に身をやつして演奏したのと同じ后の演奏）であるにちがいない。（后は琴の琴を）そのまま（中納言への）中国からの御贈り物に加えなさる。（中納言は）「もうこれで（帰国しよう）」と無念なことにもすっかり決心してしまったのに、たいそう親しみ深くお話しになった（后の）御物腰や、様子が、耳に留まり心に染みて、気が動転して心乱れ、まったく正気でもいらっしゃらない。「日本で母上をはじめとして、大将殿の姫君と、親しく過ごしたという間もなく別れ去ってしまった悲しみなどは、比類ないだろうと自分でそうしたことだとはいえ思われたけれども、生き長らえたならば、三年の間にきっと戻って来ようと思う気持ちで心をなだめたことによっても、心が安まるときはあった。ここは、再び戻って来て見ることができる国か、いや、戻って来ることができる国ではない」と諦めるので、すべてが目に留まり、しみじみ悲しいのはもっともなことであって、后が、もう一度の出会いを、隔たった関係ながらも、普通の態度でたいそう親しみ深く振る舞ってお思いになっているのも、（中納言は）世間一般とは異なるさまざまな物思いがいっそう募っては、自分の身も后の御身も、あれこれとごたごたしたことが起こってしまうにちがいない仲への気が引ける思いを、（后が）胸の内に秘めていらっしゃる道理も、（中納言は）ひたすらに恨み申し上げるような筋合いはないので、どのようにすれば（よいのだろうか）、と思い乱れる心の中は、表現し尽くすすべもなかった。「（后が）たいそう極端に関係を隔て、思いやりがなく、冷淡にあしらいなさったならばどうしようか、いや、どうしようもないだろう。若君についてのことにつけても、私をすっかり思い捨てなさらないのであるようだ」と、推察せずにはいられない心がどきどきしても、（その一方で）すっかり正気を失ってしまいそうに気持ちが落ち込んで、暮れていく秋の別れは、やはりたいそう痛切で心の晴らしようもない時節である。御門や、東宮をはじめとし申し上げて、（中納言との別れを）惜しみ悲しみなさる様子は、日本を離れたときの（人々が別れを惜しんだ）様子をも、いくらか上回っている。

解法

㈠　現代語訳

ア　「さすがに」は、前述の内容や既存の様子とは逆の側面があることを示す副詞で、〝そうはいってもやはり〟のように訳す。「あらず」は〝そうではない・違う〟という意味の連語で、ここでは、直前に「忍びがたき心のうちをうち出でぬべきにも」（＝〝隠しきれない内心を口に出してしまいそうなのにつけても〟）と書かれていることから、〝口に出さない・何も言わない〟ということを意味していると判断する。「わりなく」は、道理に合わない様子や度合いを超えた様子などを表す形容詞「わりなし」の連用形で、ここでは、本文冒頭に「忍びがたき心」とあるのに相当する中納言の気持ちを表すものとして、〝どうしようもない・耐えがたい〟といった表現で訳すのがよい。「かなしき」は、情感が胸に迫るような様子を表す形容詞「かなし」の連体形で、ここでは〝悲しい〟でよいだろう。「に」は、時や状況を表す格助詞、または単純接続を表す接続助詞のいずれともみることができる。

解答例　そうはいってもやはり口に出さず、どうしようもなく悲しいときに、

ウ　「かしこう」は、形容詞「かしこし」（「畏し」や「賢し」）の連用形「かしこく」の語尾がウ音便化したもの。「かしこし」は、畏怖や畏敬の気持ちを表す意がもとで、高貴なものに対して恐縮したり、

賢明さに敬服したり、甚だしい様子を表したりして広く用いられる。ここではどのような意味でとらえればよいか迷うところだが、后が中納言の和歌に形ばかりの返歌をして御簾の奥に入ってしまったという状況と、傍線部ウの直前に「おぼろけに人目思はずは、ひきもとどめたてまつるべけれど」（＝〝並一通りに人目を気にしないならば、〈中納言は后を〉引き止めもし申し上げるにちがいないけれども〟）と書かれていることとをふまえた中納言の様子として、〔解答例〕では〝身を慎んで〟とした。甚だしい様子を表すものとみて〝しっかりと・しっかりわきまえて〟や、賢明な行動が良い結果につながったことを表すものとみて〝うまく・うまい具合に〟などと解釈することもできそうである。「思ひつつむ」は、気持ちが表に出ないように控えめにすること。后が御簾の中に入るのを引き止めたい気持ちが態度に出ないようにするということで、〔解答例〕のほかに、〝自制する・思いとどまる〟などの表現も考えられる。

解答例　身を慎んで気持ちを抑える

キ　「なほ」は、物事をあらためて認識する様子を表す副詞で、〝やはり〟と訳す。「いと」は強調を表す副詞で、〝たいそう〟など。「せちに」は、切迫した様子を表す形容動詞「せちなり」の連用形で、ここでは、間もなく后と別れて日本に帰らなければならない中納言の状況をふまえ、〝痛切で〟のように解釈するのがよい。「やるかたなき」は、気持ちを思い通りに進める方法もない様子を表す形容詞「やるかたなし」（「遣る」＋「方」＋「なし」という連語）で、〝心の晴らしようもない〟のように訳す。「ほど」は時や場所や様子などをおおまかに表す名詞で、ここでは直前の「暮れゆく秋の別れ」について言っているので、〝時節・頃〟と訳すのが適切である。「なり」は断定の助動詞。なお、リード文などに直接書かれてはいないが、中納言は九月末に日本への帰国の途につくことになっており、本文はその三日前に催された別れの場面で、傍線部キの前の「暮れゆく秋の別れ」は、秋が終わるのとともに中納言が中国を去るということをふまえた表現となっている。

解答例　やはりたいそう痛切で心の晴らしようもない時節である

(二)　**趣旨（大意）**

傍線部イを含む和歌は后が詠んだもので、中納言が詠み贈った「ふたたびと…」の和歌に対する返歌である。贈答歌全体の内容をみていこう。まず、「ふたたびと…」の和歌は、〝二度と（あなたと逢瀬を持ったことを現実だと）合点する手立てもない。（あなたと逢瀬を持ったのは）どのように見た夜の夢であるのだろうか〟というもの。リード文に書かれていることと、本文冒頭から傍線部アまでの内容をふまえると、中納言は三年前に結ばれた后に未練があり、別れを深く悲しんでやりきれなく思う気持ちを、かつての逢瀬は夢であったのだろうかと詠んで訴えたものと読み取れる。「夢とだに…」の返歌は、まず、上の句で、中納言が逢瀬を「夢」だと詠んだことに対して、〝夢とさえどうしてあなたは思い出したりもしてしまっているのだろうか〟と切り返している。それに続く下の句である傍線部イは、逐語訳すると〝ただ幻として結ばれるのは結ばれるといえるか、いや、いえない〟となる。ここでの「見る」は、〝結ばれる・契りを交わす・逢瀬を持つ〟の意、「かは」は反語を表し、ただ幻のようにはかない逢瀬は逢瀬とはいえないようなものだということを詠んでいる。かつて自分が中納言と結ばれた出来事が念頭に置かれていることは当然だが、傍線部イの部分には過去の助動詞「き」などが用いられていないので、はかない逢瀬というものを一般化する形で詠まれていると考えられる。設問では「大意を示せ」と指示されているので、「まぼろし」の意味がわかるように配慮し、反語は打ち消しの部分のみを示してまとめる。

解答例　ただ幻のようにはかない逢瀬は、現実の逢瀬とはいえない。

㈢　趣旨・心情

中納言の心内文で、逐語訳すると〝比類ないだろうと自分でそうしたことだとはいえ思われたけれども〟となる。「たぐひあらじと」は「おぼえ」に係っており、「人やりならず」がその間に挟み込まれた形になっている。「人やりならず」は、「人」＋動詞「やる」（「遣る」）の名詞形「やり」（「遣り」）＋断定の助動詞「なり」＋打消の助動詞「ず」という組成の連語で、〝他人が強いることではない〟ということから、〝自分の意志ですることだ・自ら招いたことだ〟の意で用いられる。自分の行為が不本意な事態を招いたことを悲しんだり後悔したりする気持ちを述べる場合に、〝自分で決めたことだとはいえ・自分の決断ながら〟という前置きとして添えられることが多い。傍線部エ自体は、要するに〝自分で決めたことだとはいえ比類ないだろうと感じた〟ということであるが、設問文で指示されている「何について」「どのように思ったのか」について、この文の前の内容をふまえて検討しよう。

「日本に母上をはじめ、大将殿の君に、見馴れしほどなく引き別れにしあはれなど」は、〝日本で母上をはじめとして、大将殿の姫君と、親しく過ごしたという間もなく別れ去ってしまった悲しみなど〟ということで、日本で、母親や、まだ一緒になって間もない妻と別れた悲しみについて、「たぐひあらじと」「おぼえ」たというつながりになっている。この構文の通りに、〝日本で母や妻と別れた悲しみについて、自分で日本を離れると決めたことだとはいえ、比類ないだろうと思った〟のように説明したいところだが、解答欄に収めるためには、〔解答例〕のようにかなり簡潔にまとめる必要がある。

解答例　日本での別れについて、自分の決断ながら比類なく悲しいと思った。

㈣　因果関係・心情

傍線部オ自体の逐語訳は〝すべてが目に留まり、しみじみ悲しいのはもっともなことであって〟で、「目とまり」の主語で「あはれなる」と感じているのは中納言である。中納言がそのような心情になっている理由は、傍線部オの直前に「これは、またかへり見るべき世かは』と思ひとぢむるに」と書かれている。「これは、またかへり見るべき世かは」は、逐語訳すると〝ここは、再び戻って来て見ることができる国か、いや、戻って来ることができる国ではない〟となる。その前の文で、「日本」については「ながらへば、三年がうちに行き帰りなむ」と述べられていることとの対比で、「これ」は中国を指し、「かは」は反語を表していると判断する。「思ひとぢむる」は〝諦める・断念する〟という意味の動詞「思ひとぢむ」(「思ひ閉ぢむ」)で、中納言は、今回中国から日本に帰国すると、中国に戻って来ることは二度とないにちがいないと諦めており、そのように思うことが原因で、今いる中国のあらゆるものが目に留まってしみじみ悲しく感じているのである。なお、傍線部オの「…をさることにて」は、言うまでもなく当然のことをまず初めに挙げる表現で、後に、「后の、…さまことなる心づくしいとどまさりつつ」と続いているので、傍線部オの「よろづ目とまり、あはれなる」の理由は中国を去ることへの名残惜しさのみで、后に対する気持ちは含まれないと考えるのが適切であろう。

解答例　中国に戻って来ることは二度とないにちがいないと諦めているから。

㈤　因果関係・心情

傍線部カは中納言の心内文で、逐語訳すると〝私をすっかり思い捨てなさらないのであるようだ〟となる。「われ」は中納言自身を指す。「ひたぶるに」は、一途な様子を表す形容動詞「ひたぶるなり」の連用形で、ここでは後の動詞「おぼし放つ」に係り、〝すっかり・完全に〟の意で用いられている。「おぼし」は「思ふ」の尊敬語「おぼす」で、「おぼし放た」は、〝思い捨てる・見限る〟という意味の複合動詞「おもひ放つ」の尊敬表現にあたる。「ぬ」は打消の助動詞「ず」の連体形。「なん」は断定の助動詞「なり」の連体形「なる」の語尾が撥音便化したもの。「めり」は推定の助動詞。「われをばひたぶるにおぼし放たぬなんめり」は、中納言が、后は自分を完全に思い捨てはしないようだと推し量っているものである。その理由は、この心内文の前の部分に書かれている。「いとせめてはかけ離れ、なさけなく、つらくもてなし給はばいかがはせむ」を逐語訳すると〝たいそう極端に関係を隔て、思いやりがなく、冷淡にあしらいなさったならばどうしようか、いや、どうしようもないだろう〟となる。「いとせめてはかけ離れ、なさけなく、つらくもてなし給はば」全体が仮定条件となっていることに注意しよう。「いかが」は反語の意。この文全体で、要するに、もし后が中納言に対して粗略な態度をとったならばしかたがないけれども、実際にはそうではなく、親しみ深い様子で接しているため、まだしも心強く思うという中納言の気持ちが述べられている。「いかがはせむ」の部分は、后の態度に望みが持てるということで、傍線部カと重なる内容にあたるので、その前の「いとせめては…もてなし給はば」と仮定して述べられている部分を、実際にはどのようにしているのかを示す形で説明した内容が、傍線部カのように推察した理由であるととらえることができる。「若君のかたざまにつけても」は、〝后と中納言との間の子である若君についてのことにつけても〟ということで、前文の内容に加え、若君という存在もあるため、中納言に対する后の気持ちが離れることはないだろうという推察につながっている。

解答例

中納言との間の子も産んだ后が、親しみ深い態度を見せているから。

第二問

二〇二一年度 文理共通

出典 『**落窪物語**』 巻二

平安時代中期に成立した作者未詳の作り物語。継母に疎まれ虐待されていた主人公「落窪の君」が、貴公子の道頼によって救い出され、道頼は落窪の君の継母に手厳しい報復をするが、やがて和解して大団円を迎えるという筋で、継子いじめの物語としての典型をなしている。

通釈

こうして、(人々が)「今年の賀茂の祭は、たいそう立派だろう」と言うので、衛門督の殿(=道頼)が、「(家にいても)物足りないので、女房たちに見物させよう」ということで、前もって御車を新しくあつらえ、女房たちの装束などをお与えになって、「見苦しくないようにせよ」とおっしゃって、支度をして、その日になって、一条の大路の打杭(=牛車を停める場所を確保するための杭)を打たせなさっているので、(供の者が)「もう(出かけましょう)」と言うけれども、どれほどの人が(その場所を)取るだろうか、いや、誰も取らないだろうとお思いになって、のんびりと出発なさる。

御車は五台ほどで、大人が二十人、二台には、童が四人、下仕えの者が四人乗っている。男君(=道頼)が同行なさっているので、車列の先払いをする供の者は、四位と五位(の者)が、たいそう多くいる。弟で侍従であったお方は今は少将で、童殿上《わらわてんじょう》(=元服前から見習いで昇殿を許され仕える子供)でいらっしゃったお方は兵衛佐で、(道頼が弟たちに)「一緒に見物しよう」と申し上げなさったので、皆がそれぞれいらっしゃった牛車までもが加わっているので、二十台余りが列をなして、皆が、身分の順に整然と並んだなあと(道頼が)見ていらっしゃると、自分が打杭をしている場所の向かいに、古めかしい檳榔毛《びろうげ》の車が一台と、網代車《あじろぐるま》が一台停まっている。

御車を停めると、（道頼が）「男車《おとこぐるま》の配置も、疎遠な人ではないので、親しく向かい合わせに停めて、互いに見えるように（一条大路の）北側と南側に停めよ」とおっしゃるので、（供の者が）「この向かい側にある牛車を、少し引きのけさせよ。（私たちの）御車を停めさせよう」と言うのに、（相手側の従者が）意地を張って聞かないので、（道頼が）「誰の牛車か」と尋ねさせなさると、「源中納言殿」と申し上げるので、男君が、「中納言の牛車でも、大納言であっても、これほど（牛車を停める場所が）多くある所で、どうしてこの打杭があると見つつも停めたのか。少し引きのけさせよ」とおっしゃるので、雑色《ぞうしき》たちが近寄って牛車に手を掛けると、牛車の人が出てきて、「どうして、またあなたたちがこうするのか。たいそう勇み立つ雑色だなあ。権門らしく振る舞うあなたたちの御主人も、中納言でいらっしゃるのか。一条大路もすべて自分の物となさるつもりか。横暴なことをする」と笑う。「西も東も、斎院も恐れ多く思って、まわり道をしてお通りになるにちがいないそうだよ」と、口の悪い男がまた言うと、「同じものだと、殿を同列に言ってはならない」などと（道頼の供の者が）争って、すぐに引きのけることができないので、男君たちの御車は、まだ停めることができない。男君は、先払いをする供の人や、左衛門の蔵人をお呼びになって、「あの牛車を、指図して、少し遠くに行かせよ」とおっしゃるので、（牛車に）近く寄って、ひたすら無理に引きのけさせる。（相手側の牛車の）男たちは少なくて、たやすく引き止めることができない。（相手側の）先払いをする供の者は、三、四人いたけれども、「（抵抗しても）無駄だ。今回、（このままでは）喧嘩をしてしまうにちがいないようだ。（けれども）今の太政大臣の尻は蹴っても、この（衛門督の）殿の牛飼いにまさに手を触れることができようか、いや、できないだろう」と言って、よその人の家の門に入って立っている。目をそっと外に向けて見ている。

（道頼は）少し短気で恐ろしい者に世間では思われなさっているけれども、実際の御心は、たいそう親しみやすく、穏やかでいらっしゃった。

解法

㈠ 現代語訳

ア 「さうざうし」は〝物足りない・物寂しい〟の意の形容詞。「に」はここでは接続助詞で順接を表している。「御達」は〝女房たち〟の意。「見せ」は〝見せる〟という意味のサ行下二段活用動詞「見す」の未然形。「物見せ」は〝見物させる〟という意味である。「む」は助動詞「む」の終止形で意志の用法。傍線部アは道頼の言葉で、人々が〝今年の賀茂の祭は、たいそう立派だろう〟と噂していたことを受けて言ったものなので、「さうざうし」がどのような状況かを示すために、〝家にいても〟等を添えるとわかりやすいだろう。

解答例　家にいても物足りないので、女房たちに見物させよう

イ 「誰ばかり」は〝どれほどの者・どのような人〟。「か」は係助詞で、ここでは、前後に「『今は』と言へども」（＝〝もう（出かけよう）と言うけれども〟）「のどかに出で給ふ」（＝〝のんびりと出発なさる〟）とあることから、反語の用法と判断する。「取る」は、前に「一条の大路の打杭（＝〔注〕車を停める場所を確保するための杭）打たせ給へれば」をふまえると、〝（前もって確保している）場所を横取りする〟ということを意味していると読み取れる。「む」は助動詞「む」の連体形（係助詞「か」の結び）で推量の用法。「誰ばかりかは取らむ」を反語の文として忠実に訳すと〝どれほどの

者が場所を横取りするだろうか、いや、しないだろう〟のようになるが、解答欄に収まらないので、最終的な打消表現のみを示す形にするしかない。「思す」は「思ふ」の尊敬語。

解答例　どれほどの者も場所を横取りしはしないだろうとお思いになって

ウ「もろともに」は〝一緒に・共に〟の意の副詞。「見る」はここでは〝(祭を) 見物する〟ということ。「む」は助動詞「む」の終止形で意志の用法。「聞こゆ」は「言ふ」の謙譲語。「給ふ」は尊敬語補助動詞。傍線部ウは、道頼が弟の少将や兵衛佐に「もろともに見む」と言ったという内容で、「聞こえ」は少将や兵衛佐への敬意、「給ひ」は道頼への敬意を示して用いられている。「けれ」は過去の助動詞「けり」の已然形。順接の接続助詞「ば」は、ここでは已然形に接続しているので確定条件の用法。

解答例　「一緒に見物しよう」と申し上げなさったので

(二)

趣旨・省略の補足

「しふねがる」は、「執念《しふねん》」という名詞が形容詞化した「しふねし」(「執念《しふね》し」) の語幹に〝~と思う〟という意味の動詞を作る語尾の「~がる」が付いて成った動詞で、〝執着する〟ということ。ここでは、牛車を停めた場所に執着して、他に移りたがらない様子を表している。「聞かぬ」は、道頼一行が牛車を停めようとした場所に停まっていた牛車の従者が、道頼の従者から牛車を移動させるように求められたのを〝聞き入れない〟ということ。傍線部エの後で、その牛車は源中納言のものであったということが判明するので、「誰が」は「源中納言の従者が」とする。

解答例　源中納言の従者が、牛車を移動させるのを強情に拒んだ。

(三)　現代語訳・省略の補足

傍線部オを含む発言は、源中納言の従者の言葉で、牛車を移動させようとして車に手を掛けた道頼の従者たちに向かって文句をつけているものである。傍線部オの主語は、前の文の「わが殿」（＝〝あなたたちの御主人〟）と同じ。「領じ」は、〝治める・土地を領有する・自分の物とする〟という意味のサ行変格活用動詞「領ず」。「給ふ」は尊敬語補助動詞で、源中納言の従者から「わが殿」（＝道頼）への敬意を示す慇懃《いんぎん》な言葉遣いとして用いられている。「べき」は助動詞「べし」の連体形で、強い意向を表す用法。自分たちの牛車をどかせようとする道頼の従者たちに対して、あなたたちの主人は市中の道をも自分の領有地のように思って横暴に振る舞うつもりなのかと反発する気持ちを表明した言葉である。

解答例　あなたたちの御主人は一条大路もすべて自分の物となさるつもりか

(四)　趣旨・主張

傍線部カを含む発言は道頼の従者の言葉で、前の二つの発言で源中納言の従者が道頼を嘲り、源中納言の権勢を誇示したことに対して言い返したものである。「殿」は自分たちの主人である道頼を指している。「一つ口に」は、直前の「同じものと」と同様の意味で、傍線部オを含む発言で源中納言の従者が「豪家だつるわが殿も、中納言におはしますや」と言ったことをふまえ、自分たちの主人である道頼を源中納言と同じ中納言だとして同列に扱うことを意味している。「な〜そ」は禁止を表す。全体として、自分たちの主人である道頼は源中納言とは別格だということを告げる言葉である。説明問題なので、話し手の立場をふまえ、誰のことを言っているのかが客観的にわかる表現をとるように注意が必要である。

解答例　当方の主人道頼を源中納言と同列に扱う言い方をするなということ。

㈤　**趣旨・評価**

傍線部キを含む発言は、源中納言の車の先払い役をする従者の言葉で、自分たちの主人の牛車を道頼の従者に引きのけられた際に言ったものである。「この殿」は、自分たちの牛車をいとも簡単に追いやった者たちの主人である道頼を指している。傍線部キを含む一文「ただ今の太政大臣の尻は蹴るとも、この殿の牛飼ひに手触れてむや」を逐語訳すると〝現在の太政大臣の尻は蹴っても、この殿の牛飼いにまさに手を触れることができようか、いや、できないだろう〟となる。「とも」は逆接仮定条件を表す接続助詞。「てむや」は、「て」が助動詞「つ」の強意の用法、「む」が助動詞「む」の推量（可能推量）の用法、「や」は係助詞「や」が終助詞的な位置で用いられているもので、ここでは反語の用法。時の最高権力者である太政大臣に諍《いさか》いをしかけるほどの無謀な行為を引き合いに出し、道頼の従者に手出しをするのはそれ以上に無謀なことだとして、道頼の権勢の強さを誇張的に表現したものである。設問の指示に応じて、「道頼を、…と評価した」という形でまとめるが、「この殿の牛飼ひ」が道頼の従者のことであるとわかるように示す配慮が必要である。

解答例

道頼を、その従者にさえ手出しできないほど権勢があると評価した。

二〇二〇年度　文理共通

第二問

出典　『春日権現験記《かすがごんげんげんき》』

鎌倉時代の絵巻物で、藤原氏の氏社である春日大社の春日明神の霊験を描いたもの。春日明神の加護や霊験の様子が大和絵で描かれ、各絵には詞書が添えられている。

通釈

興福寺の壹和《いちわ》僧都は、学問を十分に修めて、才智が比類なかった。後には（興福寺を離れ）隠棲して、外山《とやま》という山里に住んでいた。当時、維摩会《ゆいまえ》の講師を望み申し上げた時に、予想外に祥延《しょうえん》という人に先を越されてしまった。何事も前世の宿縁である、とは思って気持ちを落ち着かせるけれども、その不満を抑えることができなく思われたので、永久にその寺（＝興福寺）での議論や談話の交際を辞退して、諸国を歩いて修行する身となろうと思って、弟子たちにもこうとも知らせず、本尊・持経だけを竹の笈《おい》（＝法具などを背負う箱）に入れて、こっそりと（興福寺の）三面の僧坊を出て（春日大社の）四所の霊社に参詣して、泣きながらもう最後の法施《ほうせ》を奉ったとかいう心の中は、ただ推察するがよい。そうはいってもやはりこれまで住んでいた寺も離れるのがつらく、慣れ親しんだ友人も見捨てることができないけれども、決意したことであるので、行く先をどことさえも定めず、何となく東の方へ向かううちに、尾張の鳴海潟に着いた。

潮干の機会を待ち構えて、熱田神社に参詣して、何度も法施を手向けるうちに、異様な巫女《みこ》が来て、壹和に向かって言うことは、「おまえは、不満を持つことがあってもといた寺を離れてさまよっている。人の習性として、不満には耐えきれないものであるので、当然だけれども、思い通りにならないことはこの世の友のようなものである。陸奥国の異民族の城へ（行って思い通りの地位を得よう）と思っても、そこにもまた恨めしい人がいたならば、その時はどこへ行けばよいのか。急いでもといた寺に帰って、平生《へいぜい》の望みを遂げるがよい」とおっしゃるので、壹和は頭を下げて、「思いも寄らないお言葉だなあ。このような乞食修行者に何の不満があるはずでしょうか。あるはずもないことである、どうしてこのようには（おっしゃるのか）」と申し上げる時、巫女はひどくばかにして、

包んでも隠れないものは、蛍の身からあふれ出ている光のように、自分の中からあふれ出ている思いであるなあ。

という歌の託宣《たくせん》を出して、「おまえは、愚かにも私に疑念を抱くのか。さあそれなら言って聞かせよう。おまえは、維摩の講師を祥延に先を越されて不満を持っているのではないのか。あの講師というのは、帝釈宮《たいしゃくぐう》の金札に書き付けてあるのである。その順序は、つまり祥延・壹和・喜操・観理とあるのである。帝釈宮の札に書いてあるのも、これは前世からの導きであるにちがいない。私がすることではない。早く早くつらい気持ちを納めてもといた寺に帰るのがよいのである。和光同塵（＝仏が衆生《しゅじょう》を救うために仮の姿となって俗世に現れること）は仏道へ入る機縁の始めで、八相成道（＝釈迦が衆生を救うためにその一生に起こした八つの大事）は衆生に恵みを与える最終のことであるので、神と言い仏と言うその名は異なるけれども、同じように衆生に慈悲の心をかけることは、慈悲深い母が子供を愛するようなものだ。おまえは無情にも私をないがしろにするといっても、私はおまえを見捨てずに、このように追って来て示現《じげん》するのである。春日山の老人（＝春日大社の神である私）は、もう疲れた」と言って、空にお昇りになってしまったので、壹和は、もったいなく思う気持ちや、敬う気持ちが、並一通りではなく、深い信仰心からあふれる涙をこらえて急いで（興福寺に）戻って行った。その後、次の年の講師になることができて、四人の順番は、まさに神のお告げと異ならなかったということだ。

解法

㈠　現代語訳

イ　「けしかる」は、異様な様子を表す形容詞「けし」（「異《け》し」や「怪《け》し」）の連体形。現れた巫女には春日大社の神がお告げをするために乗りうつっていたため、尋常ではない様子であったということのようである。「〜をさして」（「〜を指して」）は、ここではその方向に動作することを表していると見て、〝〜に向かって〟と訳すとよい。「言ふやう」は、後に発言が引用されることを示す表現で、〝言うことは・言うには〟と訳す。

解答例　尋常ではない様子の巫女が来て、壹和に向かって言うことは

ウ　「人の習ひ」は、人というものは皆同じような一定の傾向にあるということを副詞的に示したものとして、〝人の習性として・人というものは皆〟のように訳すとよい。「恨み」は、思い通りにならないことに対するいやな気持ちを表す名詞で、ここでは〝不満〟と言い換えることができる。「堪へ」は〝耐える・こらえる〟の意の動詞「堪ふ」の未然形。「ぬ」は打消の助動詞「ず」の連体形。「なれ」は断定の助動詞「なり」の已然形。「ば」は、ここでは已然形に接続しているので順接確定条件を表す。

解答例　人の習性として、不満には耐えきれないものであるので

エ 「それ」は前の「陸奥国えびすが城」（＝〃陸奥国の異民族の城〃）を指し、はるかに遠い未知の場所を表している。「つらし」は、他者からの仕打ちや不如意な状況を恨めしく思う気持ちを表す形容詞「つらし」の連体形。「つらき」は、「つらき人」は、自分をつらく思わせるような他者のことで、簡潔には〃恨めしい人〃のようにする。「ば」はここでは未然形に接続して順接仮定条件を表している。「さて」は前の内容を受けて話を進める副詞または接続詞として、〃それで・それなら・その時は〃といった訳でよい。「いづち」は不定の方向や場所を表す名詞で、〃どこ〃と訳せばよい。「か」は係助詞で、ここでは、相手に翻意を促すために疑問を呈する形をとったもの、または、もう行く所はないという判断を示す反語の用法で用いられたもののいずれとも考えることができる。「ん」（「む」）は、まだ実現していないことや不確定なことを言う助動詞で、ここでは、推量・可能推量・適当・（相手の）意志のいずれの解釈でも通りそうである。「さていづちか赴かん」は、〔解答例〕以外に、〃もうどこへも行けないだろう・もうどこも行く所はないだろう〃のように、反語を打消表現のみで解釈してもよいだろう。一文全体で、興福寺で同僚の僧に先を越されて講師を務めることができなかった壹和僧都に対して、別の寺に行って望みをかなえようとしても、そこにもまた自分に先んじて重要な地位を得るような人がいたらもうどうしようもないということを示し、諸国をさまようことをやめるように促している。

解答例 そこにもまた恨めしい人がいたら、その時はどこへ行けばよいのか

(二) **趣旨**

「思ひのどむれ」は、〃心をのどかにする・気持ちを落ち着かせる〃の意のマ行下二段活用動詞「思ひ

のどむ」の已然形。壹和僧都が、維摩の講師になりたいと望んだけれども、別の僧に先を越されてしまったという内容と、傍線部アの後に「その恨みしのびがたくおぼえければ」とあることから、「何を」については、「維摩の講師になれなかった不満を」となる。「思ひのどむれ」自体の説明として、傍線部アの前の心内文「なにごとも前世の宿業にこそ」にも言及しておくのがよいだろう。

解答例　維摩の講師になれなかった不満を、前世の宿縁と考えて落ち着かせた。

㈢　**趣旨・主張**

傍線部オは、巫女の言葉に対して、〝あるはずもないことである、どうしてこのようには（言うのか）〟と強く否定しているものである。巫女が、壹和は不満を抱いて興福寺を離れてさまよっていると指摘し、不満は誰もが持つものなので逃れようとしても逃れることはできないと諭し、興福寺に戻って望みを遂げるように促したのを受けて、壹和は、「思ひも寄らぬ仰せかな。かかる乞食修行者になにの恨みか侍るべき。あるべくもなきことなり、いかにかくは」と応じている。「あるべくもなきことなり」は、断定の助動詞「なり」の終止形で終わる独立した文であるが、読点が付されていることから、後の「いかにかくは」を言うにあたっての前置き（いわゆる挿入）と見なし、「いかにかくは」が壹和の主張の中心であると考えるのが妥当であろう。壹和は、自分が不満を持っているなどということはあるはずもないことであると断ったうえで、そのように決めつける巫女の指摘に対して、〝どうしてそのようには言うのか〟と詰問したいほどに心外だということを表明しているのである。

解答例　壹和が不満を抱いているという巫女の指摘は心外だという主張。

㈣　**趣旨（和歌）**

傍線部カの和歌は、「思ひ」に「火（＝蛍の光）」が掛けられており、逐語訳は〝包んでも隠れないものは、蛍の体からあふれ出ている光のように、自分の中からあふれ出ている思いであるなあ〟となる。これは、『大和物語』や『後撰和歌集』に所収のもので、高貴な男性に思いを寄せた童女が、自分の恋心を詠んだものとして有名なものである。この歌を、壹和にもたらされた神の託宣として解釈すると、人が持つ強い気持ちは、隠そうとしても隠しきれず表に出てしまうのだから、壹和が不満を抱いていることは、いくら隠そうとしても神にはお見通しだということを伝えるものととらえることができる。〔解答例〕では、本文の具体的な内容に即して説明したが、一般化して、「人が本心をいくら隠そうとしても、神は見抜いているということ」のように解答することもできるだろう。

解答例　壹和が本心で不満を抱いていることを神は見抜いているということ。

㈤　**趣旨**

傍線部キ「あたかも神託に違はざりけりとなん」は、直前の「四人の次第」について、〝まさに神のお告げと異ならなかった（ということだ）〟ということ。「四人の次第」についての「神託」は、神が巫女の口を借りて壹和に告げた一連の言葉のうち、「かの講匠と言ふはよな、帝釈宮の金札に記するなり。そのついで、すなはち祥延・壹和・喜操・観理とあるなり」にあたる。「かの講匠」は、興福寺の維摩会で講義を行う高僧（維摩の講師）を指す。「ついで」は、「次第」と同じく〝順序〟の意で、帝釈宮の金札に、維摩の講師となる四人の僧の名が「祥延・壹和・喜操・観理」という順に書かれているということである。この順によれば、祥延が一番目、壹和は二番目に講師を務めることが神によって定められており、神託を受けて興福寺に戻った壹和は、祥延が維摩の講師になった次の年に講師になったとのことなので、おそらく、その後の「喜操」「観理」も神託の通りの順に講師となったものと思われる。

解答例

維摩の講師は祥延・壹和・喜操・観理の順に務めるということ。

第二問

二〇一九年度　文理共通

出典　高桑闌更《たかくわらんこう》編『誹諧世説《はいかいせせつ》』嵐雪《らんせつ》が妻、猫を愛する説

江戸時代の俳人高桑闌更が著した俳文集。闌更は松尾芭蕉に私淑し、蕉風復興に努めた。『誹諧世説』は五巻から成る俳文集で、芭蕉やその門弟らの逸話が集められている。

通釈

嵐雪の妻が、猫で姿がかわいらしいものを愛して、美しい布団を敷かせ、食べ物も並々ではない立派な器に入れて、いつも膝元を離さなかったので、門人・友人たちなどにも煩わしく思う人もいるだろうと、嵐雪は、折に触れては、「獣を愛するにも、限度があるはずのことである。人間よりも上等な敷き物・器（を使って）、食べ物にしても、（魚肉食を）慎まなければならない日にも、猫には生魚を食べさせるなど、良くないこと」とつぶやいたけれども、妻はほんの少しもこれを改めなかった。

そしてある日、妻が実家へ行った際に、留守の間、（猫が）外へ出ないように、例の猫をつないで、いつもの布団の上に寝させて、魚などを多く食べさせて、くれぐれも綱を緩めないようにあらかじめ頼んで出て行った。嵐雪は、例の猫をどこへでも行かせ、妻をだまして猫を飼うことをやめようと思い、前もって約束しておいた所があったので、遠く隔たった所へ、人に連れて行かせた。妻が、日が暮れて帰り、真っ先に猫を探すけれども見つからない。「猫はどこへ行っていますか」と尋ねたので、（嵐雪は）「それでは、あなたの後を追ったのだろうか、むやみに鳴き、綱を切るほどに激しく動き、毛も抜け、首も絞まるほどであったので、あまりにも苦しいだろうと思い、綱を緩めて魚などを与えたけれども、食べ物も食べないで、ただうろうろと（あなたを）探す様子で、門口・裏口・二階などを行ったり

戻ったりしたが、それから外へ出たのでしょうか、近隣を探すけれどもまだ見つからない」と言う。妻は、泣き叫んで、（猫が）行くはずがない辺りまでも探したけれども、（猫は）戻って来ずに、三日、四日過ぎたので、妻は、涙を流しながら、

猫の妻を、どのようなお方が奪って行くのか。　妻

〈参考：自分の飼っている猫をどこかの男性が妻とするために奪って行ったのではないかと詠み、猫がいなくなったことを嘆くとともに、雌猫と思われるその猫はこのうえなくかわいらしいということをアピールした発句となっている〉

このように言って、体調が悪くなりましたので、妻が友人とする隣家の奥様で、この人も猫を愛していたその奥様が、嵐雪が企てて他所へ連れて行ったことを聞き出し、こっそりと妻に告げ、「（猫は）無事でおりますとのことです。決して心をお痛めになるな。私が知らせたとはわからないように、どこそこ町、だれそれの所へ（猫を）取り返しに人を行かせなさい」と語ったので、妻は、「このようなことがあってよいのか。私の夫は、猫をかわいがることを嫌っていらっしゃいましたが、それでは私をだましてのことであるのか」と、あれこれと非難して互いに言い争った。嵐雪も露見した以上はどうしようもなく、「たしかにあなたをだまして（猫を他所の家に）連れて行かせたのである。いつも言うように、あまりにも他の人とは異なるかわいがりようである。非常にいけないことである。これ以上私が言う通りにしないならば、取り返すつもりはない」と、あれこれと言い争ったけれども、隣家・門人たちがさまざまに言って、妻に謝らせて、嵐雪の心を静め、猫も取り返し、何事もなくなったので、

一月の初めの夫婦のもめ事を人々に笑われて

喜ぶのを見なさいよ、初子《はつね》の日の玉のついた小さな箒《ほうき》は。　嵐雪

〈参考：夫婦げんかをした際には振り上げたりもした箒も、正月の初子の日の行事では本来の役

割で用いられることになって喜んでいると詠み、夫婦のいさかいが一件落着した安堵感をユーモラスに表現している〉

解法

㈠　現代語訳

ア　「うるさし」は、煩わしく面倒に思う様子を表す形容詞。音声がやかましいという意味に限らないので注意しよう。「ん」は助動詞「ん」（「む」）の推量の用法。

解答例　煩わしく思う人もいるだろうと

イ　「程」は、ここでは、「獣を愛する」場合の「程」を言っていて、後に、妻の過剰な愛し方をあげつらっていることから、〝限度〟という訳が最適。「べき」は強い当然性を表す助動詞「べし」で〝〜はずだ・〜に違いない・〜なければならない・〜て当然だ〟といった訳がふさわしい。助動詞「む」の訳にあたる〝〜だろう〟としてはならない。「なり」は断定の助動詞。

解答例　限度があるはずのことである

カ　「あらはれたる上は」は、〝（自分の企てが妻に）露見した以上は〟ということ。「是非なく」は、あれこれ言い立てることもできない様子を表す表現で、〝どうしようもなく・しかたがなく〟といった訳がふさわしい。

解答例　露見した以上はどうしようもなく

(二)　現代語訳・省略の補足

傍線部ウの前文の内容は、妻から猫の居場所を尋ねられた嵐雪が、どこかへ行ってしまって探しても見つからないと告げたというものである。傍線部ウの前後も含めた「妻、泣き叫びて、行くまじき方まても尋ねけれども、帰らずして」という文脈を踏まえると、設問文で明示するように指示されている「誰が何をどうした」かは、「妻が猫を『尋ね』た」という骨格になる。

「まじき」は、強い当然性をもった打消の助動詞「まじ」の連体形で、〝〜はずがない・〜ないに違いない・〜そうにない〟と訳す。〝〜ないだろう〟では助動詞「じ」の訳にあたるので不十分。「方」は、何らかの方向性をもった事物・場所や様子などを広く表す名詞。「行くまじき方」は、〝猫が普通なら行くはずがない辺り〟の意。動詞「尋ぬ」は、不明なものをはっきりさせようとする動作を表す。〝質問する〟の意に限らないことに注意しよう。ここでは、妻が猫を探したということ。「けれ」は過去の助動詞「けり」の已然形。「ども」は逆接を表す接続助詞。

解答例　妻が、猫を、猫が行くはずがない辺りまでも探したけれども

(三)　趣旨

「我が知らせしとなく」は、〝私（＝話し手である隣家の内室）が（嵐雪の妻に）猫の居場所を知らせたということは内密に〟ということ。「何町、何方」は、猫が預けられている家の場所を具体的に教え

たもの。「取り返しに遣はし給へ」は、猫を取り返すために人を行かせなさいということ。一行の解答欄に収まるように簡潔にまとめる必要がある。

解答例　自分が教えたとは言わず、猫がいる家に人を行かせて猫を取り返せ。

㈣　**趣旨**

第二段落の前半の内容に基づき、嵐雪が猫をどのようにして、妻にはどう言ったかをまとめる。妻が実家へ行っている間に、前もって話をつけておいた家に猫を連れて行かせ、帰宅した妻には、妻の後を追おうとして綱を逃れようとするのが苦しそうだったため、綱を緩めたところ、妻を探して外へ出たのか、姿が見えなくなったと嘘をついたという事情を、ごく簡潔にまとめる。

解答例　妻の留守中に猫を他所へ預け、妻には猫が姿を消したと嘘をついた。

㈤　**趣旨**

嵐雪の妻がどのように猫をかわいがっていたかは、第一段落に書かれている。そのうち、「余り他に異なる愛し様」にあたるのは、嵐雪の発言の「人にもまさりたる敷き物（=「布団」）・器、食ひ物とても、忌むべき日にも、猫には生ざかなを食はする」様子である。設問の「具体的に」という指示に従いつつ、一行の解答欄に収めるために、「布団」「器」「食ひ物」を挙げ、それらが贅沢で非常識なものであったというまとめ方をすることになるだろう。

解答例　非常識なほど贅沢な布団や器や食べ物を与える過度なかわいがり方。

二〇一八年度　文理共通

第二問

出典　『太平記』　巻第二十一　覚一真性連平家の事

室町時代に成立した作者未詳の軍記物語。後醍醐天皇の関東討伐計画から南北朝の分裂、細川頼之の管領就任に至る約五十年間の動乱の歴史が、全四十巻にわたって描かれている。出題された部分は、高師直が、塩冶高貞の妻に、兼好法師と薬師寺公義に代筆させた恋文を送り、公義が代作した和歌に思わせぶりな返事が届く場面である。この後、結局望みを遂げることができなかった師直の讒言により、塩冶高貞と妻子が死に追いやられるという話が続く。

通釈

侍従は帰って、「(女房の反応は) このようで」と語ったところ、武蔵守 (＝師直) はたいそう心を上の空にして、「何度も続いたならば情にほだされて (強硬な心が) やわらぐこともあるかもしれない、手紙を送ってみたい」と思って、兼好といった能書の遁世者を呼び寄せて、紅葉襲の薄様で、持つ手も香りが立つほどに香を焚きしめている紙に、(兼好が代筆して) 言葉を尽くして申し上げた (＝手紙を送り申し上げた)。返事がなかなか来ないと (思いながら) 待つところに、使者 (＝仲立ちの侍従) が帰って来て、「(女房は) お手紙を手に取りながらも、開いて御覧になることさえなく、庭にお捨てになっているのを、人目につかないようにしようと、懐に入れ帰参いたしました」と語ったので、師直は非常に気分を損ねて、「いやいや何の役にも立たないものは能書家であるなあ。今日からその兼好法師は、こちらへ近付けてはならない」と怒った。

このようなところに薬師寺次郎左衛門公義が、用事があって、ふと現れた。師直は側へ招いて、「ここに、手紙を送っても手に取っても見ず、とんでもないほどに態度が冷たい女房がいたのを、どうするのがよいか」と微笑んだところ、公義は「人は誰でも岩や木（のような感情のないもの）ではないので、どのような女房も、（自分を）恋しく思う男になびかない者がいるはずがありましょうか。もう一度お手紙をお送りになって御覧くださいませ」と言って、師直に代わって手紙を書いたが、あえて文章は書かずに、

返すものでさえも（あなたの）手が触れただろうかと思うので、自分の手紙ながらも捨て置くこともできない。

折り返して、仲立ち（＝侍従）がこの手紙を持って行ったところ、女房はどのように思ったのだろうか、歌を見て顔を赤らめ、（手紙を）袖に入れて立ったのを、仲立ちはこれならば機会としては悪くないと、（女房の）袖を押さえて（引きとめて）、「それではお返事はどのように」と申し上げたところ、「重きが上の小夜衣」とだけ言い残して、中へ入って居場所がわからなくなった。しばらく経つと、（女房がもう出てきてくれそうもないので）使者（＝仲立ちの侍従）は急いで帰って、「このようでございました」と語ると、師直は嬉しそうにふと考えて、すぐに薬師寺（＝公義）を呼び寄せ、「この女房の返事に、『重きが上の小夜衣』とだけ言い残してお立ちになったと仲立ちが申すのは、衣・小袖を用意して送れということであろうか。そのことであったならば、どのような装束であっても仕立てるようなことについては、実にたやすいにちがいない。これはどういう意味か」とお尋ねになったところ、公義は「いやこれはそのような意味ではございませんで、『新古今和歌集』の十戒の歌に、

そうでなくてさえも重い小夜衣の上に、自分の衣の裾ではない裾を重ねてはならない（＝ただでさえ〈＝僧が自分の妻と関係を持つことでさえ〉重い罪であるうえに、自分の妻ではない妻と重ねて関係を持ってはならない）。

という歌の意味によって、人目だけを気にしますものと思い当たっております」と歌の意味を解釈したので、師直は非常に喜んで、「あああなたは弓矢の道だけではなく、歌道にまでも並ぶ者のない達人であるなあ。さあ贈り物をしよう」と言って、黄金作りの丸鞘の太刀を一振り、自らの手で取り出して薬師寺にお与えになった。兼好の不幸と、公義の幸運は、栄耀と衰廃がほんの短い間に入れ違いになった。

解法

(一) 現代語訳

ア「だに」は、極端に程度の軽いことを挙げ、それ以上のものはまして当然だと類推させる用法の副助詞。ここでは、「御文をば手に取りながら、あけてだに見たまはず、庭に捨てられたる」という文脈なので、女房は手紙を開くことも見ることもなかったということが明確になるように、「あけて」「見」る動作をひとまとまりで示したうえで、尊敬と類推と打消の要素を添えるという形で解答する。

解答例　開いて御覧になることさえなく

イ「なかなか」は、通常の認識やもともとの予想とは異なる側面があることを表す副詞。〝かえって・むしろ・逆に〟という一般的な訳でもよいだろうが、ここでは、女房への手紙の代筆を引き受けた公義が、通常なら恋心を連綿と書き連ねそうなところを、思い切って一首の歌のみを記したという状況に応じて、〔解答例〕では〝あえて〟とした。「言葉」は、ここでは「返すさへ…」の歌以外の散文の文章のことを表している。

解答例　あえて通常の文章は書かずに

エ　「たより」(「便り」や「頼り」で、もとは「手寄り」とされる)は、都合のよいことや、うまく事が運ぶと期待できるものを広く表す。「あしからず」は、形容詞「あし」(「悪し」)の未然形に打消の助動詞「ず」の終止形が接続したもの。ここでは、師直からの手紙の和歌を見て顔を赤らめ袖に入れて立ち去ろうとした女房の様子について、仲立ちをした侍従が「さてはたよりあしからず」と思い、女房の袖を押さえて返事を催促したという文脈なので、「たより」は、女房に返事を求めるのに都合がよい機会・女房が返事を書いてくれることが期待できる様子といった意味でとらえることができる。〝見込みは悪くない〟などと解答してもよいだろう。前回、女房は手紙を開いて見ることさえなかった(まして返事などするはずもなかった)のに、今回は悪くない反応だと侍従は見て取ったのである。

解答例　事を運ぶ機会としては悪くない

(二)　因果関係

傍線部ウを含む和歌は、女房に読んでさえもらえずに捨てられて師直の手許に戻った手紙にちなんだもので、「置かれず」の「れ」は可能の助動詞「る」である。逐語訳は〝返すものでさえも手が触れただろうかと思うので、自分の手紙ながらも捨て置くこともできない〟となる。結果的に突き返されたような形になった手紙ではあるけれども、女房は一旦手に取りはしたとのことなので、愛しい女房が触れたものだと思うと捨て置くことができないということが詠まれている。第二・三句の「手や触れけんと思ふに」が、傍線部ウの理由にあたる。「手」「触れ」は愛しい女房の手が触れることであるという理解を明確に示すことが必須。過去推量の助動詞「けん」（「けむ」）・疑問の係助詞「や」も忠実に反映し、手紙を捨て置けない気持ちがわかるように、〝慕わしい・大切に思われる〟などの表現を添えてまとめるとよい。

解答例　愛しい女房の手が触れたのだろうかと慕わしく感じられるから。

㈢　指示内容

傍線部オは公義の言葉で、女房が言い残した「重きが上の小夜衣」という言葉について、師直が自分なりの考えを述べたことを受けたものである。ここでの「心」は〝意味・内容〟という意味で、「さ」は、「衣・小袖をととのへて送れ」ということではないかと解釈した師直の推察を指している。「衣・小袖をととのへて」は、続く文の「いかなる装束なりとも仕立てんずる」とほぼ同じ意味で、衣や小袖などの着物を仕立てるということ。「さやうの心」自体の解釈は〝着物を仕立てて送れというような意味〟であるが、設問は「何を指しているか」と問うているので、それは師直が「…とにや」（＝引用を表す格助詞「と」＋断定の助動詞「なり」の連用形「に」＋疑問の係助詞「や」で、逐語訳は〝…ということであるか〟）と推察したことであるという客観的な説明も添えてまとめるのが適切だろう。

解答例　着物を仕立てて送れという意味であろうかと師直が推察したこと。

㈣　和歌

傍線部カの逐語訳は〝自分のつまではないつまを重ねてはならない〟。「十戒の歌」の〔注〕と、第三句に詠み込まれている「小夜衣」をふまえると、「つま」は、配偶者の意で男女を問わず用いられる「妻《つま》」や「夫《つま》」と、衣の裾の意の「褄《つま》」との掛詞で、「重ね」も、加えて関係を持つという意味と、衣の裾を重ねて共寝するという意味が掛けられている。「な…そ」は禁止を表し、自分の配偶者以外の者と関係を持ってはならないと戒める仏道の教えを師直に示すことによって、女房は、すでに人妻となっている自分は夫以外の男と関係を持つことはできない立場にあるということを表明している。

解答例　夫以外の男と衣の裾を重ねて共寝することはできないということ。

㈤

趣旨

傍線部キの逐語訳は〝人目だけを気にしますもの〟。師直はそれを聞いて非常に喜んでいるので、公義のこの解釈は、師直にとって喜ばしいものであるとわかる。人目だけを憚るということは、人目以外には憚るものはないということで、女房が「さなきだに…」の歌を引いて「重きが上の小夜衣」と言ったことを、公義は人目を避けることを条件に師直の求愛に応じるという意向だと都合よくとらえているのである。

解答例　人目さえ避ければ師直の求愛に応じる気があると解釈している。

二〇一七年度　文理共通

第二問

出典　紫式部『**源氏物語**』　真木柱

平安時代中期の作り物語。紫式部の作。光源氏の出生から、成長のさまや女性遍歴などの波乱に満ちた生涯が語られ、さらには光源氏の子孫の代の話へと続く長大な物語である。貴族社会の愛や苦しみ、理想や現実が、さまざまな登場人物を配して重層的に描かれている。出題された部分は「真木柱」の巻で、光源氏と、光源氏のかつての恋人夕顔の遺した玉鬘とが、玉鬘が鬚黒大将のもとに嫁いだ後に手紙のやりとりをする場面である。

通釈

二月にもなった。大殿（＝光源氏）は、それにしても無情なことであるなあ、まったくこのようにきっぱりと（鬚黒が玉鬘を自邸に引き取る）とも思わずに油断させられた悔しさを、体裁が悪く、何から何までお心にかからない時はなく、恋しく思い出さずにいられないでいらっしゃる。（二人が夫婦になった）前世からの因縁などというものはいいかげんではないことであるけれども、自分の度が過ぎた気持ちによって、このように他人に強いられたのではない物思いはするよと寝ても覚めても（玉鬘の姿が）面影にお見えになる。（鬚黒）大将のような、風流な感じも陽気な感じもない人と（玉鬘が）一緒になって暮らしているような状況で、ちょっとした冗談ごとの手紙も気が引けてそぐわなくお思いにならずにいられなくて、我慢なさるが、雨がひどく降ってたいそうのどかな頃、このような所在ない気持ちも紛らわせる所（＝光源氏が玉鬘を引き取って住まわせていた際の玉鬘の居所）にお行きになって、（かつて玉鬘と）お話をなさった様子などが、ひどく恋しいので、お手紙を差し上げなさる。右近のもとにこっそりとお送りになるのも、一方では（右近が不審に）思うようなことをお思いになるので、これといったことをも書き連ねなさることができずに、ただ相手の推察に任せたことなどが書いてあった。

「降り続いてのどかな頃の春雨の中で、（あなたは）住み馴れた所の人（＝私）をどのように思い出すのか。

所在ない気持ちに加えても、恨めしく思い出さずにいられないことがたくさんありますのを、どうして申し上げることができようか」などとある。

（右近が）機会を見付けて（＝鬚黒が不在の折に）こっそりと（玉鬘に手紙を）見せ申し上げると、（玉鬘は）少し泣いて、自分の心にも時間が過ぎるにつれて思い出しなさらずにはいられない（光源氏の）御様子を、まともに、「恋しいなあ。どうにかしてお目にかかろう」などとはおっしゃることができない親であって、本当に、どうして対面することもできるだろうかとしみじみ悲しい。時々煩わしかった（光源氏の）御様子を、気に入らなく思い申し上げたことなどは、この人（＝右近）にもお知らせにならないことであるので、自分一人の胸で際限なくお思いになるけれども、右近はうすうす事情を察した。どのようであったことであるだろうかとは、今でも理解しがたく思った。お返事は、「申し上げるのも気が引けるけれども、うやむやではいけない」ということでお書きになる。

「長雨が降り続く軒の雫に袖が濡れるように、物思いに耽って涙を流して、泡がはかなく消えるような少しの間もあなたを思い出さないだろうか。

（長雨が）降るうちに時が過ぎる今は、本当に格別な所在ない気持ちも募りました。あなかしこ（＝手紙の末尾に添える文句）」と礼儀正しく意識してお書きになっている。

（光源氏は玉鬘からの返事の手紙を）広げて、涙がこぼれるようにお思いにならずにいられないのを、人も見たならばまずいにちがいないとさりげなく振る舞いなさるけれども、胸がいっぱいになる気がして、あの昔の、（当時の）尚侍の君（であった朧月夜）を朱雀院の母后が（光源氏に逢えないように）強引に閉じ込めなさった時のことなどを思い出しなさるけれども、直面していることであるからだろうか、これ（＝今の尚侍の君である玉鬘と自分との間柄）は男女の仲ではないだけにしみじみ悲しかった。（光源氏のように）恋愛を好んでいる人は、自分の性格のせいで心穏やかでいられるはずがないことであった、今となっては何によって心を悩ませようか（＝すでに鬚黒の妻となっている玉鬘を恋しく思ってもしかたがない）、不相応な恋の相手であるなあ、と心を鎮めあぐねなさって、御琴を掻き鳴らして、（かつて玉鬘が）好ましく弾きこなしなさった爪音を思い出しなさらずにはいられない。

解法

(一)　現代語訳

ア　「おろかなら」は〝いいかげんだ・不十分だ〟の意の形容動詞「おろかなり」（「疎かなり」）の未然形。「ぬ」は打消の助動詞「ず」の連体形。傍線部アの前の「宿世などいふもの」が「おろかならぬこと」であるという内容に整合する表現となるように注意が必要である。「なれ」は断定の助動詞「なり」の已然形。「ど」は逆接の接続助詞。

解答例　いいかげんではないことであるけれども

イ　述語の「聞こゆ」は、光源氏から玉鬘に宛てた手紙の文面で、〝私があなたに〟「聞こゆ」という意味が成立するので、「言ふ」の謙譲語として〝申し上げる〟と訳す。「恨めしう思ひ出でらるること多うはべるを」（＝〝恨めしく思い出さずにいられないことがたくさんありますのを〟）「いかでかは聞こゆ」とつながっていることから、「いかでか」は反語を表していると判断する。「べから」は助動詞「べし」の未然形で、可能（または適当〝～のがよい〟）の用法。「む」は助動詞「む」の連体形で推量の用法。

解答例　どうして申し上げることができるだろうか、いや、できない

オ　「ながめする…」の和歌は玉鬘が詠んだもので、光源氏の「かきたれて…」の歌への返歌である。「人」は光源氏を指すが、訳は〝あなた〟とする。「しのば」はバ行四段活用の動詞「しのぶ」（「偲ぶ」）の未然形。上二段活用の「忍ぶ」とは異なることに注意しよう。「ざら」は打消の助動詞「ず」の未然形。「めや」は和歌に特有の形で、「め」は助動詞「む」の已然形で推量の用法、「や」は反語。

解答例　あなたを思い出さないだろうか、いや、思い出す

(二)　心情

第二段落冒頭の「隙に忍びて見せたてまつれば」は、「隙に忍びて」に「鬚黒が不在の折にこっそりと」と〔注〕が付されていることもふまえると、第一段落で光源氏が書いて右近に託した手紙を右近が玉鬘に見せたということ。その後の「うち泣きて」以降は、その手紙を読んだ玉鬘の様子が描かれている。傍線部ウは、玉鬘の気持ちである。「げに」は同意や納得の気持ちを表す副詞で、光源氏からの手紙に「いかでかは聞こゆべからむ」（傍線部イ）と書かれていたことや、傍線部ウの前に『恋しや、いかで見たてまつらむ』などはえのたまはぬ親にて」とあるのを受け、〝本当に・そのとおり〟と言った

ものである。玉鬘も光源氏のことを思い出さずにいられないでいるが、光源氏は玉鬘にとって親とはいえ実父ではないので、恋しく会いたいなどとは言うことができない間柄であるということを、改めて認識していると読み取れる。その流れで見れば「いかでかは」は明らかに反語で、「いかでかは対面もあらむ」は、どうあっても光源氏と対面することはできないだろうということ。「あはれなり」は心にしみじみ感じる様子を広く表す形容動詞で、ここではしみじみ悲しくせつない気持ちにあたる。

解答例　玉鬘の、もう会えそうにない光源氏との関係を改めて悲しむ気持ち。

㈢　心情

傍線部エは、「右近はほの気色見けり」に続く心内文で、直後の「とは、今に心得がたく思ひける」に尊敬語が用いられていないことから、右近の気持ちであるとわかる。この文章の地の文全体で、右近は敬意の対象になっていないことも確認しよう。傍線部エの解釈は〝どのようであったことであるだろうか〟で、それは「心得がたく思」う気持ちなので、「不審に思っている・訝しく思っている」等と説明すればよい。右近が何を不審に思っているのかについては、前の文の「時々むつかしかりし御気色を、心づきなう思ひきこえし」が見出せる。これはリード文の「玉鬘は」「光源氏にも思慕の情を寄せられ困惑」していたことにあたり、玉鬘はそのことを右近にも知らせずに一人で悩んでいたが、右近はいくらか察知して、玉鬘と光源氏は親子にあたる関係なのに、もしかしたら恋愛めいたことなどがあったのだろうかと訝しんでいるということである。

解答例　右近が、玉鬘と光源氏の関係について、不審に思っている。

(四)　**趣旨・省略の補足**

第二段落は玉鬘と右近の場面で、尊敬語「たまふ」が用いられていることから、傍線部カの主語は玉鬘である。「ゐやゐやし」は礼儀正しく丁重な様子を表す形容詞。「書きなす」の「なす」は、あえて意識的に行動する意を添える。光源氏からの手紙を読んだ玉鬘は、自分も恋しく思う気持ちはあるものの、あくまでも親子の関係であることを意識し、かつて光源氏から思慕の情を寄せられて困惑したという事情も含めて複雑な思いを抱きつつ、わざと礼儀正しく他人行儀な文面の返事を書いて、恋愛めいた方向に受け取られることのないように牽制したということである。

解答例　玉鬘が、光源氏への返事の手紙を、あえて他人行儀に書いた。

(五)　**趣旨**

「好い」は動詞「好く」の連用形「好き」のイ音便形。「好く」は、好ましい思いを抱いて心を寄せるという意味で、主に恋愛や風流を好むことを表す。ここでは、玉鬘を思う光源氏の様子が描かれている場面なので、〝恋愛を好む〟の意。光源氏は、リード文に書かれているように、立場上の娘である玉鬘に以前から思慕の情を寄せ、本文では、玉鬘が人妻となってからも恋しさを募らせている。さらに、傍線部キの前の文では、かつて尚侍の君であった朧月夜との逢瀬を阻まれた経験も思い起こしている。そのような光源氏の有様が「好いたる人」と述べられ、設問では「ここではどういう人のことか」を説明するように求められているので、単に恋愛を好むということではなく、禁忌や妨害があって恋が成就しそうにないような相手であっても愛さずにはいられない傾向にあり、かえって苦しむことになるような人を称したものという理解を示す必要がある。

解答例

結ばれそうにない相手にも恋心を抱いて自ら苦悩する人。

二〇一六年度　文理共通　第二問

出典　『あきぎり』上

鎌倉時代の成立とされる擬古物語。作者未詳。上下二巻から成る。姫君と三位中将との恋愛を軸に、その周辺の家族・友人・女房・宮中などの人間関係が綴られた典型的な擬古物語の筋立てで、『源氏物語』の影響も指摘されている。出題部分は、上巻の冒頭から少し進んだ箇所で、姫君の母親である尼上が亡くなる前後の場面である。

通釈

（尼上は）本当に臨終とお感じになるので、御乳母をお呼びになって、「もう臨終と感じるので、この姫君のことばかり思うので、（私が）亡くなったような後にも、ぜひとも疎略でないように扱い申し上げよ。これからはあなた以外は、（姫君は）誰を頼りになさることができようか。私が亡くなるとしても、父君が生きていらっしゃったならば、いくらなんでも（姫君を大切にしてくださるだろう）と安心できるにちがいないのに、（父君もいらっしゃらないので）誰に世話を委ねるというわけでもなくて、死んでしまうような後の気がかりなこと」ということを何度もすらすらとおっしゃることもできず（＝言葉を詰まらせながらおっしゃり）、御涙も抑えきれない。

まして宰相（＝御乳母）は涙をこらえることができないでいる様子で、しばらくは何も申し上げない。いくらか気を落ち着けて、「どうして疎略に扱うはずか。（あなたが）御存命の時は、たまに（私が姫君のおそばを）離れることもあるでしょうけれども、（あなたがいらっしゃらないとなると、姫君は私以外の）誰を頼りにして、ほんの少しの間もこの世に生き長らえることがおできになるか」と言って、袖を顔に押し当てて、こらえきれない様子だ。姫君は、ましてひたすら同じ（悲しみにくれる）様子である中でも、このように嘆きをかすかに聞くにつけても、（自分は）まだ正気でいるのだろうかと、悲しさは晴らしようがない。本当にまさにもう臨終とお思いになって、念仏を声高に申し上げなさって、お眠りになるのだろうかと見ると、（尼上は）すでに御息も絶えてしまった。

姫君は、ともかく同じように（死んでしまいたい）と、（尼上を）慕い焦がれなさるけれども、どうにもならない。誰もが正気でいられないけれども、そのままにもしていられることではないので、尼上の葬送の準備をなさる時にも、（姫君が）自分こそ先に（死にたい）と（でもいうように）何度も気を失いなさるのを、（乳母たちは）「どんなことも前世からの御因縁がおありになるのだろう。お亡くなりになってしまったのは、どうしようもないだろう」と言って、今度はこの姫君の御様子をずっと嘆いている。大殿もあれこれと言葉を掛け申し上げて慰めなさるけれども、（姫君は）生きている人のようにもお見えにならない。

その夜、そのまま阿弥陀の峰という所で荼毘《だび》に付し申し上げる。はかない煙として立ち昇りなさった。悲しいというのも、ありきたりで言い尽くせない表現である。大殿は、（御自分が）事細かに（葬儀の）指示などをおっしゃっていることが、夢のように思われて、姫君のお気持ちは、それはもう（相当につらく悲しいだろうと）推察せずにはいられなくて、御乳母をお呼びになって、「しっかりとお言葉をお掛けして慰め申し上げよ。御喪が明けたならば、すぐに引き取り申し上げるつもりだ。心細く思わないでいらっしゃい」などと、頼もしい様子で言い残しなさり、お帰りになった。

中将は、こうとお聞きになって、姫君のお嘆きを想像し、気の毒で、鳥辺野の草のようにも、それはもう思い嘆きなさっているだろうと、しみじみつらい。毎晩通って行くことも、もうできないのだろうかとお思いになるのは、どなたのお嘆きにも劣らなかった。少将のもとにまで、鳥辺野の夜中の煙が立ち昇るのに取り残され、それはもう姫君が悲しく思っているだろう。と（手紙が）あるけれども、（姫君は）見向きさえなさらないので、しかたがなくてそのまま置いてある。

解法

㈠　現代語訳

エ　「世の常」は〝世間並み・ありきたり〟の意で、「〜とも、世の常なり」は、〝〜と表現するのも、ありきたりだ〟ということから、〝〜というありきたりな表現では言い尽くせないほど〜だ〟と強調する慣用表現。ここでは、尼上が亡くなって火葬された有様について、「悲し」というありきたりな言葉では表現しきれないほど悲しい様子であるということを言っている。

解答例　悲しいというありきたりな表現では言い尽くせないほど悲しい

オ　「やがて」は、時間や状態が隔たらない様子を表す副詞で、ここでは、前に「御忌み離れなば」（＝〝〈尼上の〉御喪が明けたならば〟）という時間的な条件が示されているので、そこから隔たらない様子として〝すぐに〟と訳すのが適切。「迎へ」は、大殿が姫君を引き取ること。「奉る」は大殿から姫君への敬意を表す謙譲語補助動詞。助動詞「べし」はここでは大殿の強い意志を表している。

解答例　すぐに引き取り申し上げるつもりだ

キ　「御覧じだに入れ」は、〝見る〟の尊敬語「御覧ず」と、〝入れる〟の意の下二段活用の「入る」との複合動詞「御覧じ入る」に、副助詞「だに」が割り込んだ形になっている。「〜入る」は、動作を内向きに行ったり感覚を対象に向けたりする様子を添える働きで、「御覧じ入る」は、〝そちらを見る・目を向ける〟という意味の「見入る」が尊敬表現になっているものである。「だに」は、度合いの軽いものを挙げ、ましてそれ以上のものは当然だと言外に類推させる働きで、〝〜さえ〟と訳す。「ね」は打消の助動詞「ず」の已然形。已然形に接続する「ば」は、実際にそうであることを順序通りつなぐ働きで、ここでは、傍線部キの内容と、後の「かひなくてうち置きたり」に因果関係が認められるので〝〜ので〟と訳す。

解答例　見向きさえなさらないので

(二)　**趣旨・省略の補足**

自分の死を覚悟した尼上から乳母への言葉である。「なからむあと」は、ここでは死んでこの世にいない状態を表す形容詞「なし」の未然形に、婉曲・仮定の助動詞「む」が接続し、名詞の「あと」につながっているもので、尼上の死後のこと。「かまへて」は命令を強調する副詞で、〝必ず・くれぐれも〟の意。「軽々しからず」は〝疎略にではなく〟ということだが、説明としては〝大切に・重んじて〟といった簡潔な表現にしてよいだろう。「もてなす」は、状況に応じた行動をとるという意味の動詞で、謙譲語補助動詞「奉る」が付いており、傍線部アの前に「この姫君のことのみ思ふを」とも述べられていることから、〝姫君を扱う・姫君を世話する〟の意ととらえる。「奉れ」は命令形で、尼上は、乳母に対して、姫君を大切にすることを求めているのである。

解答例　尼上の死後も、乳母は姫君を必ず大切に扱えということ。

㈢ 現代語訳・省略の補足

「おはします」は「あり」の尊敬語。「おのづから」は自然とそうなる様子を表す副詞。「侍ら」は「あり」の丁寧語。「め」は助動詞「む」の已然形で、ここでは推量の用法。係助詞「こそ」を受ける已然形で文末とならず読点で続いている場合は逆接で後につながる。傍線部イを逐語訳すると、〃いらっしゃる時は、たまたま立ち去ることもあるでしょうけれども〃となる。これを骨格に、「おはします」と「立ち去る」とは誰がどうすることかを考え、それぞれの主語を補う必要がある。

傍線部イは宰相（＝乳母）の発言で、尼上が自らの臨終に際して姫君のことを心配する言葉に答えたものである。発言の一文目「いかでかおろかなるべき」で、尼上の心配する姫君について、自分は決して疎略に扱わないと言っていることと、傍線部イから逆接でつながる「誰を頼みてか、…ながらへさせ給ふべき」の内容を併せて考えると、宰相は、この発言全体で自分は必ず姫君が生きていく支えとなるつもりであることを強く表明していることがうかがえる。傍線部イの「おはします時」は尼上の存命時のことで、「立ち去る」は宰相が姫君のもとを離れるということである。逆接でつながる内容から遡ると、尼上の死後は自分だけは姫君のもとを離れずにずっとそばにいるということを伝えることの前置きとして、傍線部イのように言っていることになる。

以上をふまえて丁寧に言葉を補うと、〃あなたが生きていらっしゃる時は、私はたまたま姫君のそばを離れることもあるでしょうけれども〃となるが、設問で要求されている主語を示したうえで解答欄の一行に収めるためには、「おはします時」を〃あなたが御存命の時〃のように簡潔に表現し、「立ち去る」対象の姫君は解答に含めることができないと判断して解答する。

解答例　あなたが御存命の時は、私はたまたま離れることもあるでしょうが

㈣　趣旨

傍線部ウの逐語訳は〝ひたすら同じ様子にと〟で、「ただ同じさまに」は姫君の心内文である。前の段落に、尼上が亡くなったことが書かれ、傍線部ウの直後に「こがれ給へども、かひなし」とあることから、「ただ同じさまに」は、姫君が尼上と同じように自分も死んでしまいたいと強く望む気持ちを表していることが読み取れる。「姫君」「尼上」という人物を客観的に示し、引用を表す格助詞「と」を含む説明になるように配慮してまとめる。

解答例　姫君が、尼上の後を追って自分も死にたいと思っていること。

㈤　和歌

傍線部カの和歌は、姫君の恋人である中将が、尼上を亡くした姫君の嘆きを思いやり、姫君の侍女のもとに詠み送ったものである。「鳥辺野の夜半の煙」は火葬場で夜中に立ち昇る煙、すなわち、尼上を火葬する煙のこと。「立ちおくれ」は〝先立たれる・死に後れる〟という意味の動詞「立ち後《おく》る」で、「立ち」は〝立ち昇る〟意も掛けられて「煙」の縁語となっている。「さ」は指示副詞、「こそ」は強意の係助詞で、末尾の現在推量の助動詞「らむ」が已然形「らめ」となって係り結びが成立しているが、「さこそは」でひとまとまりの強調表現として、〝それはもう・さぞかし〟という意味をなしている。

「君」は姫君を指す。大意として、尼上の火葬に際し、尼上に先立たれた姫君が非常に悲しい気持ちでいるだろうということを、一行の解答欄に収まるように簡潔な表現でまとめる。

解答例　尼上を火葬した今夜、先立たれた姫君はひどく悲しんでいるだろう。

二〇一五年度　文理共通　第二問

出典　『**夜の寝覚**』　巻二

平安時代後期の作り物語。作者は菅原孝標女との説もあるが未詳。天人から数奇な運命を予言された女君が、姉の夫となる男君と契りを交わしたことをきっかけにさまざまな人間関係に苦悩して生きる有様が描かれている。

通釈

そうはいうもののやはり姨捨山の月（を彷彿とさせる広沢の池の月）は、夜が更けるにつれてますます美しく輝くのを、（女君は）目を引かれて、しんみりと見上げなさって、すっかり物思いに耽っていらっしゃる。

以前とは違ってつらいこの世に住む私なのに、美しく輝く月の光は（以前）見たのと変わらないことだよ。

置いたままで手をお触れにならなかった箏の琴を引き寄せなさって、掻き鳴らしなさると、場所が場所だけにしみじみとした思いが募り、松風も実にうまく音を合わせるように吹いている様子に、心誘われて、何かにつけてしみじみとお思いにならずにいられないのにまかせて、聞く人はいないだろうとお思いになると気楽で、ありったけの曲をお弾きになっていると、入道殿が、仏の御前にいらっしゃったのだが、お聞きになって、「しみじみ心打たれる様子で、言っても言い尽くせないほどの御琴の音色だなあ」と、すばらしい音色なので、聞いているだけではいられなくて、勤行を途中でやめてお越しになったので、弾く手が止まりなさったのを、「もっとお弾きになってください。念仏しておりますと、『極楽からの迎えが近いのか』と、胸がどきどきせずにはいられなくて、（音色を）たどってやって参りましたよ」と言って、少将（＝女君の乳母の娘）に和琴をお渡しになり、琴を合奏したりなさって楽しみなさるうちに、あっけなく夜も明けた。このように心を慰めては、日をお過ごしになる。

普段よりも時雨が強く夜明けまで降っている早朝、大納言殿から、

（あなたは私に対して）冷淡だけれども、（私はあなたに）思いを馳せることだよ。山里の夜中の時雨の音はどのようだろうかと。

雪が夜まで降っている日、（良い）思い出がないかつてのなじみの地（＝京）の空までもが、塞がっているような思いがして、やはり心細いので、縁側近くににじり出て、白いお着物を何枚も、かえってさまざまな色であるようなのよりも風情があり、心引かれる様子で着こなしなさって、物思いに耽って夜まで過ごしなさる。いつぞやの年、このようであった時に、大納言の上（＝姉）と縁側近くで、雪の山を作らせて見た時のことなど、思い出しなさると、普段よりも流れる涙を、かわいらしい様子で拭い隠して、

「（良い）思い出はないだろうに、嵐が吹く嵐山で心が慰められずに、雪が降る古里はやはり恋しい。私を、このようにも（大納言の上は）思い出しなさらないだろうよ」と、推察してのことでさえ涙をこらえきれないのを、対の君（＝女君の母親代わりの女性）がたいそう気の毒に思って見申し上げて、「困ったことに、今まで物思いに耽っていらっしゃるなあ。おそばに女房たちは参上しなさい」などと、すべて深刻に思ってなどいないようなそぶりに振る舞い、慰め申し上げる。

解法

(一) 現代語訳

ア 「ありし」はラ行変格活用動詞「あり」に過去の助動詞「き」の連体形が接続したもので、〝以前の～・かつての～〟という意味の連体詞として扱う連語。ここでは直後に断定の助動詞が置かれていることから、「ありし」自体を名詞に相当するものとして〝以前（の様子）・かつて（の有様）〟と解釈する。「に」は断定の助動詞「なり」の連用形で、実質的には「に・あり」で〝～である〟と訳す。「も」は強意の係助詞、「ず」は打消の助動詞「ず」。「ありしにもあらず」「すむ」というつながりがあるので、「ず」は連用形である。傍線部アの逐語訳は〝以前の様子でもなく〟であるが、自然な表現として〝以前とは違って・かつてとはうって変わって〟などとすればよい。

解答例　以前とは違って

イ 「行ふ」はここでは〝仏道修行をする・勤行する〟の意。「～さす」は〝～を途中でやめる〟という意を添える。

解答例　勤行を途中でやめて

カ 「いと」は度合いを強調する副詞、「心ぐるしく」は、他者の痛みに同情して胸が痛む様子を表す形容詞「心ぐるし」（「心苦し」）の連用形、「見」は動詞「見る」の連用形、「たてまつり」は謙譲語の補助動詞「たてまつる」。「心ぐるしく見る」は、「見る」対象について「心ぐるし」という気持ちを抱いて「見」ているということなので、〝気の毒に思って見る〟のように表現するのがふさわしい。

解答例　たいそう気の毒に思って見申し上げて

㈡　現代語訳・省略の補足

「つらけれ」は形容詞「つらし」の已然形。「つらし」は、他者からの仕打ちによって自分がつらい気持ちにさせられる様子を表す言葉で、自分をつらく思わせる他者の様子を言う場合は〝冷淡だ・薄情だ〟と訳す。「思ひやる」(「思ひ遣る」)は〝思いを馳せる・気持ちを向ける〟の意。「かな」は詠嘆の終助詞。傍線部ウの逐語訳は〝冷淡だけれども思いを馳せることだよ〟となる。傍線部ウの和歌は大納言が女君に詠み贈ってきたものである。リード文にあるように、大納言は何とか女君と連絡を取ろうとするが女君はかたくなに拒絶していたということであるから、「つらし」は大納言から見た女君の仕打ちのことで、「思ひやる」は大納言が女君に思いを馳せているということである。現代語訳の問いなので、詠み手の大納言からの呼称を用いて人物関係を補い、〝あなたは私に冷たい〟〝私はあなたに思いを馳せる〟とする。

解答例　あなたは私に冷淡だけれども、私はあなたに思いを馳せることだよ。

㈢　趣旨

「なかなか」は通常の認識や予想とは異なる面があることを示す副詞で〝かえって・むしろ〟と訳す。

「いろいろ」は〝さまざまな色〟、「なら」は断定の助動詞「なり」、「む」は婉曲の助動詞、「より」は比較の基準を表す格助詞、「をかしく」は感じが良い様子を表す形容詞「をかし」で、傍線部エの逐語訳は〝かえってさまざまな色であるようなのよりも趣深く〟となる。傍線部エの前後には「白き御衣どもあまた」「なつかしげに着なしたまひ」とあり、女君が白い着物を何枚も心引かれる様子に着こなしている様子が、カラフルな着物を重ね着しているのよりもかえってすばらしいとされていることがわかる。一行の解答欄に収めるのはやや厳しいが、「白き御衣」との対比がわかるように工夫したい。

解答例　多彩な衣よりも白い衣の重ね着姿の方がかえって風情があること。

㈣　因果関係・和歌

傍線部オを含む和歌は、「あらし」が「嵐」と「あらじ」の掛詞、「ふるさと」が「降る」と「古里」との掛詞で、逐語訳すると〝思い出はないだろうに、嵐が吹く嵐山で心が慰められずに、雪が降る古里はやはり恋しい〟となる。「思ひいではあらじ」「古里」は、この段落の初めの文の「思ひいでなきふるさと」に対応し、もはや何の良い思い出もないに等しい京での暮らしのことを言っている。「あらしの山になぐさまで」は、嵐山にほど近い広沢に身を寄せて暮らしているが、心は慰められずにいる現状のこと。「雪降る」「古里」は、「雪かき暮らしたる日」「ひととせ、かやうなりしに、大納言の上と端ちかくて、雪山つくらせて見しほどなど、思しいづる」に対応し、今降っている雪を見て、かつて姉と一緒に雪を楽しんだことを思い出したということ。傍線部オ「雪ふるさとはなほぞこひしき」（＝〝雪が降る古里はやはり恋しい〟）ことの理由は、今は不仲になっている姉と、かつて京で一緒に雪山を作らせて見たことを懐かしく思い出したからということになる。姉のことを恋しく思っているという理解が必須で、「雪降る」は一緒に雪を楽しんだということ、「古里」は京のことであると明示することがポイント。

解答例　今は不仲な姉とともに京で雪を楽しんだ日のことが懐かしいから。

(五)　趣旨

傍線部キの逐語訳は〝すべて深刻に思ってなどいないようなそぶりに振る舞い〟である。傍線部キの前後に書かれている対の君の言動もふまえると、女君が物思いに耽っていることを気の毒に思いながらもあえてそれを何気なく口にし、女房たちを女君のそばに呼び寄せて慰めたということなので、女君のつらさを思いやっているからこそ、努めて何も気に留めていないかのような態度をとっていることが読み取れる。

解答例　女君のつらさを、あえて深刻に考えていないように振る舞う態度。

二〇一四年度　文理共通　第二問

出典　井原西鶴『**世間胸算用**』巻五　二　才覚の軸すだれ

江戸時代の浮世草子で、井原西鶴の作。大晦日に金策に奔走する町人の有様を二十編にわたって描いたもので、借金をめぐる駆け引きや金銭のやりくりに腐心する庶民の姿がユーモラスに綴られている。

通釈

裕福になった者は、その生まれ持ったものが格段に違っている。ある人の息子が、九歳から十二歳の年の暮れまで、手習いに行かせたところ、その間に使った筆の軸を集め、それ以外に人が捨てている物も取り集めておいて、間もなく十三歳の春に、自分の手細工で軸簾をこしらえ、一つを一匁五分ずつ（の値段）の、三つまで売り払い、初めて銀四匁五分を手に入れたことは、自分の子ながらただ者ではないと、親の身としては嬉しさのあまりに、手習いの師匠に語ったところ、師匠である僧は、このことを良いとはお誉めにならない。「私は、この年まで、数百人子供を預かって、指導いたしまして見届けてきたが、あなたの子のように、気が回りすぎている子供が、後に裕福に生活している例はない。そうかといって、物乞いをするほどの身の上にもならないもので、中流から下の生活をするものである。このようなことには、いろいろな事情があることである。あなたの子だけを、利口だというようにお思いになってはいけない。その子以上に、やりくりがうまい子供がいる。自分の当番の日は言うまでもなく、他人の当番の日も、箒を持っては座敷を掃いて、大勢の子供が毎日使い捨てている書き損じの紙で丸めてあるのを、一枚一枚皺を伸ばして、毎日屏風屋へ（屏風の下張り用の紙として）売って帰る子供もいる。これは、筆の軸を簾にするという思いつきよりは、さしあたっての役に立つことではあるが、これも感心しない。またある子供は、余分の紙を持って来て、紙を使いすぎて不自由している子供に、一日あたり一倍増しの利息でこれを貸し、一年間で貯まった儲けは、どれほどとも計り知れない。これらはすべて、それぞれの親のけちな気性を見習ってのもので、自然と生まれる各自の知恵ではない。その中でも一人の子供は、父母が常におっしゃったのは、『脇目もふらず、手習いに精力を注ぎ込め。成人してからのおまえの身のためになることだから』との言葉（であり）、（これを）無用のものにはすることができないと、毎日読み書きに気を緩めることなく、後には兄弟子たちよりも優れて達筆になった。この心がけからは、将来裕福になることが見て取れている。そのわけは、一心に家業に励むからである。一般に親の代からずっとしている家職以外に、商売を替えて続いていることはめったにない。（先ほど挙げた）手習いの子供たちも、自分の務めである字を書くことはそっちのけにし、幼少の頃から鋭く抜け目がなく、不必要な欲深さである。だから、（手習いをする子供にとって）最も重要な、字を書かないことが嘆かわしい。あなたの子であるけれども、そのような熱心さは、良いこととは言いづらい。何かにつけて幼少の頃は、花をむしり、凧を揚げ、知恵が付く時期に自分自身をしっかりしたものにしていることが、人のありかたとして当然のことである。七十歳になる者が申し上げたこと（なので）、将来を御覧なさい」と言い残しなさった。

解法

㈠ 現代語訳

ア 「気のはたらき過ぎ」は、〝気が回る・頭の回転が良い〟という意味の「気のはたらく」という表現に〝〜しすぎる・必要以上に〜〟の意味を添える「〜過ぐ」が付いたもの。「過ぎたる」の「たる」は存続（完了）の助動詞「たり」。「子供の」の「の」は主格の格助詞。「末」は〝後・将来〟、「世を暮らす」は〝生活する・過ごす〟、「ためし」は〝例・前例〟の意。

解答例　気が回りすぎている子供が、後に裕福に生活している例はない

エ　「反古」は〝不要の紙・紙のごみ〟の意がもとで、比喩的に〝無用のもの・無駄なこと〟という意味で用いられることもある。傍線部イの後の文の「つかひ捨てたる反古」は前者だが、この傍線部エは父母の戒めの言葉について述べたものなので、後者の意でとらなければならない。「〜がたし」は困難や不可能の意を添えるもので〝〜しづらい・〜できない〟と解釈する。「反古になる」の直訳は〝無用のものになる〟であるが、傍線部エは子供の心中にあたるところで、その後に読み書きの練習に励んだという行動が書かれているので、〝親の戒めの言葉が無になることはあってはならない〟という気持ちととらえ、〝無用のものとする・無駄にする〟と解釈するのがふさわしい。

解答例　無用のものにはすることができない

カ　「おのれが役目」は〝自分の務め〟、「手」は〝文字〟、「ほか」は〝よそ・別のもの〟の意。「なし」は意図的に作用や変化を及ぼすことを表す動詞「なす」(「為す」)の連用形。傍線部カは、手習いに来ていながら小金稼ぎをしている子供のことを言ったものなので、「ほかになす」は〝そっちのけにする・放っておく・関係ないものとする〟といった表現で訳し、文脈の理解を示す必要がある。

解答例　自分の務めである字を書くことはそっちのけにし

(二)　**趣旨**

「手まはしのかしこし」は〝やりくりに長けている〟の意で、傍線部イの後に、捨てられた紙を屏風屋に売る子供と、余分の紙を持って来て他の子供に利息をつけて売る子供の例が挙げられている。傍線部イの前の「それよりは」の「それ」は、ここまでで話題になっている「ある人の息子」を指し、軸簾を作って売ったその子供以上にやりくりに長けた子供がいるということなので、傍線部イは直後の文で挙げられた具体的な一例だけを指しているのではないと判断することが最大のポイント。それぞれの子供の具体的な行為を説明する余地はないので、その子供たちの共通点として、不要のものを利用したり紙の不足を見越したりする小賢しい知恵が回るということと、それによって金儲けをするということを示す。

解答例　小賢しい知恵を働かせてうまく金儲けをする子供。

(三)　**趣旨**

軸簾を思いついた子の父親については、本文初めの方に「…まうけしこと、我が子ながらただものにあらずと、親の身にしては嬉しさのあまりに」とあるように、軸簾を作って金を儲けた息子を、抜きん出た才覚を持っているとして喜んだと書かれている。傍線部ウの「親のせちがしこき気を見習ひ」（＝〝親のけちな気性を見習ってのもので〟）は、息子が金儲けしたことを喜ぶ父親自身が金銭欲の強い人間であると指摘したもの、「自然と出るおのれおのれが知恵にはあらず」（＝〝自然と生まれる各自の知恵ではない〟）は、自分の子に抜きん出た才覚があるなどと考えるのは見当違いだとして戒めているものと考えられる。

解答例　金銭に執着し、自分の子供に金儲けの才覚があることを喜ぶ考え。

(四)　因果関係

傍線部オの次の文に「その子細は、一筋に家業かせぐ故なり」と理由が書かれている。子供の頃に手習いに専念したということは、自分がするべきことを一筋に務めることができるということなので、大人になってからは家業に専念するはずだというのである。その次の文に、商売替えしてもほとんど成功しないということが書かれているのも視野に入れると、もともとの家業に励むことこそが金持ちになる道だという考えがうかがえるが、「一心に」「専念」といった表現でそれも含めた説明が成立する。

解答例　生来の勤勉さによって、将来は家業に専念すると考えられるから。

(五)　趣旨

傍線部キは、子供の時には子供らしく遊び、知恵が付く時期に自分のあり方をしっかり固めることが、人としての正しいありかただということ。「少年の時は」「知恵付時に」と例示されているが、この言葉の要点としては、人生のさまざまな年齢や時機において、それぞれに適切なことや必要なことをしなければならないということになる。

解答例　年齢や時機に応じた本分を尽くすことが人間の正道である。

二〇一三年度　文理共通　第二問

出典　平仮名本『**吾妻鏡**』　巻六　文治二年四月

『吾妻鏡』は鎌倉時代に幕府が編纂した漢文体の歴史書で、その平仮名本は江戸時代前期に徳川家綱の命で出版された。編者は未詳であるが、幕府の側近の手によるものと考えられ、鎌倉幕府の成立期から八十七年間の出来事が、将軍ごとの代を追う日記の形式で記録されている。

通釈

静が、まず歌を朗詠して言うには、

吉野山の峰の白雪を踏み分けて入ってしまった人の名残が恋しい。

また別に音曲を歌って後、和歌を朗詠する。その歌として、

倭文《しず》の苧環《おだまき》（＝織物を作るために紡いだ麻糸を何重にも巻いて玉状にしたもの）の「しず」ではないが、静よ静よと繰り返し呼んでくれた昔を今に戻すことができる方法があればいいなあ。

このように歌ったので、社殿も音を立てて動くほどに、身分の高い者も低い者も誰もが感興を催したところで、二位殿（＝源頼朝）がおっしゃるのは、「今、八幡宮の神の前で私が芸を奉納する際に、とりわけ関東の長久を祝わなければならないのに、外聞をも憚らず、反逆者の義経を慕い、（望ましいものとは）別の曲を歌うことは、非常にけしからん」と言って、御機嫌が悪くおなりになるので、御台所（＝源頼朝の妻、北条政子）はお聞きになり、「そんなにひどくお怒りを顔にお出しになるな。私にとって思い当たることがある。あなたがすでに流罪に処せられた身となりなさって、伊豆の国にいらっしゃった頃、私との御縁が浅くないといっても、平家が繁栄している時であるので、父北条殿も、そうは

いってもやはり時勢を恐れなさって、内密にこのことを、制止なさる。けれどもやはりあなたと心を通わせて、暗い夜の間ずっと降る雨をさえ厭わず、たくし上げる着物の裾もすっかり雨露に濡らしてほんのわずかの隙間から、あなたがいらっしゃる御寝所の中にこっそり入りましたが、その後あなたは石橋山の戦場に向かいなさる時、（私は）一人で伊豆の山に残っていて、（あなたの）お命はどうであろうかということをずっと思っているので、昼間にはどれほどかわからないほど、夜には何度かわからないほど、気を失うほどの思いをしました。その嘆きと照らし合わせますと、今の静の気持ちもそのようであるだろうと思わずにいられず、気の毒でございます。彼女がもし長年九郎殿（＝源義経）と慣れ親しみ合って過ごした縁を忘れますほどであるならば、貞女の心がけであるはずがない。今の静の歌の有様は、表面的にはほんの少しばかりの思いを向けて、内面には霧が深く立ちこめているような深い憤りを込めている。とりわけかわいそうにお思いになって、ぜひとも御鑑賞くださいませ」と、おっしゃると、二位殿はお聞きになり、一緒に御涙を浮かべている様子で、御立腹を鎮めなさった。しばらくして、簾の中から卯の花襲《がさね》のお着物を静にお与えになった。

解法

㈠　現代語訳

ア　傍線部アは「興をもよほしける」主体の人物にあたるので、「上下」は〝身分が高い者も低い者も〟、「いづれも」は〝どの者も〟の意で、要するにそこにいた者全員ということである。主格を表す助詞の〝～が〟を添えて仕上げる。

解答例　身分の高い者も低い者も誰もが

エ　「夜すがら」は〝夜の間ずっと・一晩中〟の意。「夜」は、形容詞「暗《くら》し」の連体形「くらき」を受ける名詞と、副詞の「夜すがら」とが重なったものと考えられるので、「くらき夜」と「夜すがら」を分けて〝暗い夜に一晩中〟と訳してもよい。

解答例　暗い夜の間ずっと降る雨

オ　直訳は〝お命がどのようであろうかということを〟であるが、御台所（＝頼朝の妻である北条政子）が頼朝の身を案じている心情なので、「御命」は頼朝の命であることを話し手からの呼称で示し、「いかがあらん」は〝無事なのかどうか・生き長らえているのだろうか〟といった表現にしておくのがよい。

解答例　あなたのお命が無事なのかどうかということを

㈡　因果関係

傍線部イは、二位殿（＝源頼朝）の顔色が変わった様子を述べたもので、頼朝がそのようになった理由は、その前の頼朝の発言部分に書かれている。静が鶴岡八幡宮の神前で頼朝に命じられて歌舞を披露するにあたり、関東武士の長久を言祝《ことほ》ぐのが本来であるにもかかわらず、謀反人の義経を慕う歌を歌ったことについて、頼朝はとんでもないことだとして立腹しているのである。端的には「反逆の義経を慕ひ、別の曲を歌ふ事」とあるのに基づき、リード文の内容から、義経が謀反人として兄頼朝をはじめとする関東武士と敵対関係にあることをふまえてまとめる。

解答例　静が、関東武士と敵対する義経を恋い慕う歌を吟詠したから。

(三)　指示内容

御台所（＝北条政子）が自分の体験を語っている部分で、傍線部ウを含む一文の内容は、頼朝が流罪に処せられていた頃、すでに政子と深い仲になってはいたが、平家が栄えている時であったため、父の北条殿（＝北条時政）が、時勢を憚って、こっそりと「これ」を制止したというものである。「これ」が政子と頼朝との逢瀬を指していることを明確に示し、当時の頼朝の立場や世の情勢を加えてまとめる。

解答例　政子が、当時栄えていた平家と敵対する源頼朝と逢瀬を重ねること。

(四)　趣旨

「貞女」は夫への貞操を固く守る妻のことで、ここでは静の義経に対する思いに即して説明することが求められている。傍線部カを含む一文が「かれもし多年九郎殿に相なれしよしみをわすれ候ふ程ならば、貞女のこころざしにてあるべからず」となっていることから、長年義経と連れ添った縁を忘れずにいることが「貞女」の条件であるととらえることができる。義経は現在謀反人として追われる身で、静の前からも姿をくらましているが、そのような逆境の中でも義経を慕い続けることが「貞女」の心の持ちようであるというのである。

解答例　静が、長年連れ添った義経を不遇な中でも慕い続ける心のさま。

㈤　因果関係・心情

二位殿（＝源頼朝）が立腹した理由は、㈡で考察した通りである。その立腹を鎮めた政子の言葉はかなり長いが、「我が身において思ひあたる事あり」から「今の静が心もさぞあるらむと思はれ、いたはしく候ふ」に至る部分で、かつて頼朝が流罪に処せられていた時の政子自身の経験を語ることに多くの言葉が費やされている。単に静を弁護するのではなく、不遇な立場にある恋人を慕う気持ちのほどを、頼朝と自分との以前の有様になぞらえて同情を求める政子の訴えに、頼朝も心を動かされたものと考えられる。

解答例　義経を慕う静の思いを、かつて頼朝を慕った自分に比して訴えた所。

二〇一二年度　文理共通　第二問

出典　源俊頼『**俊頼髄脳**』

平安時代末期の歌論書。歌人である源俊頼が、時の関白藤原忠実の命に応じて著したもので、和歌の成り立ちや詠み方などについて、例歌や逸話などを交えながら多岐にわたって詳しく解説されている。和歌の入門書として広く読まれ、後世の和歌や歌論にも大きな影響を与えたとされる。

通釈

夜間に岩で橋を架けるという約束が中断したように、私たちの夜の逢瀬も絶えてしまうにちがいない。夜が明けるのがつらい葛城の神と同じように、私も醜い容貌をしているので。

この歌は、葛城の山と、吉野山との間の、遠い距離を巡り歩くと、何かにつけての苦労があるので、役《えん》の行者《ぎょうじゃ》といった修行者が、この山の峰からあの吉野山の峰に橋を架けたならば、苦労もなく人はきっと行き来することができるだろうということで、その場所にいらっしゃる一言主《ひとことぬし》と申し上げる神（＝葛城山に住む女神）に祈り申し上げたことは、「神の神通力《じんづうりき》は、仏に劣ることがない。凡人ができないことをするのを、神通力と称している。どうか、この葛城の山の頂上から、あの吉野山の頂上まで、岩を使って橋を架けてください。この願いを恐れ多くも聞き入れてくださるならば、できる限り法施を差し上げよう」と申し上げたところ、空で声がして、「私はこのことを引き受けた。必ず（橋を）架けるつもりだ。ただし、私の容貌は醜くて、見る人はひどく怖がる。夜ごとに架けよう」とおっしゃった。「どうか、早く架けてください」と言って、般若心経を読んで祈り申し上げたところ、その夜のうちに少し架けて、昼は架けない。役の行者はそれを見てたいそう怒って、「それならば鬼神（＝仏法守護のために使役される神）よ、この女神を縛ってください」と申し上げる。鬼神はただちに、葛を使って女神を縛った。その女神は大きな岩のようにお見えになるので、葛が絡まり付いて、掛け袋（＝紐を付けて首に掛ける袋）などに何かを入れているように、隙間もなく（葛が）絡まり付いて、今でもいらっしゃるそうだ。

解法

㈠　現代語訳

ア　この「事」は不特定の事物を表したり状況をぼかして言ったりするもので、〝何かにつけてのこと・あれこれ〟といった意味。「わづらひ」は〝苦労・厄介なこと・差し障り〟の意で、「事のわづらひ」を言葉通りに訳すと〝何かにつけての苦労〟であるが、傍線部アの前の内容をふまえ、葛城山と吉野山の間の遠い距離を行き来するにあたっての苦労であると示しておくのがよい。

解答例　行き来するのに何かと苦労があるので

イ　「凡夫」は〝普通の人・凡人〟、「えせぬ」は可能を表す副詞の「え」＋サ行変格活用動詞「す」の未然形＋打消の助動詞「ず」の連体形で〝することができない・できない〟と訳す。「神力」は〝神の威力・霊力・神通力〟といったものであると見当がつくだろうが、そのままでもかまわないだろう。「〜とせり」の「せ」はサ行変格活用動詞「す」の未然形、「り」は存続・完了の助動詞で、直訳は〝〜としている〟であるが、「〈具体的な有様〉を〈端的な表現〉とす」という構文・内容から、ここでの「す」は〝（〜と）見なす・考える・呼ぶ・称する〟と解釈する。

解答例　凡人ができないことをするのを、神通力と称している

ウ　「たふる」はハ行下二段活用動詞「耐ふ」(「堪ふ」)の連体形で、〝能力がある・もちこたえられる〟の意、「〜にしたがひて」は付随や相応の様子を示す表現で、傍線部ウの直訳は〝もちこたえられることに応じて〟となる。これが誰のことについて言ったものかは、〝神が山に橋を架けることができた度合いに応じて〟という解釈と、〝私(＝発言者である役の行者自身)がお礼の法施としてできるだけの度合いに応じて〟という解釈の二通りが考えられる。傍線部ウを含む発言は、役の行者が山に橋を架けてほしいと神に願い出たもので、傍線部ウの前の「この願ひをかたじけなくも受け給はば」で神が願いを聞き届けてくれることを前提条件として示していることと、傍線部ウに尊敬語が用いられていないことから、役の行者自身のことを述べたものと考え、後者を採るのが妥当であろう。その解釈のうえで、「法施をたてまつらむ」に係る自然な表現として、〝できる限り・精一杯に〟といった解答が考えられる。

解答例　できる限り

(二)

趣旨

「かたち」は〝容貌・顔立ち〟。「おぢ恐り」は〝ひどく怖がること〟、「なす」(「為す」)は〝する〟の意で、「おぢ恐りをなす」は要するに〝ひどく怖がる〟ということ。傍線部エの直訳は〝私の容貌は醜くて、見る人はひどく怖がる〟である。説明問題なので、「我」は発言者である神自身を指すと示し、

全体としてわかりやすい表現に整えて解答する。

解答例　一言主の女神は、見る人がひどく怖がるほど容貌が醜いということ。

㈢　因果関係

役の行者とのやりとりがあった日の夜に早速少し橋を架けたのは、どうか早く橋を架けてほしいという役の行者からの要望に応えるためであり、昼間は作業をしなかったのは、明るい中では自分の容貌が人に見られる恐れがあるためであったと考えられる。両方を盛り込んで答案を仕上げたい。

解答例　役の行者の願いには応じるが、人に自分の姿を見られたくないから。

㈣　趣旨・省略の補足

傍線部カの逐語訳は〝隙間もなく絡み付いて、今でもいらっしゃるそうだ〟である。傍線部カを含む一文を見ると、「今におはす」の主語が一言主の女神であることは明らか。「ひまはざまもなくまつはれて」は岩のように見える神に隙間もなく葛が絡み付いている様子。役の行者の怒りを買って鬼神に葛で縛られた一言主の女神の姿が、葛城山に今でも残っているということである。

解答例　一言主の女神が、葛に覆われた岩のような姿を今も留めている状況。

㈤　和歌

冒頭の和歌の逐語訳は、〝岩橋の夜の契りもきっと絶えるにちがいない。明けるのがつらい葛城の神〟

で、その後の本文に照らすと、夜が明けて明るい所で自分の醜い顔を晒すのがつらい葛城の女神は、夜にしか作業をしなかったため、役の行者の怒りを買い、山に岩で橋を架けるという約束が果たせなかったということである。これを、ある女房が通ってきた男性に詠みかけたものとして解釈すると、自分を女神になぞらえて醜い容貌であることをそれとなく示し、明るい所で見られると嫌われて逢瀬も絶えてしまうにちがいないので、夜が明けるのがつらいという気持ちを訴えたものととらえることができる。

〔解答例〕は歌そのものの解釈に即して作成したが、さらに踏み込んで、〝自分の醜い顔を見られたくないので、夜が明ける前に帰ってほしい〟と男性にうながしていると説明してもよい。

解答例

自分の容貌の醜さを明るい所で見て嫌われるのがつらいということ。

第二問

二〇一一年度　文理共通

出典　『十訓抄』　第六　忠直を存すべき事

鎌倉時代の説話集。十の徳目を掲げ、それぞれの教訓となる説話を配したもので、年少者の教育のために編まれたものであると伝えられている。出題部分は、忠実・実直を説く項の序文である。

通釈

孔子がおっしゃっていることがある、「ひたすら主君に従い申し上げるのは、忠ではない。ひたすら親に従うのは、孝ではない。抗わなければならない時に抗い、従わなければならない時に従うこと、これを忠とする、これを孝とする」。

だから、主君であっても、父母、親類であっても、親友、友人であっても、悪いようなことを、必ず戒めなければならないと思うけれども、道義が衰えた世の中ではこのことはできない。人の習性として、思い立ったことを戒めるのは、（戒められた人にとっては）気に入らなくて、話を合わせてくれる人が、気に入るようにも思われるので、天の神はしみじみ感心だともお思いになっているだろうけれども、主人の悪い点を戒める者は、（主人から）恩顧を受けることは、めったにない。そうして、することが不都合な有様にもなって、落ち着いて思い起こす時は、その人がよくも言ってくれたのになあと合点するけれども、また気が向く方面のことについて、（何かしようと）考えていることがある時は、（いつも戒める者のことが）不愉快で、また戒めようとしているのだろうと思って、このことを聞かせないようにしようと思うのである。これはひどく愚かなことであるけれども、すべて人の習性であるので、意地悪く思わず、また不愉快でない程度に対処するのがよいのである。

総じて、人が腹を立てている時、強く制止するとますます怒る。燃え盛っている火に少しの水を掛けるようなのでは、その効果はないにちがいない。だから、（相手の）意向を考慮して、穏やかに戒めるのがよい。主君が万一愚かであっても、賢明な臣下が助力すれば、その国は乱れるはずがない。親が万一思い上がっていても、孝行心のある子が慎んで従えば、その家は無事に続くにちがいない。重い物であっても、船に乗せてしまうと、沈まないようなものだ。身分は違っても、立場に応じて、頼りにしているような人に対しては、決して先行きが不安であったり、意地悪な心があったりしてはならないのである。目につかないところでは、また神仏の加護を期待することができるからである。

解法

㈠　現代語訳

ア　「ひとへに」は〝ひたすら・一途に・むやみに〟と訳す副詞、「君」は〝主君〟、「奉る」は謙譲語の補助動詞、「忠」は〝忠義〟、「に」は断定の助動詞「なり」の連用形で、「にあらず」の形で断定＋打消の意として〝～ではない〟と訳す。「ひとへに君に随ひ奉る」ことについて「忠にあらず」と述べられているので、〝～のは、・～ことは、〟とつないで訳すことが必須である。

解答例　ひたすら主君に従い申し上げるのは、忠義ではない

ウ　「思ひ立つ」は〝（何かを）しようと決意する・決心する〟、「ぬる」は完了の助動詞「ぬ」の連体形、「いさむ」（「諫む」）は〝戒める・忠告する〟、「心づきなし」は〝気に入らない〟の意。「思ひ立つ」「いさむ」「心づきなし」がそれぞれどの立場の人の動作や状態を言っているのかがわかるように配

慮したい。誰かが何かしようと思い立ったことに対して、他人が諫めるのは、思い立った本人にとっては気に入らないということである。

解答例　しようと決意したことを他人が戒めるのは、気に食わなくて

カ　「機嫌」は〝時機・状況・事情〟の意。ここではこちらが諫めようとする相手の状況や意向などを表しているものと見る。「はばかる」は〝恐れ慎む・考慮する〟、「やはらかに」は〝穏やかに・柔和に〟、助動詞「べし」は〝〜がよい・〜しなければならない〟の意。不適切なタイミングで相手に諫言しても無意味だという前文までの内容をふまえた理解を示すこと。

解答例　相手の意向を考慮して、穏やかに戒めるのがよい

(二)　現代語訳・指示内容

「世の末」はここでは〝道義が衰えた世・末世〟、「かなはず」は〝思い通りにならない・できない〟の意。逆接でつながっている前の部分の内容から、「このこと」は、主君や父母や親類や親友や友人の悪い点を諫めることを指しているとわかる。「主君」「父母」…を列挙すると字数がかさむため、表現を工夫したい。

解答例　道義が衰えた世では、どんな立場の相手も戒めることができない

(三)　現代語訳・省略の補足

「その人」は自分を諫めてくれた人を指す。ここでは、以前その人から諫言されたことを後で思い起こしているので、〝あの人〟としておくのがよい。「よく」はここでは〝適切に・よくぞ〟の意の副詞、「言ふ」は具体的には「諫む」の意で取ることができる。「つる」は完了の助動詞「つ」。「ものを」は逆接の確定条件を表す接続助詞だが、詠嘆の終助詞的に用いられており、より丁寧に言葉を補うなら〝～のに従わなかった自分が悪かったなあ・～のに従わなかったからうまくいかなかったのだなあ〟などの含みが考えられるが、解答欄に収まりきらないので不要と見なした。「思ひあはすれ」は〝思い当たる・合点がいく〟という意味の動詞「思ひ合はす」の已然形。事がうまく運ばなくなった後で、以前思い立った時点で人が諫言してくれたことを思い起こして合点するということである。

解答例　あの人が適切に私を戒めてくれたのになあと思い当たるけれども

(四)　因果関係

この段落全体をふまえ、「また心の引くかたに…」から傍線部オまでの文意に基づいて解答する。「このこと」の内容は「心の引くかたにつきて、思ひたること」で、傍線部ウの「思ひ立ちぬること」と同じく、要するに自分で思い立って手がけようとしていることである。それを聞かせないようにしようと思う理由は、「むつかしく、またいさめむずらむとて」がそのまま該当する。「むつかし」は〝不愉快だ・煩わしい〟の意の形容詞。「むずらむ」は、推量の助動詞「むず」と現在推量の助動詞「らむ」であるが、現在の状態に基づいてこれからのことを推測するひとまとまりの表現となっている。傍線部ウの読解に基づき、相手の諫言を自分が不愉快に思うという内容がわかるように文を整えて仕上げる。

解答例　自分の思いつきを戒められて不愉快な思いをするだろうから。

(五)

趣旨

「頼め」は四段活用動詞「頼む」、「ら」は存続の助動詞「り」、「む」は助動詞「む」の婉曲の用法で、「頼めらむ人のためには」の逐語訳は〝頼りにしているような人に対しては〟である。「ゆめゆめ」は禁止表現を強調する副詞で、ここでは助動詞「まじ」とともに〝決して〜してはならない〟という意味をなしている。「うしろめたなし」は先の成り行きが心配な様子、「腹黒し」は意地悪な様子を表す形容詞、「なり」は断定の助動詞である。「ゆめゆめ…なり」の逐語訳は〝決して先行きが不安であったり意地悪であったりする気持ちを持ってはならないのである〟となる。以上をふまえて、要するに誰に対してどのようであるべきだと言っているのかを見極めよう。この段落では諫言する立場の人のあり方が述べられていることと、傍線部キの前二文の具体例や比喩とのつながりを考慮すると、「頼めらむ人」は、臣下や子などが頼り庇護を求める主君や親などの上位者を指していると考えるのが妥当であろう。臣下や子が有益な助力をすれば国や家は安泰なのだから、上位者に対して不安を抱いたり意地悪であったりせず、誠実な気持ちで諫言も厭わない態度であれということである。

解答例　目上の人には決して邪心を持たず誠実に仕えるべきだということ。

二〇一〇年度　文理共通　第二問

出典　橘成季『**古今著聞集**』巻第八　孝行恩愛第十

鎌倉時代の説話集。橘成季の編纂。七百余りの話が、「神祇」「政道忠臣」「和歌」「魚虫禽獣」などの三十編に分けて収録されている。

通釈

白河院の御治世、国中で殺生を禁制なさったので、国土に（食卓に載せる）魚鳥の類がなくなってしまった。その頃、貧しかった僧で、年老いている母を持っている者がいた。その母は、魚がないと物を食べなかった。まれに探して手に入れた食べ物も食べずに、だんだん日数が過ぎるうちに、年老いた体力はますます衰えて、もはや見込みがないように思われた。

僧は、悲しみの思いが深くて、（魚を）探し求めるけれども手に入れることは難しい。思い余って、全く魚を捕る方法も知らないけれども、自ら川のほとりに出向いて、着物に襷《たすき》掛けをして、魚を狙って、はえという小さい魚を一匹、二匹捕って持っていた。禁制が厳重な頃であったので、役人が見付けて、捕らえ縛って、院の御所へ連れて参上した。

まず事情を尋ねなさる。「殺生の禁制は、世間で広く知れ渡っている。どうしてそのことを知らないだろうか、いや、知っているだろう。ましてや、法師の姿として、その衣を着たままでこの罪を犯すことは、並一通りではない罪で、逃れることはできない」とおっしゃって聞かせなさると、僧は、涙を流して申し上げるには、「国中でこの禁制が厳重であることは、すべて承知しておりますことである。たとえ禁制がなくても、法師の身でこの行為は、決してあってよいことではない。ただし、私は、年老いている母を持っている。ただ私一人以外に、頼っている者がいない。高齢になり体が弱って、朝晩の食事も容易ではない。私もまた家が貧しく財産も持っていないので、思い通りに孝養することができない。とりわけ、（母は）魚がないと物を食べない。最近、国中の禁制によって、魚や鳥の類が、ますます手に入れにくいために、（母は）体力がもはや衰えている。これを助けるために、気持ちの抑えようもなくて、魚を捕る方法も知らないけれども、思いのあまりに川のほとりに出向いた。罰を受けるようなことは、覚悟のうえでございます。ただし、この捕まえた魚は、もはや放っても生き延びられそうにない。私の身の猶予を認めていただくのが難しいなら、この魚を母のもとへ届けてくださって、もう一度新鮮な食べ物を勧めて、安心だとお聞き申し上げておいて、どのようにでもなるといたそう」と申し上げる。これを聞く人々は、涙を流さないということがない。

院はお聞きになって、孝養の思いが浅くないことにしみじみ心打たれ感動なさって、いろいろな物を馬車に積んでお与えになって、お許しになった。不十分なことがあれば、重ねて申し出るがよいということをおっしゃった。

解法

㈠　現代語訳

エ　「心のごとく」は〝思い通り・望み通り〟の意。「養ふ」には〝母を〟を加えておくのがよいだろう。「力」は能力や方策のこと、「堪ふ」は〝もちこたえられる・その能力がある〟ということ。「～に力堪へず」で〝～ことができない〟と訳すのが自然だろう。

解答例　思い通りに母を養うことができない

オ「罪をおこなふ」は〝処罰する〟の意、「れ」は助動詞「る」の未然形でここでは受身の用法、助動詞「ん」は婉曲（仮定）の用法、「案のうち」は〝考えのとおり・想定内〟の意、「に」は断定の助動詞「なり」の連用形、「はべり」は丁寧語の補助動詞。

解答例　罰を受けるようなことは、覚悟のうえでございます

カ「いとま」は〝合間・暇〟の意で、「身のいとま」はここでは拘束を解かれて自由に行動できる時間的な猶予のことを言っている。「聴《ゆ》る」はルビと文脈から判断して〝許す・許可する〟の意。「〜がたし」は〝〜するのが難しい・〜できそうにない〟、「〜くは」は形容詞型活用語に助詞の「は」が付いて仮定を表す語法で〝〜ならば〟と訳す。傍線部カの逐語訳は〝私の自由な時間を許可するのが難しいならば〟であるが、「身のいとまを聴る」については、状況に即した自然な表現で書くのがよい。

解答例　私の身をしばらく自由にしていただくことが難しいなら

(二)　**趣旨**

「頼む」は〝期待する・あてにする〟、「かた」は〝方法・手段〟の意で、「頼むかたなし」で〝期待できそうにない・見込みがない〟という意味になる。「見ゆ」は〝見える・思われる〟。傍線部アに至るまでの文脈は、殺生が禁止されていた時に、ある僧の老いた母が、もともと魚しか口にしない者であったため何も食べなくなり、体力がますます弱って、回復し生き長らえる見込みがなさそうに見えたというものである。内容説明の問題なので、僧の母について言っていることを明示する必要がある。また、傍

線部ア自体の語句に基づいて説明することが原則なので、単に〝死にそうであった〟などとするのは不適切である。

解答例　僧の母は生き長らえる見込みがなさそうに見えたということ。

(三)　現代語訳・指示内容

「いかで」は理由・手段や様子などについての疑問副詞、「か」は疑問・反語を表す係助詞、「よし」は〝事情・～ということ〟の意の名詞、「ざら」は打消の助動詞「ず」、「ん」は推量の助動詞で、傍線部イを逐語訳すると〝どうしてその事情を知らないだろうか〟となる。「そ」の指示内容は直前の文にある「殺生禁制」で、それは世間に広く公布されている（＝「世に隠れなし」）ということなので、「いかでか」は反語を表していると判断できる。発言者は白河院で、傍線部イの主語は〝おまえ（＝僧）〟であるという理解は大前提なので〝私（＝白河院）〟を主語とするようにとれる解答は不可である。

解答例　どうして殺生の禁制を知らないだろうか、いや、知っているだろう

(四)　趣旨

「ひとかたならず」は〝並一通りでない〟、「科」は〝罪〟の意。傍線部ウの前に「いはんや、法師のかたちとして、その衣を着ながらこの犯しをなすこと」とあるのがその内容である。殺生の禁制が世間に公布されているか否かによらず、仏道上の戒律として、出家者は殺生をしてはならないのが当然である。にもかかわらず、僧が、出家の身で、しかも僧衣を着たままで殺生を行ったことについて、在俗の

者が禁制を犯したのとは比べものにならないほどのひどい罪であると言っているのである。

解答例　僧の姿で殺生を行うのは禁制を犯す以上の大罪であるということ。

(五)　現代語訳・趣旨

「心やすし」は〝安心だ・心穏やかだ〟の意の形容詞、「うけたまはる」は「聞く」の謙譲語で〝お聞きする〟の意、「〜おく」は〝前もって〜する・〜しておく〟の意を添える。僧がひたすら心配しているのは物を食べず衰弱している母のことで、自分が禁制を犯したのは罪であるとはいえ、捕った魚は川へ戻しても生き延びられそうにないのだから、自分が母のもとへ出向くのが無理なら院の手配によって、せめて母にその魚を食べさせてやりたいと訴えている。「心やすくうけたまはりおきて」は、母が魚を食べたという報告を受けて自分が安堵することを言ったものである。そのうえで、自分自身については「いかにもまかりならん」と言っている。「まかる」は本来は謙譲語であるが、ここでは丁重な言葉遣いのニュアンスを添える働きで用いられている。助動詞「ん」は意志の用法。「いかにもまかりならん」の逐語訳は〝どのようにでもなるといたそう〟といったところである。文脈から、自分はどんなにひどい罰でも受ける意向であることをふまえて解釈するのが望ましい。

解答例　母の身は安心だとお聞きしたうえで、どのような罰もお受けしよう

二〇〇九年度 文理共通 第二問

出典 『うつほ物語』 嵯峨の院

平安時代前期の物語。作者は源順《みなもとのしたごう》かとされるが未詳。清原俊蔭が漂着した異国で琴とその秘曲を得て帰国したところから、それを伝授された娘や孫の仲忠らが数奇な運命をたどっていくさまが二十巻にわたって描かれている。家族・恋愛・政争などさまざまな要素が盛り込まれた作品で、『源氏物語』に先行する物語としてはかなりの完成度であるとされている。

通釈

こうして、たいそう風流に管絃の宴をしてにぎやかに騒ぐ。仲頼が、屏風二つの隙間から、御簾の中をのぞき込むと、母屋の東向きの部屋に、こちらやあちらの女君たちが、全員残らずいらっしゃる。どのお方となく（すべての女君たちが）、周囲までもが輝くように（美しく）見えるので、（仲頼は）正気も消え心乱れて何が何だかわからず、不思議なほど美しい顔立ちだなあと、気もそぞろだ。さらに見ると、他の人よりもたいそうすばらしく、周囲が光り輝くような中に、天女が下りて来ているような人がいる。仲頼は、これは世間で評判となっている九の君（＝あて宮）であるにちがいない、と思いついて見ると、（心乱れて）どうしようもない。（先ほどまで）このうえなくすばらしく見えた女君たちは、この今目にしている人と比べると、格段に（劣って）見える。仲頼は、どうしようかと思い乱れるが、（あて宮が）今宮と一緒に母宮のお近くへいらっしゃる御後ろ姿や、格好は、たとえようがない。（昼間の明るい光ではなく、夜間のほのかな）灯火（の中）でさえ彼女はこのように（際立って美しく）見える。少将（＝仲頼）は考えると癪に障ることはこのうえない。私はどうしてこの御簾の中を見てしまったのだろうか。このような人を見て、何事もなくて済むだろうか、いや、そうはいくまい。どのようにしたらよいだろうか。（あまりに思い乱れて）生きているのでも死ぬのでもない気がして、いつもの管絃の演奏を、（あて宮にも聞こえているかと思い）またいっそう熱心にし続けている。夜が更けて、上達部や、親王たちも褒美の品を貰い受けなさって、主席の舎人まで褒美の品を貰い受け、祝儀などを受けて皆帰りなさった。

仲頼は、帰るのもおぼつかない様子で、家に帰って五、六日、頭も持ち上げないで物思いにふけって横になっていると、たいそうやりきれなくつらいことはこのうえない。（あて宮を見るまでは）またとないほどすばらしいと思った妻も、（今では）物の数とも思われず、（かつては）ほんの少しの間でも（妻に）会わないと恋しく悲しく思ったのも、（妻が今）前に向かい合って座っているけれども、目にも留まらない。自分が（今後）どうなるかというようなことも、全く何事も何事も、あらゆることを、全く思い付かないでいる時に、（妻が）「どうしていつもと違って、真剣になっている御様子であるのか」と言う。少将（＝仲頼）は、「あなたに対してこのように真剣でいるのだ。浮気者であれとお思いになるのか」などと言う様子が、いつもと違っている時に、女（＝妻）は、「いやまあ、

（あなたの）浮気心は、いいかげんな噂と聞いていました。（それなのに、『古今和歌集』で「もし、あなた以外の人に、私が浮気心を持ったとしたら、あの末の松山を波も越えてしまうでしょう（＝末の松山を波が越えることが決してないように、私があなた以外の人に浮気心を持つことは決してありません）」と詠まれた）松山を、目の前で見ているうちに越える波だなあ（＝現にあなたは浮気心を持っているということですね）」

と言う時に、少将（＝仲頼）は（あて宮のために）思い乱れる心にも、（妻のことが）やはりしみじみいとしく思われたので、

「海辺を吹く風が海藻を吹き掛ける松山も、いい加減な波が、根も葉もない評判を立てているらしい。
私の大切な人よ」と言って泣くのをも、(妻は)私のために泣くのではないと思って、親の部屋の方へ去る。

解法

㈠ 現代語訳

ア 「遊ぶ」は〝管絃の宴をする・音楽を楽しむ〟の意。「ののしる」は〝騒ぐ〟の意で、ここでは盛大でにぎやかな演奏の様子を言ったものである。

解答例　管絃の宴をしてにぎやかに騒ぐ

ウ 「何せむに」は、疑問代名詞「何」+サ変動詞「す」+婉曲の助動詞「む」+格助詞「に」という組成であるが、連語として〝どうして・なぜ〟と訳す。「つ」は完了・強意の助動詞で〝~てしまう・~た〟、「らむ」は現在推量の助動詞で〝~(ている)(の)だろう〟と訳す。「御簾のうちを見つ」とは、リード文の説明や本文二文目に「仲頼、…御簾のうちを見入るれば」とあることから、仲頼が、左大将邸の饗宴で、御簾の奥にいる娘たちを垣間見たことを言っている。仲頼は、御簾の中を見てしまったばかりに、目にした娘たちの中でも際立って美しいあて宮に心を奪われ、どうしようもなく思い乱れることになったので、なぜ見てしまったのだろうかと自問する形で、取り返しのつかないことになったと嘆いているのである。「何せむに」は疑問の用法ということになる。

解答例　私はどうしてこの御簾の中を見てしまったのだろうか

オ　「あだなり」は〝浮気者だ・不誠実だ〟の意で、「あだなれ」はその命令形。後の「松山」に付された〔注〕で、「あだし心」が〝浮気心〟と解釈されているのも参考になる。妻と仲頼のやりとりの中にある「まめだつ」「まめなり」の「まめ」は「あだ」の対義語にあたるもので、誠実でまじめな様子を表すことも確認しよう。「や」はここでは疑問の用法、「おぼす」は〝お思いになる・思いなさる〟と訳す尊敬語。妻から〝どうしていつもと違って真剣な様子なのか〟と尋ねられたのに対して、仲頼は、自分が思いつめているのは実はあて宮への恋心ゆえなのであるが、妻にそうと悟られまいとして、まず「御ためにはかくまめにこそ（＝〝あなたに対してこのように真剣でいるのだ〟）」と答えている。そのうえで、傍線部オでは、妻にあてつけ開き直るような感じで、それなら不誠実な様子でいてほしいのかと言い返しているのである。話し手である仲頼からの呼称で人物を補っておくとわかりやすい。

解答例　あなたは私に浮気者であれとお思いになるのか

㈡　現代語訳・省略の補足

「こよなし」は〝格別だ・格段に違っている〟という意味で、ここでは、何と何とを比べているのかをふまえ、どのような点がどう格別なのかを正しく読み取ることがポイントとなる。

ここで対比されている二者は、この文の「限りなくめでたく見えし君たち」と「このいま見ゆる」である。前者は、本文の二文目に「こなたかなたの君たち」とあり、〔注〕にも説明されていることから、左大将邸の（あて宮以外の）娘たちのこと。後者は、傍線部イの前の二文から、娘たちの中でも特に美しく、世間でも評判のあて宮らしき女性のことである。傍線部イ「見ゆ」の主体は前者「限りなくめでたく見えし君たち」なので、初めはこのうえなく美しく見えた（「見えし」と過去形になっていることに注意）他の娘たちが、今見ているあて宮の美しさに比べると、格段に劣るように思われるというのである。

解答例　美しさが格段に劣って見える

㈢　因果関係・心情

「頭《かしら》もたげで」は〝頭も持ち上げないで〟、「思ひ臥《ふ》す」は〝物思いに沈んで横になる〟の意。「る」は存続の助動詞「り」で〝〜ている〟と訳す。物思いのあまり起き上がることもできないで寝込んでいる様子であるが、その原因として、あて宮への恋心が募ってどうしようもなくつらい心情であることを示すのがポイント。

解答例　仲頼が、あて宮への恋煩いのあまり起き上がることもできない様子。

㈣　現代語訳・心情

ここまでの文脈から、仲頼（＝少将）があて宮への恋心で思い乱れていることは明らか。「なほ」は〝それでもやはり・依然として〟の意の副詞、「あはれなり」はしみじみとした情感を表す形容動詞、

「おぼゆ」は〝感じる・思われる〟の意の動詞。

ここで仲頼がしみじみ心を動かされたのは、妻が、夫の浮気心を目の当たりにしているという意味の「あだごとは…」の歌を詠んだからである。妻は、仲頼の心が自分以外の女性に向いていることに気付いている様子で、それを知った仲頼は、他の女性に心を奪われてはいても、妻のことがやはりしみじみいとしく感じられたということである。

解答例　あて宮を思って乱れる心でも、やはり妻をいとしく感じたので

(五)

現代語訳・省略の補足

この段落における人物の言動を整理すると、仲頼が悩み臥せっているのを不審に思った妻がわけを問いただすが仲頼はそれをごまかす。再度妻が「あだごとは…」の歌を詠んで仲頼の浮気に気付いて嘆く様子であるのに対して仲頼は「浦風の…」と返歌して泣く。それを見て「われによりて泣くにはあらず」と妻は思ったという流れである。したがって「泣くにはあらず」の主語は仲頼、「思ひ」の主語は妻である。

仲頼は、自分は浮気などしていないという意味の歌を詠み、「あがほとけ（＝〝私の大切な人よ〟）」と妻に呼びかけ泣いているが、妻としては、それは口先だけで、泣いているのも妻である自分への思いからではなく実は別の女性への恋心のためだと考え、その場を立ち去ったということである。

解答例　夫は私を思う気持ちによって泣いているのではないと妻は思って

二〇〇八年度　文理共通　第二問

出典　『古本説話集』下　五九

平安時代後期〜鎌倉時代前期の成立かとされる説話集。選者は未詳。上巻に和歌説話四十六話と、下巻に仏教説話二十四話が収められている。『今昔物語集』や『宇治拾遺物語』などの他の説話と共通する話も多い。

通釈

今となっては昔のことだが、よるべのなかった女で、清水寺にひたすら参詣する者がいた。参詣している年月は重なっていたけれども、ほんの少しもその御利益と思われることはなく、ますます頼りにするものもいっそうなくなっていって、最後には、長年の間住んでいた所をも、特に何ということもなくさまよい出て、身を寄せる所もなかったので、泣きながら観音を恨み申し上げて、「ひどく拙い前世の宿業であるといっても、ほんのわずかなようすがをいただきとうございます」と執拗にお願い申し上げて、（観音の）御前にうつ伏していた夜の夢に、「観音様から」と言って、「このように一途に申し上げるのは、気の毒にお思いになるけれども、少しでも、与えることができるようすががないので、そのことを思い嘆きなさるのである。これをいただけ」と言って、御帳の帷（＝本尊を納めた厨子《ずし》の前に隔てとして垂らす絹製の布）をたいそうきちんとたたんで、前にふと置きなさると見て、夢が覚めて、御燈明の光で見ると、夢でいただくと見た御帳の帷が、まさに見たままにたたまれてあるのを見ると、「それでは、これ以外に、お与えになることができそうな物がないのであるようだ」と思うと、（自分の情けない）宿運を身にしみて感じずにはいられなくて、悲しくて申し上げることは、「これは、決していただくつもりはない。少しのよすがもありますならば、錦をも、御帳の帷としては、縫って差し上げようと思いますのに、この御帳だけをいただいて、退出し申し上げなければならないようなことはありません。ぜひ返し申し上げましょう」と訴え申し上げて、犬防ぎ（＝仏堂の内陣と外陣を仕切る低い格子の衝立《ついたて》）の中に差し入れて置いた。そうして、またうとうと眠り込んでいると、また夢で、「どうして、生意気なのか。ともかく与えてくださるような物をいただかずに、このように返し申し上げるのは、けしからんことである」と言って、またいただくと見る。そうして、目覚めたところ、また同じように、やはり（御帳の帷が）前にあるので、泣きながら、また返し申し上げた。このようにしながら、三度返し申し上げると、三度とも返し与えなさって、最後の回には、今度返し申し上げるならば、無礼であるにちがいないということを忠告なさったので、「このようであるとも知らないような（この寺の）僧は、（私が）御帳の帷を外し取ったと疑うだろうか」と思うにつけてもつらいので、まだ深夜に、（帷を）懐に入れて、退出し申し上げてしまった。「これを、どのようにするのがよいだろうか」と思って、広げて見て、「着ることができる着物もない。それでは、これを着物にして着よう」と思いついた。それを着物や袴にして着た後、会うすべての男にでも、女にでも、しみじみと気の毒な者と思われて、関わりもない人の手から物をたくさん手に入れた。重大な訴訟をも、その着物を着て、知らない高貴な人の所にも、参上して申し上げさせたところ、必ず成就した。このようにしては、人の手から物を手に入れ、立派な男性にも愛されて、裕福であった。だからその着物をしまい込んで、必ずしようと思うことがある機会に、取り出して着た。（すると）必ず思い通りになった。

解法

㈠ 現代語訳

ア 「つゆ」はほんのわずかな様子、「ばかり」は程度を表す副詞で、「つゆばかり」で〝ほんの少し〟のように訳す。「験《しるし》」は〝効き目・効果〟の意で、ここでは清水寺に参詣して祈った効果のことであるから〝御利益・効験〟といった言葉がふさわしい。

解答例 ほんの少しも清水寺に参詣した御利益と思われることはなく

ウ 「さらに」は打消を強調する副詞、「じ」は打消推量の助動詞で、「さらに〜じ」で〝決して〜つもりはない〟と訳す。「賜はる」は〝受け取る〟の意の謙譲語で〝貰い受け申し上げる・いただく〟と訳す。「これ」は、具体的には観音から与えられた御帳の帷のことで、「賜はる」の目的語になっている。全体として、女が、自分は帷を受け取るつもりはないと言ったものである。

解答例 この帷は、決していただくつもりはない

エ 「あやし」は普通と違っていて違和感をおぼえるような様子を表す形容詞で、ここでは、観音の意向を告げ仲立ちする夢の言葉が、観音から与えられた御帳の帷を拒絶しようとする女に対してこう言っているので、〝けしからん・良くない・不当だ〟といった意味合いでとらえる必要がある。

解答例 けしからんことである

㈡　現代語訳・趣旨

よすがもない女が、何年もひたすら清水寺に参詣して祈ったにもかかわらず、観音から御帳の帷だけしか与えてもらえなかったことを嘆いている部分で、「身のほど」は、女が初めに観音に祈った言葉の「いみじき前の世の報い」に基づき、〝自らの前世からの拙い宿縁・自分の情けない宿運〟という意味でとらえる。「思ひ知る」は〝身にしみてわかる・十分わかる〟、「れ」は助動詞「る」で自発の用法である。

解答例　自分の情けない宿運を身にしみて感じずにはいられなくて

㈢　現代語訳・指示内容

「かかり（＝〝このようである〟）」とは、夢のお告げで女が観音から御帳の帷をいただいたことを指している。「ざら」は打消の助動詞「ず」、「ん」は助動詞「ん」（「む」）の婉曲の用法。傍線部オの後の「御帳の帷を放ちたるとや疑はんずらん」は〝（私が）御帳の帷を外し取ったと疑うだろうか〟という意味で、女は帷などもらってもしかたがないと初めは拒絶していたが、ぜひとも受け取るようにという夢のお告げが再三あったため、不本意ながらももらい受けようとしている。その際に、その帷は本尊を納めた厨子に掛かっていたものなので、事情を知らない僧から、自分が盗んだと思われるのではないかと恐れているのである。

解答例　この帷は観音からいただいた物だという事情も知らないような僧

(四) **趣旨・省略の補足**

「何が」にあたるのは、この文の始めにある「大事なる人の愁へ」である。「人の愁へ」は〔注〕に〝訴訟〟とある。「大事なる人の愁へ」とは、誰かと重大な揉め事などがあった際、自分の正当性を認めてもらえるように訴えを起こすことである。「成る」は〝成就する・思いが叶う〟という意味で、ここでは訴訟が自分の思い通りの結果になったということである。〝重大な訴訟での女の訴えが、必ず望み通りに認められた。〟のように解答してもよい。

解答例　女にとっての重大な訴訟が、必ず思い通りの良い結果になった。

(五) **趣旨**

「楽し」は、現代語の「楽しい」のように愉快で明るい気分である様子だけではなく、経済的に富み栄えている様子を表すことが多い。ここでは、前に「人の手より物を得、よき男にも思はれて」とあることから、女が、物資にも恵まれ、身分の高い男性にも愛されて、物心ともに満ち足りた生活を送っている状態のことを表していると読み取れる。もともとよすがもなく貧しかった女が、観音の御利益によって幸せになったという結末にあたる内容である。

解答例　裕福な暮らしぶりで幸せに過ごしている状態。

二〇〇七年度　文理共通　第二問

出典　『**続古事談**』第一　王道后宮

鎌倉時代の説話集。作者未詳。先行する『古事談』などの説話と類似・共通する話も多い。政情不安な時代背景を映し、政治や君臣の本来のありかたを説こうとする意図がうかがえる。この作品は一九八九年度の文理共通問題でも出題されている。

通釈

堀河天皇は、末世の賢明な王である。中でも、世の中の雑務を、ことさらお心にかけなさっていた。蔵人が奏上した申請書を全部取り寄せなさって、夜もおやすみにならずに、書類を丁寧に御覧になって、あちこちに付箋をして、「このことを調べよ」「このことを再度尋ねよ」などと、御自筆で書き付けて、次の日、蔵人が参上した際にお渡しになった。（通常の天皇は申請書について）一通り詳しくお聞きになることさえめったにないのに、（堀河天皇は）何度も御覧になって、それほどまでの御指示があったとかいうのは、たいそうすばらしいことである。何かにつけ、人が朝廷の儀式を務めるようなことなどをも、お心にかけて御覧になり評定なさったのであろうか、追儺の出仕に支障（＝病気などで出席に差し障りがあるということ）を申し出た公卿が、元日の小朝拝に参上したのを、すべて追い返しなさった。「昨夜まで病気でいるような者が、どうして一夜のうちに治るはずがあろうか、いや、治るはずがない。仮病を使っているということである」とおっしゃった。白河上皇はこれをお聞きになって、「聞いても聞かないようにしよう」とおっしゃった。度が過ぎることであるとお思いになったのであろうか。

堀河天皇が、在位中の御代、坊門左大弁為隆が、蔵人で、伊勢神宮の訴えを申し入れた時に、天皇は笛をお吹きになっていて、お返事もなかったので、為隆は、白河上皇のもとに参上して、「天皇におかれては御物の怪がお憑きになっている。御祈禱が新たに行われなければならない」と申し上げた。上皇は驚きなさって、女官に尋ねなさったところ、「そのようなことは、全くございません」と申し上げた。上皇は不審に思って為隆にお尋ねがあったので、（為隆は）「そのことでございます。先日、伊勢神宮の訴えを奏上しました時に、お笛をお吹きになって御返答がなかった。これは御物の怪などでなければ、あるはずのことではないと思って、申し上げましたのである」と申し上げたところ、上皇から天皇へその旨を申し上げなさった。お返事としては、「そのようなことがありました。普通のことではない。笛で秘曲を伝授されて、その曲を千回吹いていた時、為隆が参上して何かを奏上した。（千回の演奏まで）あと二、三回になっているので、吹き終えて言おうと思ったので、（私が為隆を）探したところ、（為隆は宮中を）退出してしまっていた。それをそのように申し上げたのは、たいそうきまりが悪いことである」と申し上げなさった。

解法

(一)　現代語訳

ア　「聞こしめす」は「聞く」の尊敬語。「だに」は類推の副助詞で〝～さえ〟と訳す。「ありがたし」は〝めったにない・珍しい〟という意味の形容詞。前後に、堀河天皇が書類を丁寧に読んで不審な点を問いただしたということが書かれているので、傍線部アは堀河天皇以外の通常の天皇の様子で、申請書の内容について一通り詳しくお聞きになることさえまれであるということである。「に」は逆接の接続助詞として解釈するのが適切。

解答例　一通り詳しくお聞きになることさえめったにないのに

ウ　「意に入る」は〝心にかける・気をつける〟の意。「御」が付いているので、尊敬表現で訳す。「御覧じ定む」は「見定む」の尊敬語の形をとっているが、傍線部ウの後に述べられている内容をふまえると、堀河天皇は臣下の者たちの勤務状況をよく観察し（＝「見」）たうえで判断を下し（＝「定め」）ているということなので、「見る」と「定む」それぞれの動作を示す形で解釈した方がよいだろう。「〜にや」は断定の助動詞「なり」の連用形に軽い疑問の係助詞が接続したもので、〝〜であろうか〟と訳す。

解答例　お心にかけて御覧になり評定なさったのであろうか

㈡　現代語訳・指示内容

「沙汰」は〝指図・対処〟という意味で、「さまでの御沙汰」の「さ」は本文第三文の「所々に挿み紙をして、…賜はせけり」を指している。堀河天皇は申請書を全部取り寄せて詳細に読み（＝傍線部イの前「重ねて御覧じて」）、付箋に不審点を自ら書き付け、ただすよう指示を与えるほど念入りな対処（＝「さまでの御沙汰」）をしたということだが、これをできるだけ簡潔にわかりやすくまとめて示すことがポイントになる。「けん」は過去の伝聞を表す助動詞の連体形で、「重ねて御覧じて」から傍線部イまでの部分が後の「いとやんごとなきことなり（＝〝たいそうすばらしいことである〟）」の主語にあたる成分になっているので、〝〜のは・〜ことは〟を加えなければならない。「御沙汰」が政務の申請書に対する堀河天皇の指図であることも補いたいところだが、解答欄に入りきらないので割愛せざるを得ない。

解答例　不審点を指摘して問いただすほどの御指示があったとかいうのは

㈢　心情

まず、直前の「白河院はこれを聞こしめして」の「これ」は、前の文までに述べられている堀河天皇の態度を指していることを確認しよう。さらに、傍線部の後に「あまりのことなり」とあるのが、白河院の気持ちを直接表した部分である。臣下の者の公務への出席状況などを細かに把握し、不正があればただちに指摘して処分した堀河天皇に対して、白河院は、厳格さも度が過ぎていると感じてあきれ、もはや自分としては手のつけようもないので知らんぷりを決め込もうという思いで「聞くとも聞かじ（＝〝聞いても聞かないようにしよう〟）」と言ったものと考えられる。

解答例　堀河天皇に対する、臣下へのあまりの厳しさにあきれる気持ち。

㈣　指示内容

オ　傍線部オを含む発言文は〝そのようなことは、決してございません〟という意味で、傍線部オの前で為隆が「内裏には…」と言ったのを受けたものである。「さること」は「内裏には御物の気おこらせおはしましたり」を指している。「内裏」はここでは〝天皇〟の意で、この説話の冒頭に「堀河院、位の御時（＝〝堀河院が、在位中の御代〟）」とあることから、堀河天皇のことであると判断する。「内裏には」の「に」は貴人の主格を表す用法の格助詞、「おはします」は尊敬語。「物の気」は人を苦しめたり狂わせたりする霊などの類で、「物の怪」という表記にしておけばよい。

解答例　堀河天皇が物の怪にとり憑かれていること。

カ　傍線部カを含む一文は堀河天皇の言葉で、〝そのようなことがありました〟という意味。傍線部カの次の文以降で、その具体的な状況や理由が述べられているが、要するに、この説話の冒頭の文に「坊門左大弁為隆、…、御返事もなかりけれ」とある状況をできるだけ簡潔に説明すればよい。為隆が伊勢神宮からの訴状を奏上したが、堀河天皇は笛を吹いていて返答しなかったということである。為隆はその様子を見て天皇は物の怪にとり憑かれているにちがいないと思ったが、後で白河院が事情を尋ねると、堀河天皇は笛に熱中するあまりに返事をするタイミングを失ってしまっただけだと弁解している。

解答例　堀河天皇が笛に熱中するあまり為隆からの奏上を無視したこと。

㈤　現代語訳・省略の補足

「尋ぬ」は、不明なことをはっきりさせようとする動作で、〝質問する〟の意に限らないことに注意。〝探す・探し求める〟の意をしっかり押さえておくこと。ここでは、為隆からの奏上に対して、堀河天皇は笛の曲をあと二、三回吹き終えてから返答しようと思っていたのだから、演奏を終えた堀河天皇が為隆を「尋ね（＝〝探し〟）」たと読み取れる。堀河天皇自身の発言部分なので、第一人称の「私」を用いて訳すこと。「まかり出づ」は〝退出する〟という意味で、堀河天皇が探した時には為隆はすでに宮中から退出していたということである。

解答例

私が為隆を探したところ、為隆は退出してしまっていた

二〇〇六年度　文理共通　第二問

出典　『**堤中納言物語**』　はいずみ

『堤中納言物語』は平安時代後期の短編物語集で、十編の物語を収める。作者未詳。「はいずみ」は、夫婦が別れるにあたって改めて情感を通わせるさまを典雅に描いた前半と、新しく迎えられた妻が白粉と間違えてはいずみ（＝眉墨）を顔に塗ってしまうというユーモラスな後半とから成る話である。

通釈

「今夜よそへ行こうと思うので、牛車をしばらく（お借りしたい）」

と（女が男のもとへ）言い送ったところ、男は、「ああ、どこ（へ行こう）と思っているのだろうか。行くような様子だけでも見よう」と思って、すぐここ（＝自分の家）へこっそり来た。

女は、（牛車を）待つといって縁側に座っている。月が明るい中で、泣くことはこのうえない。

我が身がこのように（夫から）遠く離れるだろうと思っただろうか、いや、思いもしなかった。月でさえもこの家にずっと住み（＝この家から離れず見え）、ずっと澄み輝いている世の中なのに。

と言って泣くうちに（男が）やって来ると、そのような（泣いている）そぶりも見せずに、ちょっと横を向いて座っている。

「牛車は、牛の都合がつかなくて、馬ならあります」

と（男が）言うので、

「ごく近い所なので、牛車は大袈裟だ。それならば、その馬でも（行こう）。夜が更けないうちに」

と急ぐと、（男は）たいそう気の毒だと思うけれども、あそこ（＝新しい妻の所）では皆が、翌朝に

（この家に迎えてもらえる）と思っているようなので、（女が出て行くのを）避けることができるはずもないので、気の毒に思いながらも、馬を引き出させて、縁側に寄せたところ、（女が）乗ろうとして出てきたのを見ると、月のたいそう明るい光で、（女の）様子がたいそう小柄で、髪はつややかで、たいそう美しい様子で、（長さは）背丈ほどである。

男は、自らの手で（女を馬に）乗せて、あちこち整えてやると、（女は）ひどくつらいけれども、我慢して何も言わない。馬に乗っている姿や、髪の様子が非常にすばらしい感じなのを、（男は）しみじみ心打たれると思って、

「（あなたを）送りに私も参上しよう」と言う。

「（私の行く先は）ごく近くにある所なので、（送ってもらわなくても）かまわないだろう。馬はすぐに返し申し上げよう。その間はここにいてください。（私の行く先は）見苦しい所なので、人に見せることができそうな所でもありません」

と（女が）言うので、（男は）「そうでもあるだろう」と思って、残って、（縁側に）腰をちょっとかけて座っている。

この人（＝女）は、供に人は多くはなくて、昔からなじんでいる小舎人童一人を連れて去る。男が見ていた間は（悲しみを）隠して我慢していたけれども、門から馬で出るや否や、ひどく泣いて行く。

解法

(一)　現代語訳

イ　「うち〜」は〝ちょっと〜・ふと〜〟といった意味を添える接頭語。「そばむく」は〝横を向く・顔を背ける〟ということ。「ゐ」はワ行上一段活用動詞「居《ゐ》る」の連用形で、〝座る・じっとしている〟

という意味である。

解答例　ちょっと横を向いて座っている

ウ　「車」は牛車のこと。「たがひて」（「違ひて」）とは、牛車を引く牛が、乗ろうとする側の意向に反して都合がつかないということであろう。係助詞「なむ」の結びで連体形「はべる」になっている「はべり」は丁寧語の本動詞で、〝あります〟と訳す。女が家を出て行く際の乗り物として、あいにく牛車の用意はできず、馬しかないということを告げる言葉である。

解答例　牛車は、牛の都合がつかなくて、馬ならあります

キ　「ただここもとなる所」は、女の行く先がごく近くにある所だということ。「あへなむ」は下二段活用動詞「敢《あ》ふ」の連用形に強意の助動詞「ぬ」と推量の助動詞「む」が接続したもので、連語として〝まあよい・かまわないだろう〟と訳す。ここでは、男が「送りに我も参らむ（＝〝あなたを送りに私も参上しよう〟）」と言ったのに対して、女が〝送らなくてもかまわない〟と答えたことがわかるように言葉を添える必要があるだろう。

解答例　ごく近くにある所なので、送っていただかなくてもかまいません

(二) 和歌

和歌の解釈がポイント。「我が身かくかけはなれむ」は、夫である男が新しい妻を迎えるため、女が男と同居していた家を離れることになった状態を言ったもの。「思ひきや」は〝思っただろうか、いや、思ってもみなかった〟という意味で、予想外の状況を述べる表現である。「月だに宿をすみはつる世に」の「だに」は類推の副助詞。「すみ」には、月が美しく輝く意の「澄み」と、月がずっと空に宿っている意の「住み」とが掛けられている。月さえも美しく輝いて空にずっと宿り続ける世なのに、自分はこの家に住み続けることもできないという悲しみを詠んだ歌である。

解答例　男と共に住み慣れていた家を出て行くことになったのは思ってもみなかったことだと、自分のつらい身の上を嘆き悲しむ気持ち。

(三) 心情

傍線部エを含む文を主語に注目して整理すると、「『車は、…』と言へば、『ただ近き所なれば、…』と急げば」は、男が牛車は都合がつかないが馬なら用意できると言い、女は行く先は近いので馬で夜が更けないうちに行こうとして急いでいるということ。その次の「いとあはれと思へど、…心ぐるしう思ひ思ひ、馬引き出ださせて、簀子に寄せたれば」は男の側の心情・行為である。したがって、「だれの」は「男の」である。男は、気丈に振る舞って出て行こうとする女のことをたいそうしみじみ気の毒だとは思うが、新しい妻を翌朝家に迎えることはもはや止めようもないので、板ばさみのような状態で「心ぐるしう思」っているのである。

解答例　男の、女を気の毒には思うがどうにもできず、やるせない気持ち。

(四)　現代語訳・省略の補足

傍線部オの前に「男、手づから乗せて、ここかしこひきつくろふに（＝〝男は、自らの手で女を馬に乗せて、あちこち整えてやると〟）」とあるのをふまえ、傍線部オの主語は「女」であると判断する。「心憂し」は〝つらい〟、「念ず」は〝我慢する〟という意味の重要語。女は、自分を送り出そうとする男の行為が非常につらいけれども、気丈なふりをして何も言わないでいるということである。

解答例　女は男の行為がたいそうつらいけれども、我慢して何も言わない

(五)　心情

傍線部カの発言を含む文は、一人で出て行こうとして馬に乗っている女の姿がたいそう美しい様子であるのに対して、男はしみじみ心打たれることだと思い、「自分も一緒に送って行こう」と言ったという内容である。男は女の美しさを改めて感慨深くおぼえ、女と離れ難い気持ちになっていることが読み取れる。

解答例　女の美しい姿に心打たれて未練を感じ、別れ難く思う気持ち。

第二問

二〇〇五年度　文理共通

出典　**『住吉物語』**

平安時代中～後期に成立かとされる物語。作者未詳。継子いじめをテーマにしたもので、継母の計略で好色な老人と結婚させられそうになった姫君が、亡き母の乳母を頼って乳母子の侍従と住吉の地に逃亡するが、やがて恋人の中将に助けられて幸せになるという筋である。

通釈

そうでなくてさえも、旅先にあっては悲しいのに、夕方の波の上を飛ぶ千鳥が、しみじみとあちこちで鳴き、岸の松風や、もの寂しい空と一緒になって琴の音がかすかに聞こえた。この音は、律に調弦して、盤渉調に美しく響き渡り、これを聞きなさっただろう（男君の）気持ちは、言葉では表現できないほどだ。「ああ、すばらしい。人のすることでは、まさか（ないだろう）」などと思いながら、その音に誘われて、何となく近付いて行って聞きなさると、釣殿（＝池に面した建物）の西側の部屋に、若い声で、一人か、二人ほど（の声）が、聞こえた。琴をかき鳴らす人がいる。「（この住吉の地での）冬は、ろくになじめませんでした。最近は、松風や、波の音も親しみが持てる。都では、このような所も見なかったなあ。ああ本当に、情趣を解する心のあった人々に見せたいものだよ」と語り合って、「秋の夕方はふだんよりも、旅先にあってこそしみじみ感慨深い」（という今様《いまよう》の一節）などを、すばらしい声で詠じるのを、侍従（の声だ）と（男君は）聞いて思って、「ああ、驚いたことだ」と胸騒ぎがして、「聞いて勝手にそうと思い込んでいるのだろうか」と思って聞きなさると、

探しに来てくれそうな人もいないこの渚の住の江で、誰を待つといって松風が絶えず吹いているの

だろうか。

と、詠じるのを聞くと、姫君（の声）である。

「ああ、すばらしい。仏の御利益は、あらたかなものだなあ」と嬉しくて、簀の子に近付いて、（戸を）叩くと、「どのような人であろうか」と言って、侍従が、透垣の隙間からのぞくと、簀の子に寄りかかって座っていらっしゃるお姿は、夜目にもはっきりと（男君の）気配が見えたので、「ああ、驚いたことだよ、少将殿がおいでになっている。どう申し上げたらよいか」と言うと、姫君も、「感無量なことに、（少将殿は私のことをいとしく）思ってくださっているのだろう。けれども、外聞が悪いだろう。私はいないと申し上げよ」ということなので、侍従は、（男君に）対面して、「どうして、（このような）辺鄙な所までおいでになったのか。ああ、とんでもない。その後、姫君と死別し申し上げて、心を慰めかねて、このようにまでさまよって過ごしているのです。（姫君の恋人だったあなたに）お目にかかると、ますます亡き姫君が恋しくて」などと出まかせを言って、（それでも）しみじみ悲しく思われるので、涙にくれて、どうしてよいかわからずにいると、中将も、ますます涙が出そうな気がしなさる。「侍従が、（私が）姫君のことを慕って来たのに、恨めしくも、（姫君は亡くなったなどと）おっしゃるものだなあ」と、「（姫君の）お声まで聞いたのに」と言って、浄衣のお袖に顔を押し当てなさって、「嬉しさもつらさも、半々だ」とおっしゃるので、侍従は、もっともだと感じて、「それはそうと、お休みくださいませ。都のことも聞きたいので」と言って、尼君に相談すると、（尼君は）「もったいないことである。誰も彼も、情というものをわきまえなさいよ。まず、こちらへお入りになるようにということを、（男君に）申し上げよ」と言うので、侍従は、「不躾《ぶしつけ》で、いかにも失礼ではございますけれども、姫君のゆかりである（私の）声（をお尋ねくださったのですから、それ）に（免じてお許しください）。旅は、まさにそういうものでございます。お入りください」と言って、袖を引いて（男君を中に）

入れた。

語釈

秋の夕は常よりも、旅の空こそあはれなれ――「秋の夕は常よりも　旅の空こそあはれなれ　柴の庵に月もりて　虫の声々よはりゆく」という今様《いまよう》（平安時代に流行した歌謡で、七五調の四句から成るもの）の一節。

解法

㈠　現代語訳・省略の補足

ア　「しわざ」は〝すること〟の意であるが、ここでは琴の演奏のことであるとわかるように言葉を補足する必要がある。「よも」は打消推量と呼応して〝まさか（〜ないだろう）〟と訳す副詞で、ここでは、後に「あらじ」が省略されている。全体として見ると、「人のしわざにはあらじ」（＝〝人がすることではないだろう〟）（「に」は断定の助動詞「なり」の連用形で、「〜に…あり」で〝〜である〟と訳す）という文の途中に、副詞の「よも」が割り込み、「あらじ」が省略されているものと考えられる。琴の演奏があまりにもすばらしく、人間が弾いているとはとうてい思えなかったということである。

解答例　この琴の音は、人間が演奏するものでは、まさかないだろう

イ　「心あり」は〝情趣を解する・風流心がある〟という意味。「し」は過去の助動詞「き」の連体形。リード文と併せて読み、「心ありし人々」とは、具体的には侍従たちが以前いた都の人々を指していると理解しよう。「まほし」は願望の助動詞。

解答例　情趣を解した都の人々にこの住吉の地の光景を見せたいものだよ

オ　男君が訪ねて来ているという侍従の言葉を受けて姫君が言ったものである。「おぼす」(=「思す」)は〝思ふ〟の尊敬語で、主語は男君であるが、〔注〕の説明にあるように、姫君たちは男君のことを〝少将殿〟と呼んでいるということなので、呼称は〝少将殿〟とする。「たる」は存続の助動詞「たり」の連体形。「おぼしたる」は、〝少将殿がお思いになっている〟と直訳したうえで、その対象(=私〈=姫君自身〉)と具体的な気持ち(=いとしく思う・恋しく思う)とを補ってわかりやすく示す。「に」は断定の助動詞「なり」の連用形、「こそ」は強意の係助詞で、後に「あらめ」などが省略されていると見て、「にこそ」は〝～のだろう〟のように訳す。

解答例　少将殿は私のことをいとしく思っていてくださるのだろう

(二)　心情

傍線部ウは男君の心内文で、前の「『秋の夕は常よりも、…』など、をかしき声してうちながむるを、侍従に聞きなして」を受けている。「ながむ」はここでは「詠む」で〝声に出して歌う・朗詠する〟という意味。男君は、誰かが今様の一節を口ずさむ声を聞き、姫君に付き従っている侍従の声だと思ったのである。これは結果的に当たっていたわけだが、男君は自分の判断にまだ確信が持てていないために、「聞きなしにや(=聞いて勝手に思い込んでいるのか)」と思い、さらに耳を澄ましている。

解答例　「秋の夕は…」と朗詠する声を、侍従の声だと、聞いて思い込んだ。

(三) 和歌

都から遠く離れた住吉の地で寂しく過ごしている姫君の歌である。上の句は、第二句の「なぎさ」が「無き」と「渚」の掛詞で、それぞれ「尋ぬべき人も無き」「渚の住の江に」という意味をなしている。前者は〃(私を)探し当てて訪ねて来てくれそうな人もいない〃という姫君の心寂しさを表したもの。後者は、住吉が海辺の地であるということ。下の句は、第四句の「まつ」が「待つ」と「松(風)」の掛詞で、「誰待つ」「松風の絶えず吹く」という意味になる。松に吹き寄せる風の音を、誰かを待ち受けて鳴っているもののように見立て、誰も待ち人のいない自分と対照させているのである。以上をふまえ、それぞれの意味のまとまりをうまくつないで訳す。

解答例

私を探しに来てくれそうな人もいない、この渚の住の江に、いったい誰を待つといって松風がひっきりなしに吹いているのだろう。

(四) 因果関係・心情

「うれしさ」「つらさ」それぞれの理由を並立して説明する。「うれしさ」は、第一段落末から第二段落初めに記されているように、「尋ぬべき」の歌を詠じる声を聞いて姫君がその場にいるとわかったことによるものであるのは明らか。「つらさ」は、姫君はもう亡くなっていてそこにはいないという侍従の言葉を聞き、侍従が姫君を自分に会わせまいとして嘘をついていることに対して言ったものである。

解答例

姫君がいるとわかったのに、姫君に会わせてもらえないから。

㈤　現代語訳・指示内容

直訳すると〝旅は、まさにそうでございます〟となる。「さぶらへ」は丁寧語「さぶらふ」で、係助詞「こそ」を受けて已然形になっている。「さ」の指示内容は、侍従のこの発言のうち、旅先でありがちなこととして「なれなれしく、なめげに（＝〝不躾で、失礼な様子で〟）」と見ることができる。不慣れな地での住まいに客人を招き入れるにあたって、謙遜めいた言い訳をしたものである。

解答例　旅先では、まさに不躾で失礼なこともしてしまうものでございます

第二問

二〇〇四年度　文理共通

出典　武女《たけじょ》**『庚子道の記』**

江戸時代に成立した日記紀行文。武女の作。名古屋城内に仕えていた作者が、七年ぶりに江戸へ里帰りする旅の道中を、和歌を交えて記録したものである。

通釈

こゆるぎの磯に近い粗末な家の中でも、雛遊びをする少女たちは、桃や、山吹の花など、仰々しいほどに瓶《かめ》に活け、今日の日が暮れるのを惜しいと思っている様子である。野に出てゴギョウなどを摘む者もいるのは、今日の草餅を作るためであるにちがいない。

七年前、この場所を通り過ぎたのは九月九日（＝重陽の節句）で、別れてきた親きょうだいのことなどを思い出して悲しかったが、今日は一日か二日のうちに会えるようなことを思うと、嬉しいあまり、心までどきどきして、何となくふと笑ってしまうことが多いのを、そばにいる人たちは、気が変なのだろうかなどとも思っているだろうよ。明日は江戸に参りますので、公私の準備があるといって、男は全員、皆戸塚の宿場へと急ぐので、（私は）一人のんびりとも行きにくくて、同じように宿場に着いた。

三日の夜から雨が降り出して、翌朝もまだやまない。金川、河崎、品川などという各宿場もどんどん通り過ぎて来て、芝に参ります。ここから大通りの様子は、高貴な者も下賤の者も大勢出歩き、馬や、車が縦横に行き交い、華やかで賑わっている様子で、七年の眠りが一瞬で覚めた気がして、嬉しさは言いようもない。その夜は藩邸に泊まって、三月五日という日に、なじみの住まいに戻った。

（身内の話などは）言うほどのことではないけれども、親族は全員、近親は叔母や、いとこなどが

（私を）待ち受けて集まって、あれこれとさまざまなことを言うのも、（気もそぞろで）どうにもわけがわからない。幼い妹が一人いたのも、いつの間にかずいぶん成長して、髪上げなどしているので、私の方では見忘れているのを、彼女から言い出すようなことも気が引けたのだろうか、叔母の後ろに隠れて、（姉が自分に声をかけてくれないのを）何となく恨めしいと思っている様子でこちらを見ているのに、まだ（私はそれが妹だと）わからなくて、「そこにいらっしゃるのは、どちらからのお客様でいらっしゃるのか。縁起が悪そうなことではありますけれども、亡くなりました母の面影に、驚くほどまで似通っていらっしゃるようだなあ」と尋ねると、彼女はうつむいて、顔も上げない。叔母も（亡き母を思い出した悲しみで）鼻がつまって物も言えない。皆が「ははは」と笑うので、初めて（妹だと）気付いた。

語釈

たてぬき（経緯）――機《はた》の縦糸（経《たて》）と横糸（緯《ぬき》）のことから、縦横の方向を表す。

髪などあげたれば――「髪上げ」は、女子が十二、三歳で成人のしるしとして垂れ髪から結い上げた髪型に変えること。

解法

㈠　現代語訳

ア　「こちたし」は〝大袈裟である・仰々しい〟の意。「こちたきまで」は、瓶に挿す花の量が多すぎて仰々しいほどだということである。「あふれそうなほど」などと訳してもよいだろう。

解答例　仰々しいほどたくさん瓶に活け

オ 「ねぶ」は〝大人びる・成長する〟の意。「ねびまさる」で〝ますます大人びる・よりいっそう成長する〟という意味になる。七年ぶりに会った妹の様子を現に見てそう述べているので、「いつか」は〝いつの間にか・知らないうちに〟と解釈するのがふさわしい。

解答例 いつの間にかずいぶん成長して

カ 「かれ」はここでは「をさなき妹」を指す。「うち出づ」は〝口に出す・言う〟の意で、「かれよりうち出で」は、筆者にそれと気付いてもらえていない妹が、自分から筆者に妹だと口に出して言うことである。助動詞「ん」は婉曲の用法。「つつまし」は〝気後れする様子だ・恥ずかしい〟の意で、「つつましくやあり」は、「つつまし」の連用形「つつましかり」に係助詞の「や」が割り込んだ形となっている。「や」は疑問の用法で、過去推量の助動詞「けん」が結びとなって係り結びが成立し、傍線部カは挿入文になっている。

解答例 彼女の方から言い出すようなことも気が引けたのだろうか

ク 「過ぎ行く」は、その「おもかげ」に妹が「似かよふ」とされていることや、この筆者の発言の後、叔母が鼻をつまらせて泣きそうになっていることから、ここでは〝死ぬ・亡くなる〟という意味だと判断しよう。「あさまし」は〝驚きあきれる様子だ〟の意で、「あさましきまで」で〝驚くほど〟という意味になる。「侍り」は丁寧語の補助動詞、「給ふ」は尊敬の補助動詞で、筆者がこの時点ではどこの誰ともまだわからない相手に対して、他人行儀に敬意を払った物言いをするために用いられたものである。「めり」は推定の助動詞、「は」はここでは詠嘆を表す終助詞的な用法。

解答例　亡くなりました母の面影に、驚くほど似ていらっしゃるようだね

（二）　**因果関係・心情**

筆者がつい笑ってしまう理由として、状況と心情をそれぞれ簡潔に説明することがポイント。リード文と併せて傍線部イまでを読み、「けふは一二日のうちに逢ひみんことを思へば、うれしきあまり、心さへときめきして」とあるのに沿って素直にまとめることができる。

解答例　家族に間もなく再会できると思うと嬉しくてたまらないから。

（三）　**趣旨**

前後に「大路のさま」「はえばえしく賑はへるけしき」とあることから、傍線部ウは賑やかな大通りの光景が具体的に描写されたものだとわかる。「たかき賤しき」は人間の階層について〝身分が高い者も身分が低い者も〟という意味で、それが「袖をつらね」るのだから、着物が触れ合うほどに大勢の人々がぎっしりといて行き来している様子が表されている。「たてぬきに」は機《はた》の縦糸（＝経《たて》）と横糸（＝緯《ぬき》）の様子から〝縦横に〟という意味。馬や車が縦横に往来している様子を表したものである。以上、傍線部を解釈する形で説明したうえで、「賑わっている」「活気にあふれている」「繁華である」など、全体的な雰囲気を説明する表現を置いてまとめるとよい。

解答例

あらゆる階層の人々が大勢出歩き、馬や車が縦横に往来している、江戸の大通りの賑やかで活気にあふれた光景。

㈣ 因果関係・心情

傍線部エを含む一文に注目。まず、言いようもないほど嬉しい気持ちを催させるもととなったのは、「大路のさま」「はえばえしく賑はへるけしき」である。さらに、嬉しさにつながる心情として、「七とせのねぶり一ときにさめし心地」がしたことも見逃せない。「七とせのねぶり（＝〝七年の眠り〟）」は比喩表現で、リード文と併せて読めば、江戸生まれの筆者が尾張藩で過ごした七年間のことであるとわかる。江戸の大通りの賑わいを見てそれが一気に覚めたというのだから、実家のある江戸の地へ帰ったとはっきり実感できたことが、ここでの筆者の「うれしさ」の理由だと考えられる。

解答例

大通りの賑わいを見て、七年ぶりに江戸に帰ったと実感したから。

㈤ 省略の補足

傍線部キを含む一文をまずは丹念にたどる。筆者の妹が話題に上っていることは明らかで、「わが方」が筆者自身を、「かれ」が妹を指すものと理解できれば、「見わすれたるを」および「なほ心得ずして、『そこに…』と問へば」の主語は筆者であると判断することができる。成長して風貌が変わっている妹のことを筆者は「見わすれ」ていて、妹は自ら名乗ることもできずに叔母の後ろから筆者の方をじっと見ていたが、それでもまだ筆者はそれが妹だということを「心得ず」にいたということである。傍線部キの後、筆者から「そこにものし給ふは、…」と誰何された妹がうつむいて恥ずかしがり、周囲の人もそれを見て大笑いしたことにより、筆者は「はじめて心づ」いたと続いていることも確認しておこう。

解答例　叔母の後ろに隠れて筆者の方を見ている人が、妹だということ。

二〇〇三年度　文理共通　第二問

出典　**『古本説話集』**　下　五三　丹後国成合事《たんごのくにのなりあひのこと》

説話集。成立は平安時代後期から鎌倉時代前期かとされるが未詳、編者も未詳である。上・下巻合わせて七十の話を収める。『今昔物語集』や『宇治拾遺物語』などと共通する話も多い。出題された話は、丹後の国（現在の京都府北部）の成相寺の観音菩薩にまつわる、いわゆる神仏霊験譚である。『今昔物語集』や『宝物集』などにも同じ話がみられる。

通釈

「どうしてお助けくださらないのだろうか。高い位を望んだり、高価な宝を望んだりするのなら（かなえていただけなくても）しかたがないだろうけれども、ただ今日食べて、生き長らえるだけの物を探してお与えください」と申し上げるうちに、北西の隅の荒れてぼろぼろになっている所に、狼に追われた鹿が入って来て、倒れて死ぬ。そこでこの法師は、「観音様がくださったものであるようだ」と、「食べようか」と思うけれども、「長年仏を頼って修行することが、だんだん年を重ねてきている。どうしてこれをすぐに食べることができようか。聞くところによると、生き物はすべて前世での父母である。自分がひもじいからといって、親の肉を切り取って食べることができようか。何かの肉を食べる人は、成仏する可能性を絶って、地獄へ行く道（をたどることになるの）である。あらゆる鳥獣も、（そのような者を）見ては逃げ走り、恐れ騒ぐ。菩薩も遠ざかりなさるにちがいない」と思うけれども、この世の人間の悲しさは、来世の罪にも思いが至らず、ただ今生きている間の耐え難さに我慢できなくて、刀を抜いて、（鹿の）左右の股《もも》の肉を切り取って、鍋に入れて煮て食べた。その味わいのおいしいことはこのうえない。

そうして、ひもじさも消えた。力も出て人間らしい心もちになる。「あきれるようなことをもしたなあ」と思って、泣きながら座っている時に、人々が大勢来る音がする。聞くと、「この寺に籠もっていた聖はどうなってしまいなさっただろうか。人が通って来た跡もない。召し上がる物もないだろう。人《ひと》気《け》がないのは、ひょっとしてお亡くなりになってしまったのか」と、口々に言う声がする。（法師は）「この肉を食べた跡をどうにかして隠そう」などと思うけれども、どうしようもない。「まだ食べ残して鍋にあるのもみっともない」などと思ううちに、人々が入って来た。

（人々が）「どのようにして何日もお過ごしになっていたのか」など（と言って）、周囲を見ると、鍋に檜の切れ端を入れて煮て食べている。「これは、食べ物がないとはいっても、木をどんな人が食べたりするのか」と言って、たいそう気の毒がるが、人々が観音菩薩像を拝見すると、左右の股を新しくえぐり取ってある。「これは、この聖が食べたのである」と思って、「本当にあきれるようなことをなさった聖だなあ。同じ木を切って食べるのなら、柱でも割って食べればよいのに。どうして観音菩薩像を傷つけなさったのだろうか」と言う。驚いて、この聖（＝法師）が（観音菩薩像を）拝見すると、人々が言う通りだ。「ということは、さっきの鹿は観音菩薩が化身なさったものであったなあ」と思って、さきほどあったことを人々に語ると、（人々は）気の毒がり皆で悲しんでいた時に、法師は、泣きながら観音菩薩像の御前に参上して申し上げる。「もし仏様がなさったことならば、もとの姿におなりになってください」と何度も申し上げたところ、人々が見ている前で、（観音菩薩像は）もとの姿に完全に戻ってしまった。

解法

㈠　現代語訳

ア　「賜ぶ」は「たまふ」と同じで、〝お与えになる・くださる〟の意の尊敬語。接続している助動詞は、「たる」が完了「たり」の連体形、「なん」が断定「なり」の連体形で語尾が撥音便化したもの、「めり」が推定「めり」の終止形。

解答例　観音様がくださったものであるようだ

イ　「いかでか」はここでは反語の用法。「にはかに」は〝すぐに・突然〟の意の副詞。前文に自分は長年仏道修行をしてきた身だとあり、後の部分から肉食は仏縁を絶って地獄へ落ちる道だと認識していることがわかるので、助動詞「ん」は可能推量の用法で解すると、文意に合った表現となる。

解答例　どうしてこれをすぐに食べることができようか、いや、できない

エ　「参り物」は、動詞「参る」の名詞形＋「物」という組成の名詞。「参る」は、ここでは聖が食料もなくて死んでいるのではないかと心配した人々の言葉なので、尊敬の用法で〝召し上がる・お食べになる〟の意だと判断する。助動詞「じ」は打消推量の用法。

解答例　召し上がる物もないだろう

オ 「いかにしてか」はここでは疑問の用法。「日ごろ」は何日もにわたる様子。「おはす」は「あり」の尊敬語で、ここでは聖が何日もの間〝生きている・過ごす・無事でいる〟ことをいったもの。「つる」は完了の助動詞「つ」の連体形で、係助詞「か」の結びとなっている。

解答例　どのようにして何日もお過ごしになっていたのか

キ 「割り食ひてんものを」を品詞分解すると、動詞「割り食ふ」の連用形＋強意の助動詞「つ」の未然形＋適当の助動詞「ん」の連体形＋詠嘆の終助詞「ものを」となる。〝きっと割って食べる方がよいだろうなあ〟と直訳したうえで、自然な表現で示すようにも心がけよう。

解答例　柱でも割って食べればよいのに

㈡

趣旨

形容詞「あさまし」は〝驚きあきれる様子だ〟の意。「わざ」は広くものごとを表す名詞で、直訳すると〝驚きあきれるようなこと〟となる。傍線部ウは法師の心内文で、鹿を食べてひもじさから解放され人心地がついたところで自分の行動をこう認識したものである。具体的な行動はもちろん「鹿の肉を食べた」ことであるが、第一段落で述べられた法師の心内文から、それが仏法の戒律に反する行為であり、長年仏を信仰してきた法師にとってはとんでもないことであるという理解も併せて説明したい。傍線部カは人々の発言部分で、法師が食べたと思われる木が、観音菩薩の木像の股《もも》の部分を削り取ったものだと気付いてこう言ったもの。「法師が木を食べた」ことのみでは不十分なので注意しよう。

解答例

ウ	法師の身で仏法に背く肉食をしてしまったこと。
カ	法師が空腹のあまり観音菩薩像を削って食べたこと。

㈢　現代語訳・指示内容

「さ」は、前の「見奉れば、人々言ふがごとし」を受け、法師が観音菩薩像を見ると像の一部が削り取られていたことを指している。「ありつる」はラ変動詞「あり」に完了の助動詞「つ」が接続した連語で、すでに認識している事物を指して〝さっきの・例の〟と言うもの。「験ず」はここでは〝神仏が霊験を示す〟の意で、具体的には、観音菩薩が鹿に化身して法師を破戒から救ってくれたことをこう述べたものと解釈できる。「給へるにこそありけれ」は、四段活用動詞「給ふ」（尊敬の補助動詞の用法）の已然形＋完了の助動詞「り」の連体形＋断定の助動詞「なり」の連用形＋強意の係助詞「こそ」＋ラ変動詞「あり」（補助動詞の用法）の連用形＋詠嘆の助動詞「けり」の已然形。

解答例

観音菩薩像が削り取られているということは、さっきの鹿は観音が化身なさったものであったなあ

二〇〇二年度　文理共通　第二問

出典　**『神道集』**　熊野権現の事

室町時代の成立かとされる説話集。編者は安居院《あぐい》流の唱導僧ともいわれるが未詳である。神社の縁起を中心に、本地垂迹の思想に基づく神仏説話が収録されている。

通釈

九百九十九人の后たちは、第一から第七にあたる宮殿に集まり、どうしようかと互いに嘆いていらっしゃった。とにかくこれから生まれてくる子の前世からの宿縁がどのようなものであるか知ろうということで、ある人相見をお呼びになって、この子のことを尋ねなさった。「菩薩女御が懐妊していらっしゃるのは、王子か姫宮か。また（その子の）前世からの宿縁のほどを占い申せ。不審に思われる（から）」ということだったので、人相見は、文書を開いて申し上げたのは、「懐妊していらっしゃるお子様は王子でいらっしゃるが、御寿命は八千五百歳である。国土は安穏で、この（王子がお治めになる）時代は、万民すべてが自在快楽な世をなすことのできる王者であるにちがいない」と占い申し上げた。后たちが人相見におっしゃったのは、「この王子の御事を、大王の御前で私たちが言う通りに占い申し上げよ。ほうびは望み通りに与えるつもりだ。この王子は、生まれなさって七日たったなら、九足八面の鬼となって、体から火を出し、都をはじめとして、世界中をすべて焼き滅ぼすにちがいない。この鬼は三色で、身長は六十丈の倍になるにちがいない。大王も食われなさるにちがいない」。また言うには、「鬼波国から九十九億の鬼王がやって来て、大風を起こし、大水を出して、世界中をすべて海にしてしまうにちがいないと申し上げよ」と言って、それぞれの分相応に、ほうびを人相見に与えなさる。ある者は金五百両、ある者は千両である。それだけではなく、綾錦の類は莫大である。人相見は喜んで、「承知しました」と答え申し上げた。后たちは、「決して、決して（人に言ってはならない）」と口止めなさった。人相見は、「どうして（御命令に）背き申し上げるはずがあろうか」とはっきり申し上げる。

一日置いて、后たちは、大王の御前に参上して、相談申し上げなさったのは、「菩薩女御の御懐妊のことについて、（そのお子様が）王子とも姫宮とも（わからず）気がかりだ。早くお聞きしたい。人相見をお呼びになってお聞きになるがよい。あまりにも（気がかりに）思われることだよ」。そこで（大王も）もっともなことだとお思いになって、例の人相見をお呼びになる。后たちは、お言いつけになった菩薩女御のお産のことを、（大王に）何々の子だと申し上げよとは言っているが、（人相見が）約束を破ろうとしているだろうと、それぞれの心中はただもう鬼のようだ。人相見は占いの書物を開いて目録を見申し上げると、王子の御果報がすばらしいことは申し上げるまでもなく、この后（＝菩薩女御）の御寿命はどれほどかと申し上げると、三百六十歳だと思われた。そのまま人相見は目録の通りに見ると、涙も全く止まらない。これほどすばらしくていらっしゃるお方のことを、事実に反して申し上げるようなことのつらさといったらとは思うけれども、前の約束の通りに占い申し上げた。大王はこのことをお聞きになり、「（お互いに）親となり、子となることは、偶然にさえもめったにない。この世だけではない、深い因縁があることなのだ。（私は）今日までに（自分の）子というものをまだ見ていない。どのような鬼としてでも生まれて来るなら生まれて来い。親であり子であるとわかり、一日でも対面して後にどうとでもなるようなことはかまわないだろう」と言って、（人相見の言葉を）取り上げなさることもなかった。

解法

(一) 現代語訳

ア　「果報」は、前世での行いの報いが現世にあらわれること。生まれて来る子がこの世でどのような生を送るかは前世から運命づけられたものであるという、仏教的な死生観に基づく言葉で、〝前世からの因縁・前世から定められた宿縁〟などと訳す。「果報のほど」で〝前世からの因縁がどのようなものであるか〟といった解釈になる。「相す」は〝占う〟の意。「申す」は、ここでは「言ふ」を重々しく表現したものとみられるが、現代語訳としてはそのまま〝～申す・～申し上げる〟としておけばよいだろう。

解答例　前世からの宿縁によりどのような生を得るか占い申せ

イ　「いかでか」はここでは反語の用法、「違へ」は〝違《たが》える・背く〟の意の下二段活用動詞「違ふ」、「たてまつる」は謙譲語の補助動詞、助動詞「べし」はここでは当然（または意志）の用法。反語を忠実に訳し、〝どうして背き申し上げるはずか、いや、背き申し上げるはずがない〟としてもよいだろうが、〔解答例〕では、何を「違ふ」のかを簡潔に添え、后たちに対する人相見の言葉遣いとして自然な表現と、反語であることがわかる表現をとったものを示した。

解答例　どうして御命令に背き申し上げるはずがありましょうか

㈡ 現代語訳・省略の補足

「相人」は〝人相見〟。「召す」は〝呼ぶ〟の尊敬語、「聞こしめす」は〝聞く〟の尊敬語。傍線部ウは后たちが大王に言ったものなので、主語は〝あなた（＝大王）〟となる。何を「聞こしめす」かは、前の部分で后たち自身が気がかりで聞きたいと述べている「后の御懐妊のこと、王子とも姫宮とも」だと見て問題ないだろう。助動詞「べし」は、〔解答例〕では適当の用法として訳しているが、勧誘や命令の用法として〝〜てはいかがでしょう〟、〝〜てください〟などとしてもよい。

解答例 人相見をお呼びになって、菩薩女御が御懐妊中のお子様の性別をお聞きになるとよいでしょう

㈢ 趣旨

第一段落の后たちと人相見のやりとりに、「約束」の内容が書かれている。大王に愛されている菩薩女御が妊娠している子について、人相見は、男（＝「王子」）ですばらしい王者になる宿縁の持ち主だと占ったが、他の后たちは、「生まれてくる子は恐ろしい鬼で、ひどい災いを国にもたらす」という内容の占いを大王に告げるように指示し、見返りとして莫大な褒美を与えたため、人相見はそうすると請け合ったというもの。長々と書かれている言葉をいかに簡潔にまとめられるかがポイントとなる。〝偽って占う・嘘の占い結果を言う〟ということを軸に、その内容にも触れておく必要があるだろう。

解答例 生まれてくる子が国に災いをもたらすと大王の前で偽って占うこと。

(四)　現代語訳

オ　「めでたし」はすばらしい様子を表す形容詞。「おはします」は尊敬語の補助動詞。「君」はここでは貴人を敬って言ったもの。「あらぬ」は、ラ行変格活用動詞「あり」＋打消の助動詞「ず」の連体形という組成で、連体詞（連語）として、〝別の・異なる・とんでもない〟の意を表す。「申す」は〝言う〟の謙譲語。「あらぬ様に申す」は、事実とは異なる占い結果を大王に告げるということを言ったものである。助動詞「ん」は婉曲の用法。「心憂さ」は、〝つらい・情けない〟という意味の形容詞「心憂し」の語幹に「さ」が付いて成った名詞で、〝つらいこと・情けないこと〟の意だが、「…の心憂さよ」を強調表現として〝…はとてもつらいよ〟のように訳すとわかりやすい。

解答例　これほどすばらしくていらっしゃるお方のことを、偽って申し上げるようなことはとてもつらいよ

カ　「たまたまも」は〝偶然にも〟ということで、「あり」に係っている。「ありがたし」は、一語の形容詞として〝めったにない・珍しい〟の意で用いられることが多いが、ここでは、「あり」に〝ある・存在する〟の意があると見て、〝〔偶然にも→ある〕ということが難しい〟という関係をとらえなければならない。その理解を示すために、「たまたまも」は、〝偶然にさえも〟のように表現するのがよい。

解答例　偶然にさえもめったにない

キ　「一日も見て後に」は、大王が生まれてくる子に〝一日でも対面してから〟ということ。「ともかくもなる」は最悪の場合も想定して〝どうとでもなる〟の意。助動詞「ん」は婉曲・仮定の用法。「苦しからじ」は、ここでは〝差し支えないだろう・かまうつもりはない〟と解釈する。

解答例

一日でも対面してから後にどうなったとしてもかまわないだろう

二〇〇一年度　文科　第二問

出典　『**栄花物語**』巻第二十七　ころものたま

平安時代後期の歴史物語。作者不詳。宇多天皇から堀河天皇までの十五代約二百年間の歴史を編年体で綴ったもので、『大鏡』以下の歴史物語の先駆となる。出題された部分は、四条大納言藤原公任が出家を決意した経緯を述べた部分である。

通釈

　こうして四条の大納言殿（＝藤原公任）は、内の大殿の上（＝公任の娘）の御事態（＝逝去）の後は、何もかもがすっかりいやになってしまいなさって、じっと仏道修行をしてお過ごしになる。法師と同じようである御様子であるけれども、「これは考えてみるとつまらないことである。一日分であっても出家の功徳は、非常に尊くすばらしいと聞いているのに、もう少しの間（このまま出家せずに）いたならば、（孫娘の）御匣殿の御事態（＝東宮妃となること）などが実現して、ますます（この世が）見捨てがたく、（御匣殿は）どうしようもない束縛でいらっしゃるだろう。それならば、今が（出家するのに）良い機会である」と決意なさって、人知れず必要な領地の地券などの処置をして、御荘の管理者たちをお呼びになって、（自分が出家した後の）必要な処理事項などをおっしゃったりして、やはり年内（に出家しよう）とお思いになるが、（妹の）女御（のこと）が、やはり人知れずしみじみ心配なことだとお思いにならずにいられなくて、「人の心はたいそうふがいないものである。どうして（このような執着を）感じなければならないのだろうか」と、たいそう自分でも情けなくお思いにならずにいられないにちがいない。（自分が出家したからといって）どれほどのことがあるか（いや、どれほどのこともあるまい）と思いめぐらせなさっては、人知れず自分の御心中だけで思い乱れなさるのも、たいそうお気の毒だ。（大納言に）このような御意志があるということは、女御殿もおわかりになっているけれども、（出家が）いつかということはお知りではない。

そんな頃に、椎の実を人が（大納言のもとへ）持って参上したので、女御殿の御方へ差し上げなさった。（椎の実を入れて献上した）御箱の蓋を返し申し上げなさるということで、女御殿が、

（あなたが出家することによって）生きたままあなたと別れるとしたら、それよりはむしろ、椎の「木の実」ではないが、死んでしまっている「この身」であればいいなあ。

と詠み申し上げなさったところ、大納言殿の御返歌は、

奥山の椎の木の根元を尋ねて来たならば、そこになっている「木の実」をきっと見出すように、奥山を訪れてくだされば、そこでまだ出家しあぐねている「この身」がおわかりにならないことがあろうか、いや、おわかりになるだろう。

女御殿は、たいそうしみじみ悲しいことだとお思いにならずにいられない。

解法

(一)　指示内容

傍線部アは公任の心内文で、「これ」は、前に「つくづくと御おこなひにて過ぐさせ給ふ。法師と同じさまなる御有様なれど」（＝〝じっと仏道修行をしてお過ごしになる。法師と同じようである御様子であるけれども〟）と書かれている公任自身の様子を指している。そのような自分の様子について、傍線部アを含む文で「あいなきことなり」（＝〝つまらないことである〟）としたうえで、「一日にても出家の功徳、世に勝れめでたかんなるものを」（＝〝一日分であっても出家の功徳は、非常に尊くすばらしいと

聞いているのに〟）と述べているので、「これ」は、法師のように仏道修行はしているが出家しているわけではない状態を言ったものであると判断できる。

解答例　法師のように仏道修行をしてはいるが、まだ出家していないこと。

㈡　現代語訳

イ　「めでたかん」は、〝すばらしい〟という意味の形容詞「めでたし」の連体形「めでたかる」の語尾が撥音便化した形。「なる」は伝聞・推定の助動詞「なり」の伝聞の用法。「ものを」は逆接の接続助詞。

解答例　すばらしいと聞いているのに

ウ　「あるべき事ども」は、直訳すると〝あるにふさわしい事など・そうであるはずの事など〟のようになるが、そのままでは意味が通らないので、わかりやすい表現を考える必要がある。前の「さるべき文ども見したため」に付された〔注〕をふまえると、出家を決意した公任は、自分で領地の地券などの処置をしたうえで、荘園の管理人を呼び、「あるべき事ども」を指示したということなので、〝自分が出家した後に必要な処置など・自分の出家後の適切な手配の事など〟のように示すことができる。「のたまはせ」は〝言う〟の尊敬語「のたまはす」の名詞形。「のたまはせなどして」で〝おっしゃったりして・おっしゃるなどして〟と訳す。

解答例　自分が出家した後に必要な処理事項などをおっしゃったりして

㈢　心情

「くちをし」は、不本意で残念な気持ちを表す形容詞。傍線部エまでの部分から、公任は娘の死を悲しみ、孫への思いを断ち切って年内に出家しようと思いながら、やはり妹である女御のことを心ひそかに気遣っていることがわかる。「女御の、なほ人知れずあはれに心細く思されて」は、〝(公任は）女御に関することが、やはり人知れずしみじみ心配なことだとお思いにならずにいられなくて〟という意味で、「思されて」の主語は公任であることに注意。さらにそれに続く心内文「人の心は…おぼゆべかむ」から、どうして肉親への執着を感じなければならないのだろうかと、人間の心の愚かさを嘆いていることが読み取れる。出家を決意した身であるのに、妹のことを心配せずにいられないことが、自分のことながらも不本意で情けなく思われるというのである。なお、古典常識として、肉親や家族への思い（＝絆《ほだし》）は出家を妨げるものとして仏教上罪深いものとされることを知っておきたい。

解答例　出家を決意しているにもかかわらず、妹である女御のことを心配せずにいられない自分の有様。

㈣　現代語訳・省略の補足

傍線部オの前の「この御本意ありといふことは、女御殿も知らせ給へれど」は、公任が出家するつもりであることを、女御も知ってはいたということ。それに続く傍線部オの主語も「女御殿」で、「いつといふこと」は公任が出家するのがいつなのかということを意味している。「せ給ふ」は二重尊敬で、作者から女御への敬意を示している。以上の読み取りをふまえ、「いつといふこと」の具体的な内容を示し、念のために主語も加えて解答する。人物呼称は、本文の地の文で用いられているものに倣うのがよいだろう。

解答例　女御殿は、大納言殿の出家がいつかということは御存じではない

(五)　和歌

女御が公任に詠み送った歌である。「なかなかに」は〝かえって・むしろ〟の意の副詞、「もがな」は願望を表す終助詞。「AよりはなかなかにBもがな」の形で〝AよりはかえってBがよい〟と述べる比較の構造を大きくつかむことがポイントである。そうすれば、「ありながら別れむ」と「なくなりにたるこの身」との対比が明らかになる。この世に生きたまま出家と在家とで別れ別れになってしまうようなことよりは、いっそ自分が死んで生を隔てている方がよい、というのである。公任の出家を悲しむ女御のやるせない気持ちが表れた歌で、「この身」には公任から贈られた「木の実」が掛けられている。設問に「大意を述べよ」とあるので、ポイントを押さえた簡潔な表現を心がけたい。

解答例　出家するあなたと生きたまま別れるつらさに比べたら、むしろ自分が死んでしまっている方がましだ。

第二問

二〇〇一年度 理科

出典 『十訓抄』 第七 思慮を専らにすべき事

鎌倉時代の説話集。作者不詳。年少者への教訓を十項目に分けて記したものである。各項目の初めに総括的な趣旨を述べた序文を配し、続いてその例話を並べるという形式をとる。

通釈

九条民部卿顕頼のもとに、それほど身分の高くないある貴族が、年はとっているのに、近衛府の武官となることをお望みになって、ある者を使いにして、「うまく帝に申し上げてください」などと伝えて来なさったのを、主人（の顕頼）が聞いて、「高齢に、今はもうなっているだろう。どうして、近衛府の武官職をお望みになるのだろうか。出家でもして、片隅でじっとしていらっしゃいよ」とつぶやきながらも、（使いの者に対して）「『詳しくお聞きしました。機会があります時に、帝に申し上げるつもりです。（ところが）最近、病気をしておりまして。このような（取り次ぎを介した）形で聞きますのは、たいそう不都合なことでございます』と申し上げよ」と言うのを、この（使いの）侍は、（貴族の前に）出るや否や、「（次のように）申し上げよとのことです。『（あなたは）高齢になっていらっしゃるだろう。どうして、近衛府の武官をお望みになるのか。片隅で出家でもして、じっとしていらっしゃいよ。しかしながら、事細かにお聞きしました。機会がございます時に奏上するつもりだ』ということです」と言う。

この貴族は、「おっしゃる通りです。（私自身）わきまえていないわけではないけれども、前世からずっと続く執心であろうか、この（任官の）望みが捨てきれず心にかかっておりますので、宿願を叶えることができてからは、すぐに出家して、隠棲するつもりでございます。隠し立てなくおっしゃってくださるのは、ますます本望でございます」と言うのを、（使いの侍は）その通りにまた（顕頼に）申し上げる。主人（の顕頼は）、手をポンと打って、「どのように申し上げたのか」と言うと、（使いの侍は）「こうこう、おっしゃった通りに（申し上げました）」と言うので、全くあきれて言葉もない。（顕頼は）この使いの侍を送って、「どのような国王や大臣の御事情をも、内心で至らない考えが及ぶところを、あのようにふと申し上げるものである。それなのに、この愚か者が、何から何まで申し上げました。あきれたことだなどと申し上げるどころではございません。すぐに（宮中に）参上して、（あなたが）お望みのことを（帝に）申し上げて、（その結果をあなたに）報告し申し上げよう」と（貴族に）伝えて、その後（その貴族は近衛府の）少将におなりになった。（その貴族はその後）本当に、おっしゃっていたように、出家していらっしゃった。

解法

㈠　現代語訳

ア　「なんでふ」は「何といふ」の縮まった形で、ここでは疑問を表す副詞として用いられている。助動詞「る」はここでは尊敬の用法。「やらむ」は「にやあらむ」の約で、中世以降によく見られる語形である。品詞分解すると、断定の助動詞「なり」の連用形＋疑問の係助詞「や」＋ラ行変格活用動詞「あり」（ここでは補助動詞）の未然形＋推量の助動詞「む」の連体形となり、〝～であるだろうか〞と訳す。

解答例　どうして、近衛府の武官職をお望みになるのだろうか

イ　「ついで」は〝機会〟の意。「侍り」は丁寧語で、「ついで侍る」の「侍る」は本動詞、「奏し侍る」の「侍る」は補助動詞として用いられている。「に」はここでは時を表す格助詞と見るのが適切。「奏す」は「言ふ」の謙譲語で、天皇または院に〝申し上げる〟の意である。助動詞「べし」は意志の用法。

解答例　機会があります時に、帝にお伝え申し上げるつもりです

エ　「やがて」は〝（時間の隔たりがなく）すぐに〟〝（状態が）そのまま〟のいずれかの意であるが、ここでは近衛府の武官就任後に出家するというのだから、前者の意に解する。「籠る」は出家後に〝隠棲する・隠居する〟ということ。丁寧語「侍り」、意志の助動詞「べし」、断定の助動詞「なり」を落とさずに訳すこと。

解答例　すぐに出家して、隠棲するつもりでございます

カ　「あさまし」は、意外な事態に驚きあきれる気持ちを表す形容詞。「聞こゆるもおろかに侍り」は、〝言うまでもない・言っても言い足りないほどだ〟という意味の連語表現「言ふもおろかなり」（「おろかなり」は〝不十分だ〟の意）に、謙譲（「聞こゆ」）と丁寧（「侍り」）の意が加えられたものである。

解答例　あきれたことだなどと申し上げるどころではございません

(二)　現代語訳・指示内容

発言者の「この人」は「なま公達」のことで、「このこと」は、冒頭から話題に上っている通り、近衛府の武官になりたいという望みを指している。傍線部ウの前に「前世の宿執にや」とあり、公達は、その望みを前世からずっと続く執着であろうかととらえている。「さりがたく」は漢字で書くと「避り難く」にあたり、〝逃れ難く〟の意。「侍り」は丁寧語補助動詞。「ばは」は已然形に接続しているので順接確定条件の用法。

解答例　近衛府の武官職への執着が逃れようもなく心にかかっていますので

(三)　因果関係

前段落までをきちんと読めば、侍は、顕頼が思わずつぶやいてしまった心中の思いで、公達に対する悪口にあたることまでも、そのまま公達に伝えたということがわかる。さらに、傍線部オの前の「それを」が指す前文に注目すれば、顕頼のつぶやきは当人の思慮の至らなさから発せられたものなのに、言ってよいことか悪いことかの判断もできず、それをそのまま相手に伝えた侍を「不覚人」と呼んで非難していると判断できる。〝聞いても口に出してはならないことまですべて話してしまったから〟〝伝言不要な独り言まで相手に伝えてしまった愚かさ〟など、わかりやすく説明しよう。なお、この発言部分からは、侍を非難することによって自分の失言を弁解しようという意識もうかがえるが、傍線部オが「この不覚人」のみであること、「簡潔に」との指示、解答欄の大きさから、解答に含める必要はないであろう。

解答例　相手に直接言うべきではない内心まですべて伝えてしまったから。

第二問

二〇〇〇年度　文理共通

出典　源俊賢女『**成尋阿闍梨母集**』

平安時代後期の私家集。詞書が長いことや時間的な経過に沿って構成されていることなどから、日記文学とみることもできる。源俊賢女（成尋阿闍梨母）の作。仏道修行のために渡宋する息子成尋との離別を書き綴ったものである。出題部分は、すでに京都を発った成尋を思って、仁和寺にいる母が悲嘆する場面である。

通釈

その朝、（成尋が）手紙をよこしなさった。（成尋が私を仁和寺に移したのは）恨めしいけれども急いで見ると、「夜の間はどうしていましたか。（私は母上からの）昨日のお手紙を見て、一晩中涙も止まらないでおりました」とある。（それを）見ると、（涙がこぼれて）文字もはっきりと見えない（ほどである）。涙の止まる間もなく日が暮れるまで過ごす。

やっとのことで起き上がって見ると、仁和寺の前に、梅が木にこぼれるほど咲いている。（私が）住む所などが、すべてしつらえられている。（悲しみのあまり）我を忘れたような状態で、どちらが（極楽浄土のある）西の方角かなどもわからない。目もずっと（涙で）かすみ、現実ではないような気持ちで一日を過ごした翌日の朝、都から人が来て、「昨夜の夜中頃に出発なさった」と言う。起き上がることもできなくて、言いようもないほど悲しい。

翌日の朝に手紙が来た。目も開けることができない（ほどだ）けれども、見ると、「お訪ねしようと思いますけれども、夜中頃に（こちらに）やって参りましたので、何とも慌しくて（お訪ねできませんでした)」とある。目の前も真っ暗になって気持ちも乱れるような有様なので、(成尋を)見送った人々が集まって慰めてくれるが、(ひどく涙を流すことが)不吉に思われる。「そのまま八幡と申します所で舟にお乗りになった」と聞くにつけても、気がかりな思いは言いようもない。

(成尋が)船出をする淀の神様も、私の深い気持ちを察して(成尋を)ずっと守ってほしい。

と泣きながら思い浮かぶ。

「あきれたことに、(私に)会うつもりはないとお思いになった(成尋の)心だなあ。あきれたことに」と、つらいことばかり考えて過ごしたところ、また、「この子が真剣に成し遂げようとお思いになるようなことを邪魔しないようにしよう」などと思ったことによって、(成尋)阿闍梨の言いなりになって、このような(唐土への渡航の)こともひどく取り乱して泣いてやめさせることもないまま終わってしまったことが、ここ数日が過ぎるにつれて悔しく、「手を押さえてでも、(成尋が)ここにとどまるようにすればよかったなあ」と残念で、涙ばかりが目にたまって物も見えないので、

(私の反対を)押し切って(異国に)行く(成尋の)船旅を悲しむ別れ際に、(成尋の旅立ちを止めることができなかったように)涙も止めることができないことだよ。

語釈

いづ方西――作者が西の方角を気にするのは、極楽浄土のある西方に向かって日々勤行するためである。

解法

(一)　**現代語訳**

ア　「心なし」の「心」は大別すると〝①思慮・分別、②思いやり、③風流心〟である。ここでは①にあたると解し、息子と別れた作者の状態がよくわかるように工夫したい。〝茫然として・何も考えら

れず〟等としてもよいだろう。「西」が極楽浄土のある方角であるのは古典常識。「覚ゆ」は自然に心に浮かぶことを表す動詞で、「〜も覚えず」で〝〜もわからない〟のように訳す。

解答例　分別もない状態で、どちらが極楽浄土のある西かなどもわからない

ウ　「浅からず」は直訳すると〝浅くない〟であるが、〝深い〟ということを強調して用いられていると見てよいだろう。「心を汲む」は〝気持ちを察する〟ということで、「淀」（淀川）・「浅からず」の縁語として「汲む」が用いられている。「守りやる」の「やる」（「遣る」）は、動作を遠くまで行ったり完遂したりする意味を添えるもので、「守りやる」は〝ずっと守る〟のように訳す。「なむ」は、未然形に接続しているので、他への願望（あつらえ）の終助詞。設問文の「わかりやすく」という指示に応じて、「心」が誰のどのような心かということと、誰を「守る」のかを加えて仕上げる。

解答例　息子を思う私の深い気持ちを察して成尋をずっと守ってほしい。

エ　「あさまし」は、意外な事態に驚きあきれる気持ちを表す形容詞。「あさましう」は、〝あきれたことに〟という意味で副詞的に用いられている。「見じと思ひ給ひける」は、尊敬語が用いられていることから、主語は成尋。「見じ」の「見」は〝（母親である作者に）会う〟ということで、助動詞「じ」は打消意志の用法。「給ふ」は尊敬語補助動詞。「けり」は過去の助動詞。「かな」は詠嘆の終助詞。設問文の「わかりやすく」という指示に応じて、人物を補って仕上げる。作者の心内文であることをふまえた人物呼称を用いることにも注意しよう。

解答例

あきれたことに、私に会うまいとお思いになった成尋の心だなあ

オ「この人」は成尋を指す。「まことにす」は〝成し遂げる・実現させる〟のように訳すとわかりやすい。「まことにせん」の助動詞「ん」は意志の用法。「給ふ」は尊敬語補助動詞。「思ひ給はんこと」の助動詞「ん」は婉曲の用法。「たがふ」（「違ふ」）は下二段活用なので〝違《たが》える・背く・逆らう〟の意。〔解答例〕では、息子が成し遂げようと思っていることを〝成し遂げないようにさせる〟という意味で〝妨げる〟と訳した。助動詞「じ」は打消意志の用法。

解答例

この子が成し遂げようとお思いになるようなことを妨げるまい

(二)

現代語訳・省略の補足

成尋から作者への手紙文で、「夜中ばかりに詣で来つれば」は、前段落で京から来た人が「今宵の夜中ばかり出で給ひぬ」と告げた言葉と、この段落で人々が「やがて八幡と申す所にて船に乗り給ひぬ」と言ったことを考え併せると、成尋が夜中頃に八幡の船着き場に来たことを言ったものだと読み取れる。「詣づ」は、本来の謙譲語ではなく、表現に重みを持たせるために用いられており、「詣で来」で〝やって参ります〟のように訳す。「つれ」は完了の助動詞「つ」の已然形。「ば」は已然形に接続しているので順接確定条件の用法。「返す返す」は、気持ちの激しさなどを強調する副詞として〝どうにも・本当に〟などと訳す。「静心なし」は気持ちが落ち着かない様子を表す形容詞。傍線部イの前に「参らんと思ひ侍れど」とあることをふまえて、「静心なく」の後に、〝母上をお訪ねすることができま

せん〟といった内容を加える。

解答例　夜中頃に船着き場にやって参りましたので、どうにも慌しく、母上をお訪ねすることができません

㈢　指示内容・心情

傍線部カの逐語訳は〝このようなこともひどく取り乱して泣いてやめさせることもないまま終わってしまったことが、ここ数日が過ぎるにつれて悔しく〟となる。末尾の形容詞「くやし」（「悔し」）が作者の心情を直接表す言葉である。「かかること」は、成尋が唐土へ行くことを指す。「いみじげに」は「泣き妨げ」に係っており、「いみじげに泣き妨げずなりにし」は、成尋の唐土への渡航を作者がひどく取り乱して泣くなどして阻止することがないままに終わってしまったということ。何日も過ぎるにつれてそれを悔やんでいるというのだから、ひどく取り乱して泣いてでも阻止すればよかったと思っていることになる。

解答例　成尋の唐土への渡航をひどく泣き叫んででもやめさせればよかったという後悔が日増しに募る心情。

一九九九年度　文理共通

第三問

出典

建部綾足『**芭蕉翁頭陀物語**』 野坡盗人にあふ并《ならびに》発句

江戸時代の俳諧書。建部綾足の作。芭蕉および蕉門の俳人の逸話を収めたもの。別名『蕉門頭陀物語』ともいう。出題部分は蕉門の俳人である野坡の話だが、事実の通りというわけではなく、作者が小説的な潤色をしているものと考えられている。野坡は《かるみ》の代表俳人であり、日常的な事物を軽快に詠むのに長けていた。

通釈

ある夜、雪がひどく降って、表の人通りの音も夜が更け（静まっ）ていくにつれて、（野坡は）夜具をひきかぶって横になった。明け方が近くなって、障子を静かに開け、盗人が入って来る。娘が驚いて、「助けてよ誰か。ねえ、ねえ」と泣く。野坡が起き上がって、盗人に向かって、「私の家には家宝にするようなものさえもない。けれども、飯を一釜分と、上等の茶を一斤は持ち合わせている。柴を折って燃やし、暖まって、（盗みに入ったことを）人が知らないのを宝物の代わりだと思い、明け方を待たずに出て行ったら、私にも罪がないにちがいない」と、話し方も平静な様子なので、盗人も心穏やかになって、「本当に表から見たのとは、貧富は、金と瓦のように違っている。それならばもてなしをお受けしよう」と、覆面のままで並んで座って、いろいろな話をする。その中で年老いた盗人が、机の上を探り、句が書いてあるものを広げたところ、

草庵の急な火事を逃れ出て

私の家の桜もつらい。（火事で）煙の花が咲いて。　　野坡

という句を見付け、「この火事はいつのことか」(と言う)。野坡が言うには、「いついつの頃である」。盗人は手を叩いて、「あなたにこの俳句を詠ませた(火事を起こした)悪者は、最近処刑された。火事につけても水害につけても俳句を作って楽しみなさるなら、今夜の事情も句になるだろう。今聞きたい」。野坡が言うには、「苦しみや楽しみにつけても心を慰めるのを風流人と言う。今夜のことは、とりわけおもしろい。けれども、ありのままに句に作ったならば、私は盗人を休憩させたようなものである。ただ何も知らないのであるようだ(ということにしておこう)」と、次のようなことを書いて与える。

垣根をくぐ(って入って来)るのは雀ではないことだ。雪の上の足跡は。

解法

㈠　現代語訳

ア　野坡が、自宅に侵入した盗人を諭している言葉で、後に「明け方を待たでいなば」とあるのをふまえ、〝盗みに入ったことを〟などを初めに補うとわかりやすい。「宝にかふ」(「宝に代ふ」)は文字通り訳すと〝宝物の代わりとする〟だが、ここでは〝幸いなことと思う・感謝する〟と解する。

解答例　盗みに入ったことを人が知らないのを幸いだと思い

イ　「まことに表より見つるとは」の「と」は比較の基準の用法。「金と瓦のごとし」は、「金」はすばらしいもの、「瓦」はつまらないものの比喩で、非常に大きな違いがあるということを述べたものである。具体的には、裕福な家だと思って泥棒に入ったのに、内実は非常につつましい暮らしぶりであったということ。

解答例　本当に表から見たのと比べて、貧富の実情は金と瓦ほど異なる

ウ　「御坊」は僧の敬称で、ここでは野坡のことを言っている。「この発句」は前の「わが庵の桜もわびし煙りさき」を指す。急な火事を題材にしたものであるから、〝この発句を作らせた〟とは結局〝火事を起こした・放火した〟ということ。「くせもの」（「曲者」）はここでは〝悪者〟の意。

解答例　火事を起こしてあなたにこの俳句を詠ませた悪者は

エ　「苦楽を」の「を」は対象を表すものとして〝～に対して・～について〟と訳すとよい。「なぐさむ」は連体形で「なぐさむ」の形となっているので四段活用であるが、ここでは「苦楽を」とのつながりから、〝心を慰める〟と解釈する。「風人」は〝風流人・風雅な者〟のこと。

解答例　苦しみや楽しみにつけても心を慰めるのを風流人と言う

㈡　心情

盗人を気遣い、彼らの罪が発覚し処罰されることを心配したものか、盗人をもてなした自分自身が共犯と見なされることを心配したものか、決し難い。傍線部オのみを見れば後者になるだろうが、盗人への対応ぶりを見ると前者の可能性もあるので、〔解答例〕では、事実そのものの発覚を恐れているとの説明にとどめておいた。解答欄の大きさから考えてもそれが妥当なところであろう。

解答例　事実を句にすることで、自宅に盗人が入ったと知られてしまうこと。

(三)　趣旨

傍線部オとの関連から、「盗人が入った」という事実をぼかした表現であることは明らか。「ならなく」は断定の助動詞「なり」に打消の助動詞「ず」の未然形「な」・接尾辞の「く」が接続したもので、〝～ではないこと〟と訳す。やや難解な語法であるが、文法的説明が求められているわけではないので、「垣くぐる」「雪のあと」などの語句から、実際に垣根を越え雪に足跡を付けて侵入したのは盗人であると理解できればよい。

解答例　盗人が侵入したこと。

一九九九年度　文科

第六問

出典　香川景樹『百首異見』

江戸時代に成立した、『小倉百人一首』の注釈書。香川景樹の作。先行の注釈書である契沖の『百人一首改観抄』・賀茂真淵の『宇比麻奈備』に対して異見を唱えたものである。

通釈

右大将道綱の母

（あなたの訪れがないのを）嘆きながら一人で寝る夜が明けるまでの間はどれほど長いものかということを、（あなたは）知っているのか。

『拾遺集』恋四の巻に、「入道摂政が訪れておりました時に、門をなかなか開けなかったので、立ち疲れたと伝えて来ていましたところ、詠んで渡した」とある。今夜も（訪れがないのだろう）かとつらく思いつつ、一人で寝る毎晩毎晩が明けていく時間は、どれほど長いものかということをおわかりになっているのか、という意味である。門を開けるまでの間でさえ、そのように（立ち疲れたなどと）おっしゃるお心に当てはめてお考えになってくださいと、この頃夜の訪れも途絶えがちなことへの心中の恨みを、その機会に歌に詠んだのである。『蜻蛉日記』に、この門をたたきなさった件を、とうとう開けずじまいで帰し申し上げて、明くる朝、こちらから歌を詠んで送ったように書いているのは、間違いである。「一人で寝る夜が明けるまでの間は」と言い、「どれほど長いか」と言っているのは、門を開けるまで時間がかかったのを、（兼家が）つらく思いなさったのと比べているのである。結局開けずじまいで終わってしまったなら、何に当てはめて、「明ける（開ける）までの間は」とも、「（時間が）長い」とも詠み表すはずがあるか。

解法

㈠　現代語訳・指示内容

「のたまふ」は〝言う〟の意で、兼家への敬意を表す尊敬語。よって、「しか」の指示内容は『拾遺集』の詞書にある兼家の発言「立ちわづらひぬ」である。「だに」は類推を表す副助詞で〝〜さえ〟と訳す。

解答例　門を開けるまでの間でさえ、立ち疲れたなどとおっしゃる

㈡　趣旨

「夜離《が》れがち」は〝夜の訪れが途絶えがち〟ということ。「下の恨み」は〝心中の恨み〟で、夫に対する妻の恨み心である。「うち出づ」がここでは〝歌に詠む〟意であることを明確にするのがポイント。

解答例　夫が訪れないことへの恨み心を、この機会に歌に詠んだということ。

㈢　和歌

「嘆きつつひとり寝る夜」は〝夫の訪れのないことを嘆きながら一人で寝る夜〟。「あくる間」は〝(夜が) 明けるまでの間〟という意味であるが、〝(門を) 開けるまでの間〟という意味もふまえた解釈になるよう配慮しなければならない。不実な夫の、門を開けるまでのわずかの時間でさえ長いという態度へのあてつけを汲み取った解釈になっているかがポイントである。

解答例　あなたを待って嘆きながら一人で寝る夜が明ける間がどれほど長いか、門を開けるまでの間さえ遅いと言うあなたは知っているのか。

漢文篇

出典作品の特徴と留意点

二〇〇五年度までは、文科・理科で別々の文章が出題されることが多かったが、二〇〇六年度以降、文科・理科で共通の文章が使用され、文科は理科よりも一問（二〇一六年度は二問）多く出題されるという形である。文科のみで出題される設問は、文科・理科共通の設問と比べると、より細やかな部分の解釈や説明に関するものであると言えよう。

出題される文章は、史伝・説話・随筆・詩論などさまざまであるが、内容としては、ある人物の具体的エピソードを紹介し、それに対する筆者の評言が加わるというものが多い。示された状況や人物関係を的確に把握して話の展開を追う練習をしておこう。奢りを戒め清廉さを重んじるなど、人物の言動に対する評価にはある程度のパターンや常識的判断もあるので、漢文の典型的な文章を読み慣れておくことが必要である。

詩の出題は二〇〇一年度以前の文科で多く見られ、近年も二〇一六・二〇一一・二〇〇九年度に出題されている。詩に特有の対句や比喩表現などに留意し、短い字句によって表された豊かな情感を読み取る練習をしておいてほしい。本書に掲載した過去問を解いてみるのが最適な学習法である。

設問の特徴と留意点

東大の漢文の設問は、原則として現代語訳と説明である。まれに箇所指摘（抜き出し）などが出題されることもあるが、対句や比喩などをふまえた本文内容の理解が問われていることに変わりはない。

●現代語訳

重要語・重要句法の知識に基づき、構文を正しく把握できることが大前提である。再読文字・置き字・返読文字などの基本句法は完璧に身につけておいてほしい。複数の品詞にわたって用いられる語は、語順に注目して構文を見極め、品詞を特定する必要がある。多義語は、何についてどのように述べられているのかを読み取り、本文においての意味を考察することを心がけよう。

【傍線部のみの現代語訳】

原則として各語を順に現代語に言い換えていく作業をするが、傍線部自体の語句の解釈や構文の把握は、前後の内容とのつながりによって確定する場合が多い。文脈をしっかりとらえ、内容に整合する、的確で過不足のない現代語訳を示す必要がある。傍線部に訓点が付されていない場合もあるので、傍線部以外の部分の訓点や対句的な内容にも留意して、構文を見極めよう。また、逐語訳のままでは意味が通りにくい場合は、自然な表現に整えたり、解答欄の制約からある程度簡略化した表現をとったりしなければならないこともある。

【条件付きの現代語訳】

「平易な現代語に訳せ」「人物関係がわかるように平易な現代語に訳せ」「わかりやすく現代語訳せよ」のような、条件付きの現代語訳も出題される。この場合も、まずは傍線部自体の構文を分析して逐語訳を行う。

そのうえで、逐語訳のみではわかりにくいところを自然な表現に言い換えたり、本文に応じて補足するべき内容を加えたりしてわかりやすく整える。主語・目的語・動作の対象などは、傍線部自体の述語に対する情報を話の展開をたどって判断する。会話文・心内文での人物呼称は、話し手からの言葉遣い（〝私〟や〝あなた〟）とすることにも注意しよう。

● 説明

設問文をきちんと読み、どのような内容をどのような形で答えればよいかという方針を立てることが第一。現代語訳と同様に、傍線部自体や解答の素材となる部分の正確な解釈が不可欠であることは言うまでもない。

【傍線部自体の趣旨の説明】

設問の指示に従い、傍線部自体の語句や表現を言い換える形で解答する。本文の他の箇所に述べられている内容を援用したり、要するにどのようなことが述べられているのかという核心部分を抽出したり、傍線部に比喩表現がとられている場合は、それが何を意味して用いられているのかの理解を示したりする必要がある。

【指示語の具体的な内容の説明】

指示語自体の品詞に基づき、人・事物・状態・動作など、どのような内容を答えればよいのかを見極めよう。原則として傍線部の前に書かれていることから具体的な記述を探して解答する。

【因果関係の説明】

原因・理由とその結果について、論理的な関係を把握することが求められる。理由説明の場合は、傍線部自体の理解を前提に、その理由が述べられている部分を本文から見出して解答する。傍線部と同じ内容を繰り返しただけでは因果関係の説明にならないので注意しよう。

【心情の説明】

登場人物の心情について、傍線部および本文から読み取れる内容をまとめる。人物の心情は、当人が置かれた状況や他者の言動によって、生じたり変化したりするので、要するに因果関係の理解が問われているとも言える。心情を表す形容詞や形容動詞などの意味をきちんととらえることも重要なポイントとなる。

【主張・主題・評価などの説明】

筆者の価値判断などについて、本文全体の内容をふまえた理解が問われる。何についての主張や評価であるのかを把握したうえで、主張の内容や評価の方向を読み取ること。本文で述べられている内容について、並立・対比・因果関係などの論理的な関係性を整理してとらえることが求められる。具体的なエピソードから主張や教訓が導き出される、という展開が定番であることも知っておこう。

● 漢詩

対句の理解が最大のポイントとなる。並立または対比されている語句を確かめ、全体の内容理解につなぐことを意識しよう。具体的な情景描写が最終的に作者の心情に投影される、というパターンも多いので、題をはじめ、リード文や〔注〕の説明も見落とさないようにしよう。

二〇二三年度　文理共通

第三問

出典

呉兢《ごきよう》『**貞観政要**《じようがんせいよう》』巻第一　君道第一

唐代の歴史家呉兢が唐の太宗の言行をまとめたもので、太宗と臣下の問答の形をとり、政治のあり方や戒めについての話が全十巻四十篇にわたって記されている。

書き下し

朕《ちん》聞く晋《しん》の武帝《ぶていご》呉を平《たひら》げしより已後《いご》、務め驕奢《けうしや》に在《あ》り、復《ま》た心を治政《ちせい》に留《とど》めず。何曽朝《かそうてう》より退《しりぞ》き、其《そ》の子劭《せう》に謂《い》ひて曰《い》はく、「吾主上《われしゆじやう》に見《まみ》ゆる毎《ごと》に、経国《けいこく》の遠図《ゑんと》を論《ろん》ぜず、但《た》だ平生《へいぜい》の常語《じやうご》を説《と》く。此厥《これそ》の子孫《しそん》に貽《のこ》す者に非《あら》ざるなり。爾《なんぢ》が身は猶《な》ほ以《もつ》て免《まぬか》るべし」と。諸孫《しよそん》を指《ゆび》さして曰はく、「此等《これら》必ず乱《らん》に遇《あ》ひて死せん」と。孫《まご》の綏《すい》に及び、果《はた》して淫刑《いんけい》の戮《ころ》す所《ところ》と為《な》る。前史之《ぜんしこれ》を美《び》とし、以て先見《せんけん》に明《あきら》かなりと為す。

朕が意《い》は然《しか》らず。謂《おも》へらく曽の不忠《ふちゆう》は、其の罪大《つみだい》なり。夫《そ》れ人臣《じんしん》と為りては、当《まさ》に進《すす》みては誠《まこと》を竭《つ》くさんことを思《おも》ひ、退きては過《あやま》ちを補《おぎな》はんことを思ひ、其の美を将順《しやうじゆん》し、其の悪《あく》を匡救《きやうきう》すべし。共《とも》に治《ち》を為す所以《ゆゑん》なり。曽位台司《くらゐたいし》を極《きは》め、名器崇重《めいきすうちよう》なり。当に辞《じ》を直《なほ》くして正諫《せいかん》し、道《みち》を論じて時《とき》を佐《たす》くべし。今乃《いますなは》ち退きては後言《こうげん》有《あ》り、進みては廷諍《ていさう》無《な》し。以て明智《めいち》と為すは、亦《ま》た謬《あやま》りならずや。顚《たふ》れて扶《たす》けずんば、安《いづ》くんぞ彼《か》の相《しやう》を用《もち》ゐんや。

通釈

私が聞くところによると晋の武帝は呉を平定した時から後、おごってぜいたくであることを追い求めるばかりで、以前のようには政治に心を留めなくなった。何曽は朝廷から戻り、その子である劭に告げて言うことは、「私が主上（＝武帝）にお目にかかるたびに、（武帝は）国を治めていく遠大なはかりごとを論じず、ただ普段のありきたりな話を言って聞かせるだけだ。この者は子孫のために国を保ち残す者ではないのである。おまえの身はまだ（災禍を）免れることができるだろう」と。孫たちを指さして言うことは、「この者たちはきっと乱世を迎えて死ぬだろう」と。孫の綏の時になって、その通り（綏は）不当な刑罰によって殺された。以前の歴史書は何曽を賛美し、先見の明があったとしている。

　私の見解はそうではない。考えるところ曽の忠義のなさは、その罪は重大だ。そもそも主君に仕える臣下となっては、（主君の）そばに仕えては誠実を尽くそうとすることを思い、そばを離れては（主君の）過ちを補おうということを思い、主君の長所を助け従い、主君の欠点を正し救わなければならない。（それが）共に政治をする手段である。曽は位を最高位の官職まで極め、爵位やその爵位にふさわしい車や衣服も崇高で重々しい。率直な言葉を用いて正しい意見を述べて諫め、道義を論じて時の政治を補佐しなければならない。今それなのに（主君のもとを）離れては陰口を言い、そばに仕えては朝廷で強く意見を言うことがない。それを優れた智恵の者と見なすのは、間違いではないか。倒れて助けないならば、どうしてそのような補助者を用いるだろうか。

解法

㈠　現代語訳

b　「前史《ぜんし》之《これ》を美《び》（なり）とし」（または「前史之を美《ほ》め」）と読む。「前史」は〝以前の歴史書〟の意でよいであろう。「之」は何曽やその言動を指す。「美」は、「前史」を主語とする述語であることに注意し、〝賛美する・賞賛する〟といった簡潔な表現で訳したい。

解答例 以前の歴史書は何曽を賛美し

c 「辞《じ》を直《なほ》くして」と読む。「直」は飾り気がなくありのままの様子を表す。「辞」は〝言葉〟の意。「直辞」でひとまとまりの表現として〝率直な言葉を用いて・ありのままのことを言って〟のようにわかりやすく訳すとよいだろう。

解答例 率直な言葉を用いて

d 「時《とき》を佐《たす》く」と読む。「佐」は動詞として〝補佐する・補い助ける〟の意。「時」は、この文章の話題から〝時の政治・その時の治世〟という意味でとらえる。

解答例 時の政治を補佐する

(二) 現代語訳・指示内容

「爾《なんぢ》が身《み》は猶《な》ほ以《もつ》て免《まぬか》るべし」と読む。「爾」はここでは振り仮名の通り「なんぢ」と読み、第二人称として用いられている。傍線部は何曽が子の劭に語った言葉なので、〝おまえ〟は劭を指している。「爾身」の訳は〝おまえの身〟でよいわけだが、設問の「『爾』の指す対象を明らかにして」という指示に応じて、「劭」の名に呼び掛ける形を添え、「(諸)孫」と区別するために〝子・息子〟という立場を示して解答しておくのが無難かと思われる。「猶」はここでは〝それでも〟の意の副詞で、後の「此等必遇乱死」=(〝この者(=孫)たちはきっと乱世を迎えて死ぬだろう〟)との対比が匂わされている。

〔解答例〕は〝そうはいっても・まだしも〟の意で〝まだ〟とした。「可」はここでは可能を表している。「以」は〝それで・そうして〟といった程度の意で、直接の訳出はしづらい。

解答例　劭よ、子であるおまえの身はまだ災禍を免れることができるだろう

(三)　**趣旨・指示内容**

「後言《こうげん》」は〝本人がいない所で言う悪口・陰口〟の意で、第一段落で、何曽が、主君である武帝について、退勤後に自宅で家族に向けて言った悪口を指している。具体的な内容は、武帝は国政の遠大なはかりごとを論じることなくありきたりな話をするばかりで、先行きを考えて国を保とうとする姿勢がないため、孫の代には国は滅びるだろうと予想するものである。何曽の発言内容を、〝武帝は国政を顧みないため晋の世は長続きしない〟のように簡潔にまとめ、「後言」自体の〝陰口〟の意味の理解を示して解答する。

解答例　何曽の、武帝は国政を顧みないため晋の世は長続きしないと、自宅で家族に陰口として伝えた発言。

(四)　**趣旨**

「顚《たふ》れて扶《たす》けずんば、安《いづ》くんぞ彼《か》の相《しやう》を用《もち》ゐんや」と読む。「安」は反語を表し、〝（補助する相手が）倒れて（それを）助けないならば、どうしてそのような補助者を用いるだろうか、いや、そのような補助者を用いる必要はない〟と述べることによって、補助する相手の危機を救うことこそが補助者の役割

であるということを表している。本文に即して言えば、主君である武帝の愚かさゆえに国が滅びそうな危機にある中、最高位の臣下にあたる何曽がとるべきなのは、武帝の過ちを諫めて国家の危機を救おうと助力する態度だというのである。「臣下」の立場として「主君」や「国家」に対してどうあるべきかを示す形でまとめる。

解答例　忠義の臣下に求められるのは、主君の過ちを諫めて国家の危機を救うために助力する態度であること。

二〇二二年度　文理共通

第三問

出典

呂不韋《りょふい》『**呂氏春秋**』　巻第十九　離俗覧第七　用民

秦の呂不韋が中心となって編纂した書物で、二十六巻から成り、道家、儒家、墨家、兵家、農家などさまざまな思想にわたる幅広い論説がまとめられている。

書き下し

宋人《そうひと》に道を取る者有《あ》り。其《そ》の馬進まず、剄《ころ》して之《これ》を鸂水《けいすい》に投《とう》ず。又《ま》た復《ま》た道を取るも、其の馬進まず、又た剄して之を鸂水に投ず。此《か》くのごとき者《こと》三《み》たびあり。造父《ざうほ》の馬を威《い》する所以《ゆゑん》と雖《いへど》も、此《これ》に過ぎず。造父の道を得ずして徒《た》だ其の威を得るも、御《ぎよ》に益《えき》無し。

人主《じんしゆ》の不肖《ふせう》なる者此に似たる有り。其の道を得ずして徒だ其の威を多くす。威愈《いよいよ》多くして、民《たみ》愈用《もち》ゐられず。亡国《ばうこく》の主、多威を以《もつ》て其の民を使ふこと多し。故《ゆゑ》に威は有ること無かるべからざるも、専《もつぱ》ら恃《たの》むに足らず。之を譬《たと》ふれば塩の味に於《お》けるがごとし。凡《およ》そ塩の用は、託する所有り。適《てき》せざれば則《すなは》ち託を敗《やぶ》りて食らふべからず。威も亦《ま》た然《しか》り。必ず託する所有りて、然る後《のち》に行《おこな》ふべし。悪《いづ》くにか託する。愛と利に託す。愛利の心諭《さと》られて、威乃《すなは》ち行ふべし。威太《はなは》だ甚《はなは》だしければ則ち愛利の心息《や》む。愛利の心息みて、徒だ疾《はげ》しく威を行へば、身必ず咎《とが》あり。此殷《いん》と夏《か》の絶ゆる所以なり。

通釈

宋の人で道を行く者がいた。その者の（乗っている）馬が走らず、殺してその馬を鸂水に投げ捨てた。また再び道を行く際にも、彼の馬が走らず、また殺してその馬を鸂水に投げ捨てた。このようなことが三度あった。（昔の車馬を御する名人である）造父が馬を脅して従わせる方法といっても、これより度を越しはしない。造父の（馬を操る）方法を会得せずにただその威嚇する行為だけを実行しても、（馬の）制御には役に立たない。

人民の君主で愚かな者はこれと同じようなところがある。その方法を会得せずにただその権威だけを大きくふるう。権威がますます大きくふるわれると、民衆はますます活用されない。国を滅ぼす君主は、大きな権威でその国の民衆を使役することが多い。

だから権威はないわけにはいかないけれども、それだけに頼るのは十分ではない。これをたとえるなら塩の調味においての（働きの）ようなものだ。だいたい塩の効用は、依拠する食材があってのものである。（その食材に対して）ちょうどよく用いなければ依拠する食材を損なって食べることができない。権威もまた同様である。必ず依拠するものがあって、その後でふるわなければならない。何に依拠するか。愛と利に依拠する。愛と利の心が理解されて、初めて権威はふるわなければならない。権威が非常に大きいと愛と利の心はなくなる。愛と利の心がなくなって、ただ激しく権威だけをふるうと、（君主の）身には必ず災いがある。これが殷と夏が滅亡した理由である。

解法

㈠ 現代語訳

a 「所以」はここでは〝方法・手段〟の意。「威馬」は、「造父」（＝〝車馬を御する名人〟）の行動なので、〝馬を脅して従わせる・馬を威圧して服従させる〟という意味で解釈する。

解答例　馬を脅して従わせる方法

c　「愈」は〝ますます・よりいっそう〟の意の副詞。「民」と「用」は、第一段落に挙げられている逸話の「馬」と「御」（＝〝操る・制御する〟）にあたるものとみて、「用」は〝活用する・役立てる・有効に働かせる〟という意味で解釈する。「民」「不用」とは、宋人が馬を操ることができなかったのと同様に、「人主之不肖者」（＝〝人民の君主で愚かな者〟）が民衆を活用することができないということ。「民」は「不用」の目的語にあたるが、強調のために前に置かれている。「用ゐられず」という仮名に従えば、〝民衆が（愚かな君主によって）活用されない〟という解釈になる。

解答例　民衆はますます活用されない

d　「威は有ること無かるべからざるも」と読む。「威」は、君主が民衆にふりかざすものとして〝権威・威光〟といった解釈をするのがよい。「不可」は不可能や打消当然を表す。「無有」は〝あることがない〟、つまり〝ない〟ということ。傍線部d全体で、権威はないわけにはいかないということを言っている。後に「不足専恃」（＝〝それだけに頼るのは十分ではない〟）と続いているので、末尾は逆接表現とする。

解答例　権威はないわけにはいかないが

(二)　現代語訳・指示内容

逐語訳は〝人民の君主で愚かな者はこれと同じようなところがある〟となる。「人主之不肖者」は〝愚かな君主〟、「有似於〜」は〝〜と同じようなものだ〟のように表現するとわかりやすい。「此」は第一段落に挙げられている「宋人」を指す。その人が馬を操ることができず次々と殺した行為について、「雖造父之所以威馬、不過此矣。不得造父之道而徒得其威、無益於御」（＝〝〈昔の車馬を御する名人である〉造父が馬を脅して従わせる方法といっても、これより度を越しはしない。造父の〈馬を操る〉方法を会得せずにただその威嚇する行為だけを実行しても、〈馬の〉制御には役に立たない〟）と述べられており、「此」は、馬を操る適切な方法を会得せずに過剰に馬を脅すだけで結局馬を操ることができない者であるととらえられている。傍線部bは、愚かな君主をそのような者にたとえた文である。

解答例　愚かな君主は、適切な方法を会得せず馬を脅すばかりで操ることができない宋人と同じようなものだ。

㈢　**趣旨・指示内容**

「之」は「威」を指し、君主のふるう権威が「塩之於味」（＝〝調味においての塩〟）にたとえられている。「威」については、傍線部eの前の文で、「不可無有、而不足専恃」（＝〝ないわけにはいかないけれども、それだけに頼るのは十分ではない〟）とされている。傍線部eの後の「凡塩之用、有所託也。不適則敗託而不可食」は、塩を用いるにも基準があり、適量を用いなければ味付けが悪くなって食べることができない料理になってしまうということ。塩によって料理の味が悪くなるということは、「威」に即していえば、君主の権威が国を破滅に至らせるということになる。

解答例　調味に必要な塩も適量を誤ると味を損なうように、為政に必要な権威も過度にふるうと破滅を招く。

(四)　因果関係・主題

傍線部ｆは「此殷《これいん》と夏《か》の絶ゆる所以《ゆゑん》なり」と読み、〝これが殷と夏が滅亡した理由である〟の意。設問に「なぜなのか」とあるのは、殷と夏が滅亡した理由、すなわち「此」にあたる内容の説明を求めるものととらえてよいだろう。傍線部ｆまでに書かれている一連の内容は、権威は愛と利益を拠り所とするものであり、愛と利益が民衆に実感されないままに権威だけを激しくふるうと君主の身に必ず災いが起こるということ。「身必咎矣」が傍線部ｆの「殷夏」「絶」に該当するので、殷と夏が滅んだ理由としては、君主が愛と利益に依拠することなく権威をふるったからだということを説明する。「本文の趣旨を踏まえて」という指示に注意し、「主」が「民」に対して「威」をふるうということがわかるようにまとめる。

解答例　君主が民衆に愛や利益をもたらさず、権威ばかりをふるったから。

二〇二一年度　文理共通　第三問

出典　井上金峨《きんが》『霞城講義《かじょうこうぎ》』

『霞城講義』は、江戸時代中期の日本の儒学者、井上金峨が著した政治論。井上金峨は、特定の学説に縛られず、諸学派のすぐれた点を抽出する「折衷学」という学問方法を大成した。

書き下し

凡《およ》そ下《げ》たる者、上《じやう》の信ずる所と為《な》り、然《しか》る後言《のちげん》取る所有り。上たる者、下の信ずる所と為り、然る後令下《くだ》る所有り。事速《すみ》やかにせんと欲せず。速やかにせんと欲すれば則《すなは》ち行《おこな》はれざるなり。庸愚《ようぐ》の主《しゅ》は必ず斯《こ》の憂《うれ》ひ無し。唯《た》だ聡明の主其《そ》の材《ざい》に恃《たの》む者のみ、或いは一旦之《これ》を行ひ、顧《かへり》みる所有らざるに至る。夫《そ》れ善を知りて速やかに成《な》さんと欲するは、小人《せうじん》の事なり。君子《くんし》は則ち然らず。一言一行、其の及ぶ所大いに遠し。其の効を一時に見んよりは、寧《むし》ろ成《せい》を子孫に取れ。是《こ》れ大体を知ると謂《い》ふなり。

下民《げみん》の愚、弊《へい》を承《う》くるの日久《ひさ》しければ、則ち其の弊に安《やす》んじ、以《もつ》て此《これ》より便なるは無しと為《な》す。加之《しかのみならず》狡猾《かうくわつ》なる者は心其の弊を知り、而《しか》れども口言はず、因《よ》りて以て自《みづか》ら之を恣《ほしいまま》にす。今其の弊を矯《た》めんと欲すれば、則ち愚者は其の習ふ所に狃《な》れて、之を肯《がへん》ぜず。狡者《かうしや》は乃《すなは》ち其の機に乗《じよう》じて、之に啗《くら》はすに利あらざるを以てす。是に於《お》いて擾乱《ぜうらん》して成らず。大抵《たいてい》数百世の後を維持し、国家を泰山《たいさん》の安《やす》きに置く者は、近効無きがごとし。其の近効無きを以て、之を未だ信ぜざるの民《たみ》に行ふ、服《ふく》せざる所以《ゆゑん》なり。

通釈

総じて（立場が）下である者は、目上の者に信頼され、その後で言うことが聞き入れられるようになる。（立場が）上である者は、目下の者に信頼され、その後で命令が下々に及ぼされるようになる。事を早く進めようとしない。早く進めようとすると実行されないのである。凡庸で愚かな主君は決してこのような憂慮がない。ただ聡明な主君で自分の才能に自信を持っている者だけが、もしかするとただちに事を行い、後悔することがない境地に至るのかもしれない。そもそも善を知ってすぐに成果を出したがるのは、つまらない人間のすることである。君子はそうではない。一つ一つの言動は、それらが達するところは非常に遠い。施政は効果をすぐに求めるよりは、むしろ成果を子孫の代に出す方が良い。これは政治の大要を知るということである。

下々の人民の愚かさは、弊害を受ける日が長いと、その弊害を良しとして、それによってこれより良いものはないと考える。それだけではなく狡猾な者は心ではその弊害を知っていて、それでも口では言わず、そのことによって自分でその弊害を思い通りに利用する。今政策の弊害を正そうとしても、愚者は弊害に従うことに馴染んで、それを聞き入れない。狡猾な者はかえってその機会に乗じて、愚民を誘導するために（弊害を正しても人民には）利益がないことを利用する。だから秩序が乱れて（善政を）実行できない。だいたい数百代の後までそのままに保ち、国家を泰山のように安定したままにする場合は、短期的な効果がないように見える。その政策に短期的な効果がないために、これ（＝政策）をまだ（主君を）信じていない人民に施行するにあたり、（人民が）従わないからである。

解法

㈠　現代語訳

a　「為ニ～所レ…」は受身を表す句法で、「～の…所と為る」と訓読し、〃～に…される〃と訳す。「上」は、〃目上の者・上位者・主君〃の意。

解答例 目上の者に信頼され

d 「無レ～二於…一」は比較（最上級）を表す句法で、「…より～は無し」と訓読し、〝…より～はない・…が最も～だ〟と訳す。「便」は〝都合が良い・便利だ・良い〟の意。「此」（＝〝これ〟）は、傍線部の前の「承弊」「弊」（＝弊害を受けている状況）を指しているが、〝現状・今の状況〟程度の表現で良いだろう。

解答例 現状より良い状況はないと

e 「欲レ～」は願望や意志を表す句法で、「～んと欲す」と訓読し、〝～たいと望む・～ようとする〟の意。「矯」は〝正す・矯正する〟の意。「其」はその時に施行されている政策を指すが、「其弊」で〝政策の弊害〟としておけばよいだろう。「欲矯其弊」は「則」で後の「愚者狃其所習、而不肯之」につながっており、内容的には逆接にあたるので、末尾は〝～ても〟等とする。

解答例 政策の弊害を正そうとしても

(二) 因果関係

傍線部bの逐語訳は〝凡庸で愚かな主君は決してこの心配をしない〟。「斯」は、前の「事不欲速。欲速則不行也」（＝〝事を早く進めようとしない。早く進めようとすると実行されないのである〟）を指しており、凡庸で愚かな主君が事を早く進めた場合のことを憂慮しないのはなぜかを説明することが求められている。次の文に、「庸愚之主」との対比で「聡明之主」とあるのが見出せるので、その内容を見ると、〝ただ聡明な主君で自分の才能に自信を持っている者だけが、もしかするとただちに事を行い、後悔することがない境地に至るのかもしれない〟と述べられている。自分の才能に自信を持っている主君だけが、思い切って事を実行できるというのである。さらに次の文から第一段落最後にかけては、目先の成果を求めずに後々までを見越して事を行うことが政治の大要であるという見解が示されている。あらためて傍線部bとの関係を確かめると、凡庸で愚かな主君は、才能もなく、すぐに事を行う力もないため、そもそも事を行ってからの成果について憂慮することさえないということになる。

解答例　凡庸で愚かな主君は、そもそもただちに政策を実行する力がないから。

(三)　現代語訳・趣旨

「与～、寧…」は比較を表す句法で、〝～よりは、むしろ…の方が良い〟の意。「其見効於一時」の逐語訳は〝その効果をすぐに見ること〟で、「其」は政策を行うことを指している。「取成於子孫」の逐語訳は〝成果を子孫に取れ〟で、「子孫」は「一時」と対比されているので、〝子孫の代・後々の時代・後代〟を意味している。

解答例　施政は効果をすぐに求めるよりも、子孫の代に成果を出す方が良い

(四)　趣旨・指示内容

傍線部fを逐語訳すると〝その政策に短期的な効果がないために、これをまだ信じていない人民に施

行するにあたり、従わないからである〟となる。「其」は、前文の「維持数百世之後、置国家於泰山之安者」、すなわち、長期的に安定した世を保つ政治を指すが、解答でその内容を示す際には、〝善政〟といった簡潔な表現にすれば良いだろう。「未信之民」は、本文の冒頭二文目の「為上者、為下所信、然後令有所下」をふまえ、〝主君を信頼していない人民〟と解釈する。「所以〜」は〝〜だから・〜という理由〟の意。傍線部fは、善政には即効性がないように見えるという前文を受けて、善政と人民の関係を説明している。

解答例　善政には即効性がないため、主君を信頼していない人民に施行しても、人民は従わないということ。

二〇二〇年度　文理共通　第三問

出典　班固『**漢書**』于定国伝

後漢時代に成立した歴史書。前漢の儒学者班固の著。『史記』に倣った紀伝体で、前漢一代が記録されている。儒教思想を基盤とする国政の基礎となった書である。

書き下し

于公《うこう》は県《けん》の獄史《ごくし》、郡《ぐん》の決曹《けつさう》たり。獄を決すること平《たひ》らかにして、文法《ぶんはふ》に羅《かか》る者《もの》も、于公の決する所《ところ》は皆恨《みなうら》みず。

東海《とうかい》に孝婦有《かうふあ》り、少《わか》くして寡《くわ》となり、子亡《こな》し。姑《しうとめ》を養《やしな》ふこと甚《はなは》だ謹《つつし》む。姑之《これ》を嫁《か》せんと欲《ほっ》すれども、終《つひ》に肯《がへん》ぜず。姑隣人《りんじん》に謂《い》ひて曰《い》はく、「孝婦我《われ》に事《つか》へて勤苦《きんく》す。其《そ》の子亡くして寡を守《まも》るを哀《あは》れむ。我老いて、久《ひさ》しく丁壮《ていさう》を累《わづら》はす、奈何《いかん》せん」と。其の後《のち》姑自《みづか》ら経《くび》れて死《し》す。姑の女吏《むすめり》に告《つ》ぐるに、「婦我が母《はは》を殺《ころ》す」と。吏孝婦を捕《と》らふ。孝婦姑を殺さずと辞《じ》す。吏験治《けんち》するに、孝婦自ら誣《し》ひて服《ふく》す。具獄《ぐごく》府《ふ》に上《たてまつ》る。于公以為《おも》へらく此《こ》の婦姑を養ふこと十余年《じふよねん》、孝を以《もつ》て聞《きこ》ゆ、必《かなら》ず殺さざるなりと。太守《たいしゅ》聴《き》かず、于公之を争《あらそ》ふも、得《う》る能《あた》はず。乃《すなは》ち其の具獄を抱《いだ》き、府上《じやう》に哭《こく》し、因《よ》りて疾《しつ》と辞して去《さ》る。太守竟《つひ》に論《ろん》じて孝婦を殺す。

郡中《ちゆうこ》枯旱《かん》すること三年《さんねん》。後の太守至《いた》り、其の故《ゆゑ》を卜筮《ぼくぜい》す。于公曰はく、「孝婦死に当《あ》たらざるに、前《さき》の太守彊《し》ひて之を断《だん》ず。咎党《とがも》しくは是《ここ》に在《あ》るか」と。是に於《お》いて太守牛を殺し、自ら孝婦の冢《つか》を祭《まつ》り、因りて其の墓《はか》に表《へう》す。天立《てんたちどころ》に大《おほ》いに雨《あめ》ふり、歳孰《としじゆく》す。郡中此を以て大いに于公を敬重《けいちよう》す。

通釈

于公は県の獄史《ごくし》（＝裁判をつかさどる役人）で、郡の決曹《けっそう》（＝裁判をつかさどる役人）であった。判決は公平で、法律の裁きを受ける者も、于公の判決には誰も不満を持たなかった。

東海に孝婦（＝孝行な女性）がいて、若くして夫を亡くし、子はいなかった。非常に心を込めて姑の世話をした。姑は孝婦を再婚させようとしたけれども、最後まで聞き入れなかった。姑が隣人に言うには、「孝行な嫁は私の世話を骨を折って務めてくれている。彼女は子がいないのに再婚しないままでいるのは気の毒だ。私は年老いて、長い間若者につらい思いをさせているのを、どうしたらよいだろうか」と。その後姑は自ら首をくくって死んだ。姑の娘が役人に告げるには、「嫁が私の母を殺した」と。役人は孝婦を捕らえた。孝婦は姑を殺していないと否認した。役人が取り調べると、孝婦は自分から（姑を殺したと）偽りを言って罪に服した。裁判に関わる文書一式が郡の役所に提出された。于公は、この女性は姑を十年余りも世話し、孝行者として評判なので、決して殺していないと思った。太守（＝郡の長官）は聞き入れず、于公はそれを諫めたけれども、太守の考えを変えることはできなかった。そこで彼女の裁判に関わる文書を抱き、郡の役所の前で泣き叫び、病気だと偽って辞職して去った。太守は結局処罰を決めて孝婦を殺した。

郡全体に三年にもわたってひでりが起こった。後任の太守が着任し、その理由を占った。于公が言うには、「孝婦は死刑になるはずがないのに、前任の太守が強引に彼女を断罪した。（その）罪がひょっとしたらこの状況に及んでいるのではないでしょうか」と。そこで太守は牛を殺し、自分で孝婦の墓に供え、彼女の墓に墓標を立てた。天候はたちまち非常に雨が降り、作物が実った。郡の人々は皆このことによって非常に于公を尊敬した。

解法

㈠　現代語訳

a　「獄史」の〔注〕に「裁判をつかさどる役人」とあることから、「獄」は〝裁判〟。「平」は、後に挙げられる逸話もふまえて、〝公平だ〟の意と解釈する。

解答例　裁判で公平な判決を下し

c　「事」はここでは「事《つか》ふ」を基本形とする動詞として用いられている。嫁が姑に「事ふ」ということなので、〝世話をする・面倒を見る〟といった表現がふさわしい。

解答例　私の世話をして

d　「孝《かう》を以《もつ》て聞《きこ》ゆ」と訓読する。「孝」は〝孝行だ〟、「以〜」は〝〜によって・〜ということで〟の意。「聞」はここでは〝評判だ・有名だ〟ということ。後の「必不殺也」へと文が続いているので、順接または単純接続の言葉を添えて解答するのがよい。

解答例　孝行者として評判なので

㈡　現代語訳・指示内容

「姑《しうとめ》之《これ》を嫁《か》せんと欲《ほつ》すれども、終《つひ》に肯《がへん》ぜず」と訓読する。「欲」は願望や意志を表す。「嫁」はここでは〝嫁《よめ》にやる・嫁《とつ》がせる〟の意の他動詞で、「之」は「孝婦」を指す。孝婦は姑の息子の未亡人だったということなので、「嫁」は〝再婚させる〟と表現するのがふさわしい。「終」は〝最後まで・とうとう・結局〟の意の副詞。「肯」は〝承知する・聞き入れる〟の意の動詞で、「終不肯」の主語は「孝婦」。夫を亡くした孝婦を、その姑が再婚させようとしたが、孝婦は再婚することを承知しなかったということである。

解答例　姑は孝婦を再婚させようとしたが、孝婦は最後まで承知しなかった

㈢　趣旨・指示内容

「于公之《これ》を争《あらそ》ふも、得《う》る能《あた》はず」と訓読する。「之」は、孝婦が姑を殺したとする疑いを指す。「争」は〝諫める・たしなめる〟の意で、「弗能得」は、その于公の行為が成果を得ることができなかったということ。その後、于公は、裁判に関わる文書一式を抱いて役所の前で慟哭し、辞職したとされているので、結局、傍線部eの時点で孝婦の罪が確定してしまったということになる。傍線部の構文に即して説明すると、〝于公は孝婦が姑を殺したとする役所や長官の考えを諫めたけれども、それを覆すことはできなかったということ〟となるが、要するにどういうことかをわかりやすく示して簡潔にまとめる。

解答例　于公は孝婦の無罪を訴えたが、姑殺しの罪が確定したということ。

㈣　因果関係

傍線部fは〝郡の人々は皆このことによって非常に于公を敬い重んじた〟の意。第二段落の孝婦の一

件の後、第三段落では、孝婦の住んでいた郡にひでりが起き、その原因は前任の太守が孝婦を無実の罪で処刑したことにあるという于公の進言に応じて時の太守が孝婦の墓を作って供養したところ、雨が降って作物が実ったとして、傍線部ｆに至っている。于公が郡の人々に尊敬された理由は、于公の進言によって孝婦の供養が行われ、ひでりの害を免れることができたということである。解答欄に収まるように簡潔にまとめる必要がある。

解答例　無実の孝婦を処刑したことがひでりの原因だと説き、後任の太守に孝婦を供養させて害を免れたから。

二〇一九年度 文理共通 第三問

出典 黄宗義《こうそうぎ》『**明夷待訪録**《めいいたいほうろく》』 学校

黄宗義は明代末から清代初めの学者・思想家。君主や役人の権勢を批判して民本主義を唱えた著である『明夷待訪録』によって「中国のルソー」とも称される。

書き下し

学校《がくかう》は士《し》を養《やしな》ふ所以《ゆゑん》なり。然《しか》れども古《いにしへ》の聖王《せいわう》、其《そ》の意《い》僅《わづ》かに此《これ》のみならざるなり。必《かなら》ず天下《てんか》を治《をさ》むるの具《ぐ》をして皆《みな》学校より出《い》でしめ、而《しか》る後《のち》に学校を設《まう》くるの意始《はじ》めて備《そな》はる。天子《てんし》の是《ぜ》とする所《ところ》未《いま》だ必ずしも是ならず、天子の非《ひ》とする所未だ必ずしも非ならず。天子亦《また》遂《つひ》に敢《あ》へて自《みづか》ら非是を為《な》さず、而《しか》して其の非是を学校に公《おほやけ》にす。是《こ》の故《ゆゑ》に士を養ふは学校の一事《いちじ》たるも、学校は僅かに士を養ふ為《ため》に設くるのみならざるなり。

三代以下《さんだいいか》、天下の是非一《いつ》に朝廷《てうてい》より出づ。天子之《これ》を栄《えい》とすれば則《すなは》ち群趨《ぐんはし》りて以《もつ》て是と為し、天子之を辱《じよく》とすれば則ち群擿《なげう》ちて以て非と為す。而して其の所謂《いはゆる》学校なる者《もの》は、科挙《くわきよ》もて囂争《がうさう》し、富貴《ふうき》もて熏《くん》心《しん》す。亦遂に朝廷の勢利《せいり》を以て其の本領《ほんりやう》を一変《いつぺん》す。而して士の才能学術《さいのうがくじゆつ》有《あ》る者、且《か》つ往往《わうわう》にして自ら草野《さうや》の間《かん》より抜《ぬ》きんで、学校に於《お》いて初《はじ》めより与《あづか》る無きなり。究竟《きうきやう》士を養ふの一事も亦之を失《うしな》ふ。

通釈

学校は有能な人材を養成するためのものである。けれども昔の聖王は、学校の意義はただこれだけとはしなかったのである。必ず世の中を治めるための手立てをすべて学校から発するようにさせ、そうして後に学校を設ける意義が初めて満たされる。君主が是とすることがこれまでに必ずしも是であったわけではなく、君主が非とすることがこれまでに必ずしも非であったわけではない。君主もまた一貫して進んで自分からは是非を判断しようとせず、是非を学校において社会に共通のものとした。だから有能な人材を養成することは学校の一つの役割であるけれども、学校はただ有能な人材を養成するために設けられるだけのものではないのである。

夏・殷・周という理想の治世が終わった後の時代、世の中の是非はすべて朝廷から発せられてきた。君主がほめると群衆はこぞって進んでそれを是とし、君主がけなすと群衆はこぞって捨ててそれを非とする。そしていわゆる学校というものは、科挙のために騒ぎ争い、財産や高い地位のために心をこがす。同時に結局朝廷の権勢や利益によって学校本来のあり方を一変させた。そして有能な人材で才能や学術がある者も、またしばしば自力で民間から身を起こし、学校に対して初めから関係を持つことがないのである。つまり（学校は）有能な人材を養成するという一つの役割をもまた失った。

解法

㈠　現代語訳

a　「僅かに此のみならざる」と読む。「僅」は〝ほんの少し〟の意から、〝ただ〜（だけ）〟と限定を表す。「此」は「これ」と読む指示代名詞。

解答例　これだけではない

d　「草野之間」は〝民間・在野〟の意。「自抜於草野之間」は、公的な養成機関などを経て官職に就くのではなく、自分の力で民間から身を起こして頭角を現すことを言っている。

解答例　民間

e　「与」は、ここでは「与《あづか》る」を基本形とする動詞で、〝関係を持つ・関わる〟の意。「無与」は「与る（こと）無し」と読み、〝関係を持つことがない・関わりを持たない〟という解釈になる。

解答例　関係を持つことがない

(二)　現代語訳

「敢《あ》へて自《みづか》ら非是を為《な》さず」と読む。「不敢〜」は〝進んで〜しない〟の意。「自」は〝自分で・自分から〟という意味の副詞。「為」はここでは〝判断する・決める〟という意味の動詞。

解答例　進んで自分からは物事の是非を判断しようとせず

(三)　趣旨

逐語訳は〝朝廷の権勢や利益によってその本来のあり方を一変させた〟。「朝廷之勢利」は、この段落の初めから述べられているように、朝廷が世の中の是非を決める権勢を持ち、民衆もそれに追従している状態を言っている。「其」は学校を指す。「一変」はすっかり変わるということで、第一段落の「治天下之具皆出於学校」にあたる学校の本来のあり方が、傍線部cの前の「科挙囂争、富貴熏心」のように利益を追求する状態に変化したということ。変化の説明なので、変化前と変化後を丁寧に説明したいところではあるが、一行の解答欄に収めるためには、肝心な内容として、朝廷の影響による変化後の有様に絞ってまとめることになるだろう。

解答例　学校が、朝廷の権勢に影響され利益追求の場に本質を変えたこと。

㈣　**趣旨**

傍線部自体の読みは「亦之《またこれ》を失《うしな》ふ」で、逐語訳は〝またこれをも失った〟。「之」は直前の「養士一事」を指し、人材を養成するという学校の一つの役割を言っている。設問では、なぜ「亦」と言っているのかを本文の趣旨を踏まえて説明することが求められているので、学校が「養士一事」以前に失ったものがあるということを明示する必要がある。学校の役割はひとまずは「養士」であるとされているが、古代の聖王は、第一段落の三文目に「必使治天下之具皆出於学校、而後設学校之意始備」とあり、傍線部bの後に「公其非是於学校」とあるように、社会全体を治めるための手立てをすべて発することこそが学校の意義であり、学校において社会の是非が公的に定められるべきだと考えていた。ところが、第二段落では、後世になってその意義が失われ、さらには「養士」という役割も失われたという流れになっている。以上の内容をまとめれば十分かと思われるが、〔解答例〕では、古代の聖王の考えを学校の本質ととらえ、「養士」についてはあくまでも「一事」としているという筆者の見解を踏まえ、前者には「本質的意義」、後者には「最低限の役割」という表現を用いてその理解を示した。

解答例　学校は、社会の是非を定めるという本質的意義に加え、人材養成という最低限の役割まで失ったから。

二〇一八年度 文理共通

第三問

出典 王安石『新刻臨川王介甫先生文集《しんこくりんせんおうかいほせんせいぶんしゅう》』上仁宗皇帝言事書《じんそうこうていにたてまつるしょ》

王安石（一〇二一～一〇八六年）は北宋の政治家。出身地にちなんで臨川先生と呼ばれる。「介甫」は字《あざな》。唐宋八大家の一人で、詩人としても有名である。

書き下し

先王《せんわう》の天下を為《をさ》むるや、人の為《な》さざるを患《うれ》へずして人の能《あた》はざるを患へ、人の能はざるを患へずして己《おのれ》の勉《つと》めざるを患ふ。

何をか人の為さざるを患へずして人の能はざるを患ふと謂《い》ふ。人の情の得るを願ふ所の者は、善行《ぜんかう》・美名《びめい》・尊爵《そんしやく》・厚利《こうり》なり。而《しか》して先王能《よ》く之《これ》を操《と》り以《もつ》て天下の士に臨む。天下の士、能く之に遵《したが》ひて以て治《をさ》むる者有れば、則《すなは》ち悉《ことごと》く其の得るを願ふ所の者を以て以て之に与ふ。士能はざれば則ち已《や》む。苟《いや》しくも能くすれば、則ち孰《たれ》か肯《あ》へて其の得るを願ふ所を舎《す》てて自《みづか》ら勉めて以て才と為《な》らざらんや。故《ゆゑ》に曰《い》はく、人の為さざるを患へず、人の能はざるを患ふと。

何をか人の能はざるを患へずして己の勉めざるを患ふと謂ふ。先王の法、人を待つ所以《ゆゑん》の者を尽《つ》くす。下愚《かぐ》にして移るべからざるの才に非《あら》ざるよりは、未《いま》だ赴《おもむ》く能はざる者有らざるなり。然《しか》り而して之を謀《はか》るに至誠惻怛《しせいそくだつ》の心を以て力行《りつかう》して之に先《さき》んぜざれば、未だ能く至誠惻怛の心を以て力行して之に応《おう》ずる者有らざるなり。故に曰はく、人の能はざるを患へずして己の勉めざるを患ふと。

通釈

古代の帝王が天下を治めるにあたっては、人民がしないことを憂慮せず人民ができないことを憂慮し、人民ができないことを憂慮せず自分が努力しないことを憂慮した。

何を人民がしないことを憂慮せず人民ができないことを憂慮すると言うのか。人民の気持ちが得たいと望むものは、善行・美名・尊爵（＝高い地位）・厚利（＝大きな利益）である。そういうわけで古代の帝王はそれらを掌握することができたことによって世の中の人々を治めた。世の中の人々で、それらに従って治めることができる者がいれば、（統治者は）その者が得たいと望むものをすべてその者に与える。人々がそうできなければ（＝望みに従って治めることができない人々ならば）そのままで終わる（＝その者が望むものを与えないまでだ）。もしできるなら、誰がわざわざ自分が得たいと望むものを捨てて自分から努力して有能な人材とならないだろうか。だから、人民がしないことを憂慮せず、人民ができないことを憂慮すると言う。

何を人民ができないことを憂慮せず自分が努力しないことを憂慮すると言うのか。古代の帝王の法は、人民を（正当に）待遇する制度が行き届いていた。きわめて愚かで賢明な者になることができない者でない限りは、これまでに（人材登用に）加わりたいと申し出ることができない者はいなかった。そういうわけで（帝王が）それ（＝人材登用）を考慮するにあたって誠意とあわれみの心で努力して人民よりも優れていようとしなければ、誠意とあわれみの心で努力してそれに応じることができる者がいたことはまだないのである。だから、人民ができないことを憂慮せず自分が努力しないことを憂慮すると言うのである。

解法

(一)　現代語訳

a　「患」は心身に苦痛を感じることを表す。この文章では、書き手の王安石が、世を治める皇帝が気に病み避けるように努めなければならないことを挙げる際に用いているので、為政者が政務において「患」うという文脈に合うように、〝憂慮する・心配する〟といった表現で訳す。単に〝苦しむ・つらく思う〟等ではやや不足な感がある。

解答例　憂慮する

b　「尊」は〝尊い・価値が高い〟の意、「爵」は「爵位」「侯爵」等の「爵」で、〝地位・身分〟の意。人民が得たいと望むものとして、「善行」「美名」「厚利」と並んで挙げられていることも確認しよう。

解答例　高い地位

c　この「已」は〝終わる〟という意味の動詞。「矣」は強調を表す置き字。〝そのまま終わる・それまでだ〟という語義を示すのみでよいかもしれないが、〔解答例〕では、念のために、前文の「悉以其所願得者以与之」ということがないままで終わるという理解を簡潔にふまえたものを示した。

解答例　与えないままで終わる

㈡

趣旨

「孰《たれ》か肯《あ》へて其の得《う》るを願ふ所を舎《す》てて自《みづか》ら勉《つと》めて以《もつ》て才と為《な》らざらんや」と訓読し、逐語訳は〝誰がわざわざ自分が得たいと望むものを捨てて自分から努力して有能な人材とならないだろうか〟。「才」は、人材登用について述べた文章であるというリード文をふまえ、〝登用に堪えうる有能な人材〟といった意味でとらえる。傍線部ｄ全体は反語の文で、要するに〝誰もが自分が得たいと望むものを捨てるはずもなく、自分から努力して有能な人材となろうとするはずだ〟ということ。「孰」は、第二段落第三文から用いられている「天下之士」を指し、為政者が統治しその中から人材を登用する対象である「人」にあたる。

解答例　統治下の人が、望むものを得るために自ら努力して有能な人材になろうとするはずだということ。

㈢　現代語訳

「人を待つ所以《ゆゑん》の者を尽くす」と訓読し、逐語訳は〝人民を待遇する方法がすべてに行き渡っていた〟。「待」はここでは〝待遇する・扱う〟の意。「所以～者」は〝～ためのもの・～の方法〟、「尽」は〝すべてに行き届いている・できる限りのことをする〟といった意味で、「先王之法」について、人民を待遇するための制度が世の中全体に行き届いていたということを表している。さらに次の文「自非下愚不可移之才、未有不能赴者也」は、〝きわめて愚かで賢明な者になることができない者でない限りは、これまでに（人材登用に）加わりたいと申し出ることができない者はいなかった〟という意味で、きわめて愚かな者でなければ、あらゆる人民に登用される可能性が開かれていたとされているので、「待」は、その人の能力に見合った正当な待遇をするという意味でとらえることができる。

解答例　人民を正当に待遇するための制度が行き届いていた

㈣　**趣旨**

逐語訳は〝それを考慮するにあたって誠意とあわれみの心で努力してそれに先んじなければ、誠意とあわれみの心で努力してそれに応じることができる者がいたことはまだないのである〟。この文章全体は、リード文にあるように、人材登用について皇帝に進言する上書で、傍線部fの前文の「赴者」および傍線部fの「応之者」は人材登用に応じる人民を指している。ということは、「謀之以至誠惻怛之心力行而先之」は、人材を登用する側の皇帝のありかたを述べたものであると判断できる。「至誠惻怛之心」は、「惻怛」の〔注〕からもわかるように、誠実で慈悲深い心のこと。皇帝が自ら人民よりも先に誠実で慈悲深い心を持つように努力しない限り、人民が誠実で慈悲深い心で努力して人材登用に応じることができたためしはないということで、「誰がどうすべき」かという形で説明すると、皇帝が人民に先んじて自ら誠実で慈悲深い心を持つように努力すべきだということになる。

解答例　皇帝が、良い人材を登用するためにはまず自ら誠実で慈悲深くあるように努力すべきだということ。

二〇一七年度　文理共通　第三問

出典

劉元卿《りゅうげんけい》『**賢奕編**《けんえきへん》』応諧

劉元卿は明の人で、理学・教育・文学に携わった人物。問題文は教訓を含む笑話の一つである。

書き下し

斉奄家《せいえんいへ》に一猫《いちべう》を畜《やしな》ひ、自《みづか》ら之《これ》を奇《き》とし、人《ひと》に号《がう》して虎猫《こべう》と曰《い》ふ。客《かく》之に説《と》きて曰はく、「虎《とら》は誠《まこと》に猛《まう》なるも、龍《りゆう》の神《しん》なるに如《し》かざるなり。請《こ》ふ名《な》を更《か》へ龍猫《りゆうべう》と曰はんことを」と。又《また》客之に説きて曰はく、「龍は固《もと》より虎よりも神なり。龍天《てん》に昇《のぼ》るに浮雲《うきぐも》を須《もと》むれば、雲其《そ》れ龍より尚《たか》きか。名づけて雲《うん》と曰ふに如かず」と。又客之に説きて曰はく、「雲靄天《あいてん》を蔽《おほ》ふも、風倏《かぜたちま》ちにして之を散《さん》ず。雲固より風に敵《かな》はざるなり。請ふ名を更へ風《ふう》と曰はんことを」と。又客之に説きて曰はく、「大風飆起《たいふうへうき》するも、維《た》だ屏《ふせ》ぐに牆《しやう》を以《もつ》てせば、斯《すなは》ち蔽ふに足《た》れり。風其れ牆を如何《いかん》せん。之に名づけて牆猫《しやうべう》と曰はば可《か》なり」と。又客之に説きて曰はく、「維《こ》れ牆固《こ》なりと雖《いへど》も、維れ鼠《ねずみ》之に穴《うが》たば、牆斯ち圮《くづ》る。牆又鼠を如何せん。即《すなは》ち名づけて鼠猫《そべう》と曰はば可なり」と。

東里《とうり》の丈人《ぢやうじん》之を嗤《わら》ひて曰はく、「噫《あ》嘻《あ》、鼠を捕《とら》ふる者《もの》は故《もと》より猫《ねこ》なり。猫は即ち猫なるのみ。胡為《なんすれ》ぞ自ら本真《ほんしん》を失《うしな》はんや」と。

通釈

斉奄が家で一匹の猫を飼っており、自分でその猫を非常にすばらしいものと思い、人に名付けたと言いふらして虎猫と呼んだ。客人が斉奄に説いて言うには、「虎は本当に勇猛だけれども、龍が霊力があってすばらしいのには及ばないのである。どうか名を変えて龍猫と呼ぶようにしてください」と。また別の客人が斉奄に説いて言うには、「龍はもともと虎よりも霊力があってすばらしい。龍は天に昇るにあたって空に浮かぶ雲を必要とするので、雲は龍よりも優れているのではないか。名付けて雲猫と呼ぶのが一番良い」と。また別の客人が斉奄に説いて言うには、「雲や靄が大空を覆っても、風がたちどころにそれらを吹き散らす。雲はそもそも風に対抗できないのである。どうか名を変えて風猫と呼ぶようにしてください」と。また別の客人が斉奄に説いて言うには、「大風が猛威をふるっても、ただ塀を用いて遮ったならば、防ぐことができる。風は塀をどうしようもない。その猫に名付けて塀猫と呼べばよい」と。また別の客人が斉奄に説いて言うには、「塀が堅固だといっても、鼠が塀に穴を空けたなら、塀は崩れる。塀は鼠をどうしようもない。だから名付けて鼠猫と呼べばよい」と。

東里の老人がそれを嘲笑して言うには、「ああ、鼠を捕らえるのはもともと猫である。猫はまさに猫であるだけだ。どうして自分から本質を失おうとするのか」と。

解法

(一) 現代語訳

a 「於」は比較を表す置き字で、傍線部aを含む一文は「龍は固より虎よりも神なり」と訓読する。「神」は人智を超えた計り知れないものや様子を表す。ここでは、龍の属性について、勇猛な動物である虎よりも「神」だとされているので、人智を超えた霊力がある様子を表していると解釈するのがふさわしい。この話は、斉奄の飼い猫に付ける名前について、よりすばらしい意味のものが次々に提案されていくという展開であることもふまえ、〝すばらしい・立派だ・すぐれている〟といった表現を添えるとよりわかりやすい。

解答例　虎よりも霊力があってすばらしい

b　「須」は、ここでは「浮雲」という名詞の前に置かれているので、動詞ととらえなければならない。「須く～べし」と訓読する再読文字（＝副詞として動詞の前に置かれる）ではないという判断が必要である。「須」が再読文字として用いられる場合は、後の動詞に〝必ず～しなければならない〟という意味を加えるという基本句法の知識を応用し、名詞を目的語にとる動詞としては、〝～を必要とする・～の存在がなければならない〟という意味であろうという見当をつける。「浮雲」はそのまま〝浮き雲〟でもよいかもしれないが、〝空に浮かぶ雲・空を漂う雲〟等と表現しておくのが無難だろう。傍線部bは読点で後の「雲其れ龍より尚きか」（＝〝雲は龍よりも優れているのではないか〟）に続いているので、順接の言葉を加えて仕上げる。

解答例　空に浮かぶ雲を必要とするので

c　「不如～」は〝～に及ばない〟という比較を表すが、比較する対象が示されていない場合は〝～が一番良い・～に越したことはない〟という最上級を表す。「名曰」は送り仮名の通りに〝名付けて～と呼ぶ〟と訳す。「雲」は猫に付ける名の案なので、他の「虎猫」「龍猫」「牆猫」「鼠猫」に合わせて「雲猫」とするのが適切である。

解答例　名付けて雲猫と呼ぶのが一番良い

㈡　因果関係

傍線部ｄは、四人目の客人が〝その猫に名付けて塀猫と呼べばよい〟と提案した言葉で、その理由は、前の二文に述べられている。「大風飆起、維屏以牆、斯足蔽矣」は、大風が猛威をふるっても、塀を用いて防ぐだけで十分だということ。「風其如牆何」は、風は塀をどうすることもできないということ。「如～何」は「～を如何《いかん》せん」と訓読し、「～」への手段・方法についての疑問や反語を表す句法で、前の文をふまえると、風は塀に対する手立てがないという反語の意をなしていると判断できる。初めに飼い主が付けた「虎」という名に対して、客人が順に、「虎」よりも「龍」、「龍」よりも「雲」、「雲」よりも「風」と、さらに良い意味の名前を提案していくという展開で、傍線部ｄは、三人目の客人が提案した「風」に勝る名として、風を防ぐことができるという理由で、「牆」を提案したものである。

解答例　猛威をふるう風よりも、それを防ぐ塀の方が優れているから。

㈢　現代語訳・趣旨

「如～何」は、㈡で傍線部ｄの前文について解説したのと同様の句法で、「～を如何せん」と訓読し、方法や手立てについての疑問や反語を表す。猫の名について、前で提案されたものを凌ぐ名を提案するという展開も同様なので、この「如～何」も反語の用法である。傍線部ｅの逐語訳は〝塀もまた鼠をどうしようか、いや、どうしようもない〟であるが、設問に「平易な現代語に訳せ」との指示があるので、「牆」と「鼠」について、「牆」は強固であっても「鼠」が穴を空けるとすぐに崩れてしまうという前文の内容を簡潔に加え、「如～何」は〝～をどうすることもできない〟という否定表現のみにして、わかりやすく示す。

解答例　強固な塀も、穴を空けて崩す鼠をどうすることもできない

㈣　主張

「東里丈人」の「噫嘻、…失本真哉」という言葉に示されている主張をまとめる。この言葉は、猫の名前をより立派なものにしようとして「虎」「龍」「雲」「風」「牆」と案を重ねた結果「鼠」が提案されるに至ったという話に対するもので、傍線部ｆの直後の「嗤」には、「嘲笑すること」と〔注〕が付されていることから、猫の名付けの話を老人が批判していることは明らか。老人は、発言の一・二文目で〝もともと鼠を捕まえるのは猫であり、結局猫は猫でしかない〟と揶揄し、三文目で〝どうして自分から本質を失おうとするのか〟と嘆じている。「虎」よりも「龍」、「龍」よりも「雲」、「雲」よりも…と、より強くすばらしいものを提案しようとエスカレートして「鼠」に行き着いたが、そもそも猫が鼠よりも強いのはごく当たり前のことで、猫が猫であるという本質は変わらないのだから、名前だけを過剰に立派なものにしようとこだわるのは無意味で愚かなことだという主張が読み取れる。

解答例　本質を見失って名前だけを立派にしようとするのは愚かなことだ。

第三問

二〇一六年度　文理共通

出典

蘇軾《そしよく》「**寓居定恵院之東、雑花満山、有海棠一株、土人不知貴也**」

蘇軾は宋代の人。号は東坡《とうば》。経史に通じ、優秀な成績で科挙に合格するが、国内制度の改変や新旧勢力の盛衰に翻弄され、浮沈の激しい人生を送った。出題された詩は、罪に問われて流されていた地で、美しい海棠の花に出会って詠んだものである。蘇軾の作品は、東京大学では一九九三年度（文科）に詩が、一九九八年度（理科）・二〇〇四年度（理科）に文章が、それぞれ出題されている。

書き下し

寓居定恵院《ぐうきよぢやうゑゐん》の東、雑花《ざつくわ》山に満《み》つ、海棠一株《かいだういつしゆ》有り、土人《どじん》は貴《たふと》きを知らざるなり

江城《かうじやう》 地《ち》は瘴《しやう》にして草木蕃《さうもくしげ》し　只《た》だ名花《めいくわ》の苦《はなは》だ幽独《いうどく》なる有り
嫣然《えんぜん》として一笑《いつせう》す竹籬《ちくり》の間《かん》　桃李《たうり》山に漫《み》つるも総《すべ》て粗俗《そぞく》
也《ま》た知る造物《ざうぶつ》深意《しんい》有《あ》るを　故《ことさら》に佳人《かじん》をして空谷《くうこく》に在《あ》らしむ
自然《しぜん》の富貴《ふうき》天姿《てんし》より出《い》づ　金盤《きんばん》もて華屋《くわおく》に薦《すす》むるを待たず
朱唇《しゆしん》酒を得て暈瞼《うんほほ》に生《しやう》ず　翠袖《すいしう》紗《さ》を巻きて紅《くれなゐ》 肉に映《えい》ず
林深く霧暗くして暁光《げうくわう》遅く　日暖かく風軽《かろ》くして春睡《しゆんすい》足《た》る
雨中《うちゆう》 涙《なみだ》有り亦《ま》た凄惨《せいさん》　月下《げつか》人無《な》く更《さら》に清淑《せいしゆく》
先生《せんせい》 食《しよく》 飽《あ》きて一事《いちじ》無し　散歩逍遥《さんぽせうえう》して自《みづか》ら腹《はら》を捫《な》づ
人家《じんか》と僧舎《そうしや》とを問《と》はず　杖《つゑ》を拄《つ》き門《もん》を敲《たた》き修竹《しうちく》を看《み》る
忽《たちま》ち絶艶《ぜつえん》の衰朽《すいきう》を照らすに逢《あ》ひ　嘆息無言《たんそくむごん》 病目《びやうもく》を揩《ぬぐ》ふ

陋邦《ろうはう》何《いづ》れの処《ところ》にか此《こ》の花《はな》を得たる　無乃《むしろ》好事《かうず》の西蜀《せいしよく》より移《うつ》せるか
寸根《すんこん》千里《せんり》致《いた》し易《やす》からず　子《し》を銜《ふく》みて飛来《ひらい》せるは定《さだ》めし鴻鵠《こうこく》ならん
天涯《てんがい》流落《りうらく》倶《とも》に念《おも》ふべし　為《ため》に一樽《いっそん》を飲《の》み此の曲《きよく》を歌《うた》ふ
明朝《みやうてう》酒醒《さ》めて還《ま》た独《ひと》り来《きた》らば　雪落ちて紛紛《ふんぷん》那《なん》ぞ触《ふ》るるに忍《しの》びん

通釈

仮住まいの定恵院の東、さまざまな花が山いっぱいに咲いている、（その中に）海棠が一株あるが、土地の人は価値を知らないのである
長江に面した町は湿気が多くて草木が繁茂している
（そこに）すばらしい花でたいそうひっそりぽつんと咲いているものがある
竹垣の中でにっこりとほほえんでいる
（その花に比べれば）桃や李が山いっぱいに咲いていていてもすべて卑俗だ
やはり造物主には深い意図があることを思い知る
わざわざ美人を人気《ひとけ》のない谷間にいさせている
もともと備わっている豊かさや貴さは生まれつきの姿を通して現れる
金の器できらびやかな宮殿に献上する必要はない
（海棠の花の色美しさは）赤い唇が酒を含んでほんのりした赤みが頬にさす（ようだ）
（海棠が咲く姿は）緑色の衣の袖に薄絹をまとい、紅色が肌に映える（ようだ）
林は深く霧は暗くて夜明けの光はなかなか射さず
日光は暖かく風は軽やかで春のまどろみが堪能できる
雨の中では涙を流し、その姿はまた痛々しい

月の光の下では人影もなくいっそう清楚だ
私は満腹でこれといってすることもない
ぶらぶらと散歩して自分で自分の腹を撫でる
民家でも寺でもかまわず
杖をついて門を叩き、立派な竹を見物する
そこで突然このうえなく美しい花が老いぼれた私を照らすように咲いているのに出くわし
溜め息をつくばかりで何も言えず、病んだ目の涙を拭う
辺鄙なこの地がどこでこの花を得たのか
ひょっとしたら物好きな人が西蜀から移植したのか
（しかし）小さな根は遠くまで運びにくい
種をくわえて飛来したのは、きっと大きな渡り鳥だろう
空の果てまでさすらう身の上に一緒に思いを巡らすことができる
だから一樽の酒を飲み、この詩を詠んだ
明日の朝、酔いが醒めて再び一人で訪れたら
（おまえ〈＝海棠の花〉は）雪が降るように乱れ落ち、どうして手を触れることができるだろうか、いや、不憫で触れるに耐えられないだろう

解法

㈠　現代語訳

a　「空」はここでは〝中に何もない様子・からっぽ〟の意。傍線部aを含む句では、美しい花である

海棠を「佳人」（＝〝美人〟）にたとえ、造物主がわざわざ海棠を「空谷」に存在させていると詠まれている。詩の題名の「土人不知」や、第二句の「苦幽独」という表現もふまえると、「空谷」は、人がいなくて誰にも知られない所を言ったものと判断できる。

解答例　人が誰もいない谷間の地に

c　「先生食飽無一事　散歩逍遥自捫腹」を一連の内容として見る必要がある。「先生」は蘇軾の自称。「食飽」「散歩逍遥自捫腹」は食事をして腹ごなしに散歩しているということなので、傍線部cの「無一事」は、特に何もすることもない暇で気楽な様子を言ったものととらえる。

解答例　これといってすることもない。

f　「那」は反語、「忍」は〝耐える・こらえる〟の意で、傍線部fの逐語訳は〝どうして触れるのに耐えるだろうか、いや、耐えないだろう〟である。ただ、〝〜に耐える〟という表現は状況によって意味が異なるので、どのような意味で理解しているのかを明確に示すための考慮が必要である。「忍＋〔打消〕」は、現代日本語の「見るに忍びない」といった表現の「〜に忍びない」にあたり、そうすることが不憫に感じられて自分が耐えられないということを表す。傍線部fの前に「雪落紛紛」とあり、これは、海棠の花が雪が降るように乱れ散る様子を言ったものである。「雪落」は、海棠が〔注〕にあるように春に咲く花であること、第四句の「桃李漫山」や第十二句の「日暖」「春睡足」を勘案すると、実際に雪が降っているということではないはず。「紛紛」の〔注〕も併せると、「雪落紛紛」は、海棠の花がはらはらと散っている様子を比喩的に詠んだものと考えられる。作者は、前日、美しさに感動し、身の上を自分とも重ね合わせて深い感慨を覚えた海棠の花が、翌日にはかなく散っていたら、不憫で手を触れるのがためらわれるというのである。その理解を示そうとすると、反語を忠実に〝どうして〜か、いや、〜ない〟とするとうまく表現できず、字数も解答欄に収まらないので、〔解答例〕では、反語の結論部分だけを示し、「忍」の意味をよりわかりやすくした。

解答例　気の毒に感じてどうしても手を触れることができないだろう。

(二)　**趣旨**

傍線部bの逐語訳は〝赤い唇が酒を得て赤みが頰にさす〟。「朱唇」から、女性の顔の様子であることと、「酒を得て」「臉《ほほ》に生ず」という訓読から、「暈」は酔って頰にさす赤みのことであると見当がつく。この詩は、海棠の花について詠まれたもので、〔注〕には「濃淡のある紅色の花を咲かせる」という説明があるので、傍線部bの句は、海棠の花の紅色の濃淡を、唇は鮮やかな赤で頰はほんのりした赤みを帯びている様子にたとえて表現したものであると判断できる。大きくとらえると、「海棠の花の色美しさを、女性の顔の美しさにたとえて表現した」といった説明でも可とされるかもしれないが、〔解答例〕は、両者に共通するのは紅色の濃淡であるという理解を示すことにポイントを置いたものとした。

解答例　海棠の花の色を、女性の顔の唇と頰の紅色の濃淡にたとえたもの。

㈢　心情

「陋」は「陋劣《ろうれつ》」「陋屋《ろうおく》」などの「陋」で、卑しくむさくるしい様子を表す。「邦」は「異邦」「邦人」などの「邦」で、国のこと。「陋邦」は、作者蘇軾がその時に居を定めていて海棠の花を見出した地を言ったものである。「此花」はもちろん海棠の花を指し、「何処得此花」は、〝どこでこの花を手に入れたのだろうか〟の意。傍線部dは、現地にどうして海棠の花がもたらされたのかという疑問を提示したものである。それについて、まず、「無乃好事移西蜀」（＝〝ひょっとしたら物好きな人が西蜀から移植したのか〟）という考えを挙げるが、すぐに「寸根千里不易致」（＝〝小さな根は遠くまで運びにくい〟）と否定し、結局、「銜子飛来定鴻鵠」（＝〝種をくわえて飛来したのは、きっと大きな渡り鳥だろう〟）という考えに至っている。「銜」の振り仮名と「鴻鵠」の〔注〕から、「子」は海棠の種と見当がつくだろう。この問いは、「無乃好事移西蜀　寸根千里不易致」を無視して、「銜子飛来定鴻鵠」のみに基づいた説明ができているかどうかが決定的なポイントである。

解答例　大きな渡り鳥が西蜀から海棠の種をくわえて飛来したという考え。

㈣　因果関係

「為」は、ここでは、前に述べたことを理由として示すもので、「飲一樽歌此曲」の理由は、前の句「天涯流落倶可念」に見出せる。「天涯」は〝空の果て・故郷から遠く離れた所〟、「流落」は〝落ちぶれて放浪すること〟の意で、「天涯流落」は、原産地の西蜀からはるか遠い地で咲く海棠の花と、罪に問われて黄州に流されている作者蘇軾に共通する有様にあたる。「倶」は〝共に・一緒に〟の意の副詞、「可」は可能や当然を表す助動詞。「倶可念」は、同じような身の上の自分と海棠は思いを共有することができるということで、一緒に感慨にふけるために、酒を飲んで詩を詠んだという傍線部ｅにつながっている。

解答例　故郷を遠く離れた地に咲く海棠に、流罪にされた自分の境遇を重ね、感慨を共にしたかったから。

二〇一五年度　文理共通

第三問

出典

紀昀《きいん》『**閲微草堂筆記**《えつびそうどうひっき》』巻十一　槐西雑志一

清代の紀昀が著した短編説話集。紀昀は清代一流の学者で、中国歴代の典籍をまとめた大叢書『四庫全書』の編纂を任された人物である。この『閲微草堂筆記』からの文章は東京大学で一九九六年度（文理共通問題）にも出題されている。

書き下し

高西園《かうせいゑん》嘗《かつ》て一客《いつかく》の来《きた》り謁《えつ》し、名刺に司馬相如《しばしやうじよ》と為《な》すを夢《ゆめ》む。驚き怪《あや》しみて寤《さ》むるも、何の祥《しやう》なるかを悟《さと》る莫《な》し。越《こ》ゆること数日、意《い》無《な》くして司馬相如の一玉印《いちぎよくいん》を得たり。古沢斑駁《こたくはんばく》、篆法精妙《てんはふせいめう》、真《まこと》に昆吾《こんご》刀《たう》の刻《こく》なり。恒《つね》に之《これ》を佩《お》びて身より去らず、至《いた》つて親昵《しんぢつ》なる者に非《あら》ざれば、一見《いつけん》する能《あた》はず。塩場《えんぢやう》に官《くわん》たりし時、徳州《とくしう》の盧丈《ろぢやう》両淮運使《りやうわいうんし》たり、是《こ》の印有《あ》るを聞き、燕見《えんけん》せし時、偶《たまたま》之を観《み》んことを索《もと》む。西園席を離れ半《なか》ば跪《ひざまづ》き、色を正《ただ》し啓《けい》して曰《い》はく、「鳳翰《ほうかん》一生客を結び、有《いう》する所は皆朋友《ほういう》と共にすべし、其《そ》の共にすべからざる者は、惟《た》だ二物《にぶつ》のみ、此《こ》の印及《およ》び山妻《さんさい》なり」と。盧丈笑ひ之《これ》を遺《や》りて曰はく、「誰《たれ》か爾《なんぢ》の物を奪ふ者ぞ、何の痴《ち》か乃《すなは》ち爾《しか》せんや」と。

西園画品絶高《ぐわひんぜつかう》、晩《ばん》に末疾《まつしつ》を得て、右臂偏枯《うひへんこ》するも、乃ち左臂《さひ》を以て揮毫《きがう》す。生硬倔強《せいかうくつきやう》なりと雖《いへど》も、乃ち弥《いよいよ》別趣《べつしゆ》有り。詩格《しかく》も亦《ま》た脱灑《だつしや》たり。跡《あと》を微官《びくわん》に托《たく》すと雖も、蹉跎《さた》として以て歿《ぼつ》す。近時士大夫《きんじしたいふ》の間《かん》に在《あ》りても、猶《な》ほ能《よ》く前輩《ぜんぱい》の風流《ふうりう》を追《お》ふなり。

通釈

高西園はかつてある客がやって来て面会し、名刺に司馬相如と書いてあったのを夢に見た。驚き不思議に思って目を覚ましたが、何の吉兆であるかわからなかった。数日が過ぎ、思いがけず司馬相如の玉印（＝美しい石で作った印章）というものを手に入れた。古びた光沢のあるまだら模様で、篆書の書法は精巧ですばらしく、まさしく昆吾刀で彫られた印である。いつもそれを持っていて体から離さず、ごく親しい者でなければ、一目見ることもできなかった。製塩場で役人であった時、徳州の盧丈が両淮の塩運使であり、（西園が）この玉印を持っているのを聞き、宴席で会った時、ふとした成り行きでそれを見せてほしいと頼んだ。西園は席を立って片膝をつき、かしこまった表情で申し上げるには、「私鳳翰は生涯にわたって客人と交わりを結び、持っている物はすべて友人と共有することができますが、共有することができない物は、ただ二つだけで、この玉印と愚妻です」と。盧丈は笑って彼を下がらせて言うには、「誰があなたの物を奪うことがあろうか、どんな愚か者がそのようなことをするだろうか」と。

西園の画の品格は並ぶものがないほどすばらしく、晩年に四肢の疾患にかかって、右腕が不随になっても、左腕を使って毛筆で文字や画を描いた。（その文字や絵は）ぎこちなく荒っぽいとはいえ、かえっていっそう格別な趣がある。詩の風格もまたすっきり洗練されている。生涯低い官職に甘んじていたけれども、志を得ないで亡くなった。近頃の士大夫の中にあっても、先人の遺風を追求することができたのである。

語釈

托跡微官——生涯低い官職に甘んじる。「托」は〝委ねる〟、「跡」は〝痕跡〟で、ここでは〝生涯の結果として残るもの〟といった意。「微」は〝小さい・軽い〟の意で、「微官」は低い官職のこと。

解法

㈠　**現代語訳・趣旨**

傍線部ａの訓読は「何の祥なるかを悟る莫し」。「祥」は〝めでたい兆し・良い前兆〟の意。この直前に高西園が経験したことは、傍線部ａの前に書かれているように、一人の客がやって来て面会し、名刺に古代の有名な文章家である司馬相如と書かれていたという夢を見たというものである。リード文と〔注〕に書かれている高鳳翰と司馬相如の生没年から、高鳳翰にとっては、同じ文人で古代の大先輩にあたる司馬相如が夢に現れたのは何らかの吉兆ではないかと考えられるが、具体的にそれがどのようなものであるのかはわからなかったということである。

解答例

司馬相如と名乗る人物が来訪する夢を見たが、それが何の吉兆かはわからなかったということ。

㈡　**趣旨**

空欄ｂを含む文は、高西園が玉印を非常に大切に扱っていた様子を述べたもので、空欄ｂの前に「非至親昵者」（＝〝ごく親しい者でなければ〟）という条件が示され、空欄ｂの後に「能一見」（＝〝一目見ることができる〟）とあることから、「至親昵者」であることが「能一見」の不可欠の条件であることを示したものと判断できる。「非〜、不…」＝〝〜でなければ、…ない〟という句法で、空欄ｂには否定を表す助動詞の「不」が当てはまる。「無」「莫」も否定を表す語で、空欄ｂに入れると〝一目見ることができる者がいない・一目見ることができることがない〟という意味になるが、人やことがらの存在を否定するという解釈はこの文意にはやや不自然に感じられる。「至親昵者」が「一見」するかどうかの主語にあたると見るのが妥当であることから、「不」に決定する。

解答例 不

(三) 趣旨

傍線部cは〝友人と共有できない物〟の意で、直後に「惟二物、此印及山妻也」と具体的に書かれている。本文で話題になっている「印」と、〔注〕で説明されている「山妻」の二つを示せばよい。

解答例 肌身離さず持っている司馬相如の玉印と高西園自身の妻の二つ。

(四) 現代語訳

傍線部dは「誰奪爾物者」と「何痴乃爾耶」の二文から成っている。「爾」の字が二つ含まれているが、本文の構文や送り仮名からそれぞれの意味を判断することがポイント。「爾物」の「爾」は「なんぢ」と訓読する人称代名詞で〝あなた〟の意。「乃爾」の「爾」は「しか」と訓読する指示副詞で、送り仮名「セ」が付され、〝そのようにする〟という意味の動詞になっている。「誰奪爾物者」は、疑問文と反語文のいずれの可能性もあるが、高西園の訴えを笑って快く認めた盧丈の態度と、後の「何痴乃爾耶」と並立されていることから、〝誰があなたの物を奪うだろうか、いや、誰もあなたの物を奪わない〟という反語文で解釈する。「何～耶」は送り仮名に従うと「何の～んや」と訓読するので、反語の用法とわかる。「痴」は〝愚か者・ばか者〟の意の名詞。「乃」は「すなはち」と訓読し〝それはもう・そのうえ〟といった意味を添えていると見る。「爾」（＝〝そのようにする〟）の具体的な内容は「奪爾物」なので、ここでの訳は指示語のままでよい。反語の忠実な訳は〝～か、いや、～ない〟とするのが基本だが、「わかりやすく」との指示があり、二文をそれぞれ忠実に訳すと解答欄に収まりきらなさそうなので、結論の〝～ない〟の部分のみを示すことになるだろう。

解答例　誰もあなたの物を奪ったりはしない、どんな愚か者もそのようなことをするはずがない

㈤　現代語訳・趣旨・省略の補足

リード文や本文の内容から、主語が高西園（高鳳翰）であることは明らか。「猶」はここでは一旦否定する向きになりそうなことを〝それでもやはり〟と改めて認識する様子を表す副詞。この意を出すためには、傍線部eの前の「在近時士大夫間」（＝〝近頃の士大夫〈＝官僚〉の中にあっても〟）をふまえる必要がある。西園は清代の文人書画家であるが、はるか古代の文章家司馬相如が夢に現れ、その玉印を入手したことや、西園自身も実際にすばらしい作品をなしたということと、傍線部e「能追前輩風流」自体の意味から、「在近時士大夫間」は、要するに西園が筆者の生きた清代当時の人物であったことを示すものと理解できる。「能」は可能を表す副詞、「前輩風流」は〝先人の遺風・先人から伝わる流れ〟という意味で、「追」は西園がそれを追い求めたということ。「也」は断定の助動詞。

解答例　高西園は、清代に生きていてもなお先人から伝わる高尚な風格を追求することができたのである

第三問

二〇一四年度　文理共通

出典　司馬光《しばこう》『資治通鑑《しじつがん》』巻第百九十四　唐紀十　太宗文武大聖大広孝皇帝上之下

北宋の政治家で歴史家の司馬光が著した史書。紀元前四〇三年からの一三六二年にわたる史実を編年体で記した大部のもので、『史記』と並ぶ中国の代表的な史書とされている。

書き下し

長楽公主《ちやうらくこうしゆ》将《まさ》に出降《しゆつかう》せんとす。上《しやう》公主は皇后《くわうごう》の生む所なるを以《もつ》て、特に之《これ》を愛し、有司《いうし》に勅《ちよく》して資送《しそう》すること永嘉《えいか》長公主に倍《ばい》せしむ。魏《ぎ》徴《ちよう》諫《いさ》めて曰《いは》く、「昔漢《かん》の明帝皇子《めいていくわうし》を封《ほう》ぜんと欲《ほつ》して曰く、『我が子豈《あ》に先帝《せんてい》の子と比《なら》ぶを得《え》んや』と。皆楚《そ》・淮陽《わいやう》に半《なかば》せしむ。今公主に資送すること長主に倍するは、明帝の意に異なること無きを得んや」と。上其《そ》の言《げん》を然《しか》りとし、入りて皇后に告《つ》ぐ。后嘆《たん》じて曰く、「妾《せふ》亟《しばしば》陛下《へいか》の魏徴を称重《しようちよう》するを聞くも、其の故《ゆゑ》を知らず。今其の礼義《れいぎ》を引きて以て人主《じんしゆ》の情《じやう》を抑《おさ》ふるを観《み》て、乃《すなは》ち真《しん》の社稷《しやしよく》の臣《しん》たるを知るなり。妾陛下と結髪《けつぱつ》して夫婦と為《な》り、曲《つぶさ》に恩礼《おんれい》を承《う》くるも、言《い》ふ毎《ごと》に必ず先《さき》に顔色《がんしよく》を候《うかが》ひ、敢《あ》へて軽《かろがろ》しく威厳《ゐげん》を犯《をか》さず。況《ま》して人臣の疎遠《そゑん》なるを以て、乃ち能《よ》く抗言《かうげん》すること是《か》くのごとし。陛下従《したが》はざるべからず」と。因《よ》りて中使《ちうし》を遣《つかは》して銭絹《せんけん》を齎《もたら》して以て徴に賜《たま》ふを請《こ》ふ。

上嘗《かつ》て朝《てう》より罷《かへ》り、怒《いか》りて曰く、「会《かなら》ず須《すべか》らく此《こ》の田舎翁《でんしやをう》を殺すべし」と。后誰《たれ》と為《な》すかを問ふ。上曰く、「魏徴毎廷《まいてい》我《われ》を辱《はづかし》む」と。后退《しりぞ》きて、朝服《てうふく》を具《そな》へて庭に立つ。上驚きて其の故を問ふ。后曰く、「妾聞くならく主明《しゆめい》なれば臣直《ちよく》なりと。今魏徴の直なるは、陛下の明なるに由《よ》る故なり。妾敢へて賀《が》せざらんや」と。上乃ち悦《よろこ》ぶ。

通釈

長楽公主が降嫁することになった。太宗は公主は皇后が生んだ娘であるため、とりわけ彼女を愛し、官吏に勅命を出して送別の金銭や財貨を（先帝の娘である）永嘉長公主の倍にさせた。魏徴が諌めて言うには、「昔漢の明帝が皇子に領地を与えたいと思って言うには、『私の子はどうして先帝の子と同列に扱うことができようか』と。すべて（先帝の子である）楚王と淮陽王の半分にさせました。今公主に送別の金銭や財貨を与えるにあたり長主の倍にするのは、明帝の意向と相違しているのではないでしょうか」と。太宗はその言葉をもっともだと考えて、部屋に入って皇后に告げた。皇后は感動して言うには、「私はたびたび陛下が魏徴を褒めたたえ重んじていることを聞いていますが、その理由がわかりませんでした。今魏徴が（明帝の）正しい行いを引用して主君の私情を抑えたことから考えて、やっと本物の国家の忠臣であることがわかったのです。私は陛下と結婚して夫婦となり、すべてにわたって恩寵を受けておりますが、お話しするたびに必ず先に顔色をうかがい、決して軽率に（陛下の）威厳を損ねないようにしています。まして（魏徴は）臣下で（夫婦よりも）疎遠な立場でありながら、このように（陛下に）反論することができました。陛下は従わなければなりません」と。そこで（皇后は太宗に）天子からの使者を送って金銭と絹織物を用意して魏徴にお与えになるように願い出た。

太宗はかつて朝廷から戻り、怒って言うには、「必ずあの田舎じじいを殺さなければならない」と。皇后が誰のことを言っているのかを尋ねた。太宗が言うには、「魏徴はいつも朝廷で私に恥をかかせる」と。皇后は退出して、礼服を身に着けて朝廷に現れた。太宗は驚いてその理由を尋ねた。皇后が言うには、「私の聞くところでは主君が賢明だから臣下は率直だとのことです。今魏徴が率直なのは、陛下が賢明だからです。私はどうして祝福せずにいられるでしょうか」と。太宗は喜んだ。

解法

(一)　現代語訳・趣旨

「明帝の意に異なること無きを得んや」と訓読する。「得無～乎」の「乎」は送り仮名に従えば反語の用法で、直訳すると〝～ないということがあり得るだろうか、いや、あり得ない〟であるが、ここでは、そうであるはずだという自分の考えを相手に問いかけるように示して同意を促す表現として、〝～ではないだろうか〟と解釈する。「於」は対象を示す置き字。「明帝之意」は、魏徴の言葉の初めに書かれているように、明帝が自分の子を先帝の子と同列に扱うわけにはいかないと考え、息子に与える領地を先帝の子の半分にしたというものである。「意」にあたる内容としては、自分の息子への処遇を先帝の子よりも低いものとしなければならないという考え方を示すのがふさわしい。

解答例　先帝の子に遠慮し、自分の子への処遇を控え目にしなければならないと考えた明帝の意向と相違しているのではないでしょうか

(二)　現代語訳・指示内容・趣旨

「今其の礼義を引きて以て人主の情を抑ふるを観て、乃ち真の社稷の臣たるを知るなり」と訓読する。「観」は、夫の太宗から告げられた魏徴の諫言を「観る」ということなので、〝考える・考察する〟という意味で解釈する。「其」は魏徴を指し、「引礼義以抑人主之情」は魏徴が明帝の正しい行いを引用して主君の気持ちを抑えたということ。「礼義」は、「礼」（＝〝規範〟）と「義」（＝〝道義〟）で〝人としての正しい行い〟、「人主」は〝主君・天子〟の意である。「人主之情」は、具体的には太宗が自分の娘を

贔屓して先帝の娘の倍の贈り物をしようとしたことを言っているので、〝私情・個人的な気持ち〟といった表現にする。「乃」は前の内容を受けてつなぐ言葉で、ここでは、それまでわからなかったことが「今観…人主之情」によって〝やっと・初めて〟わかったというつなぎ方であると読み取れる。「社稷」は〝国家〟の意。「真社稷之臣」は〝本当に国家のことを考えている臣下の者・本物の国家の忠臣〟ということである。

解答例　今魏徴が明帝の正しい行いを引用して主君であるあなたの私情を抑えたことから、やっと本物の国家の忠臣であることがわかりました

㈢　**現代語訳・趣旨**

「況して人臣の疎遠なるを以て、乃ち能く抗言すること是くのごとし」と訓読する。「況」は〝ましてや・なおさら〟の意。「人臣」は〝臣下・主君に仕える者〟。「疎遠」は、前文をふまえると、太宗と夫婦の間柄である皇后の立場に比べると魏徴は疎遠な関係であるということを言った抑揚表現にあたるものと判断できる。「以」は「人臣之疎遠」が「乃能抗言如是」と関連していることを示すもので、ここでは逆接・対比的な表現で処理をするのが適切である。「乃」は前とのつながりを表して置かれているが、「以〜、乃…」の理解を「以」の解釈で示すことができていれば、あえて訳出しなくてもよいだろう。「能」は可能を表す副詞。「抗言」は〝反論する〟の意で、魏徴が太宗の意向に反した諫言をしたということ。「如是」は前述のことを示して〝このようだ〟と述べたもので、「〜如是」は語順の通りに訳すと〝〜はこのようだ〟であるが、魏徴の諫言について言っていることは自明で、具体的な内容をここで示す必要もないので、〝このように〜した〟といった表現をとっておくとよい。

解答例　ましてや魏徴は夫婦より疎遠な臣下の立場なのに、このように陛下の意向に反した諫言ができました

㈣　因果関係

傍線部d自体の逐語訳は〝必ずあの田舎じじいを殺さなければならない〟。「会」は振り仮名のとおり〝必ず〟、「須」は「すべからく〜べし」と訓読する再読文字で〝〜なければならない〟の意、「田舎翁」は、礼儀作法を知らない粗野な人を罵って言ったものである。后からそれは誰のことかと問われた太宗自身が「魏徴毎廷辱我」と答えていることから、「此田舎翁」は魏徴のことを指し、殺さなければならない理由は魏徴がいつも朝廷で太宗に恥をかかせるからだとわかる。第一段落で紹介されているエピソードによれば、魏徴は太宗に公正な諫言をする臣下であることがうかがえ、第二段落当時の太宗はそれを自分が辱められていると感じていたということである。

解答例　魏徴がいつも朝廷で諫言するのは自分への侮辱だと思ったから。

㈤　趣旨

傍線部e自体は〝私はどうして祝福せずにいられるでしょうか〟の意。「妾」は女性の第一人称。「敢不〜」は、「敢」が反語のニュアンスを帯び、〝どうして〜しないでいられようか・どうしても〜しないわけにはいかない〟という意味となる。「賀」は〝祝う・喜ぶ〟の意。皇后が喜ばしく思ったことは、傍線部eの前に「主明臣直。今魏徴直、由陛下之明故也」と書かれている。主君が賢明だからこそ臣下

の者が率直でいられるという格言を引き合いに、臣下の魏徴が太宗に率直な諫言をしたということは、主君である太宗が賢明であることの証明だと見なすことができると言っているのである。

解答例

魏徴が率直に諫言したことによって、太宗が賢明な主君であることが証明されたということ。

二〇一三年度　文理共通

第三問

出典　金富軾《きんふしょく》『**三国史記**』列伝第五　温達

朝鮮に現存する最古の歴史書とされているもので、高句麗（高麗）の官僚金富軾らが編纂した。金富軾は儒学者でもあったため、中国の儒学思想に基づいた記述が多い。

書き下し

温達《をんたつ》は、高句麗平岡王の時の人なり。破衫弊履《はさむへいり》して、市井《しせい》の間に往来す。時人之を目して愚《ぐ》温達と為す。平岡王の少女児好《よ》く啼《な》く。王戯《たはむ》れて曰《いは》く、「汝《なんぢ》常に啼きて我が耳に聒《かまびす》し、当《まさ》に之を愚温達に帰《とつ》がしむべし」と。王毎《つね》に之を言ふ。女《むすめ》年二八《にはち》に及び、王高氏に下嫁《かか》せしめんと欲す。公主対《こた》へて曰く、「大王常に汝必ず温達の婦と為《な》れと語《つ》ぐ。今何故に前言を改むるや。匹夫《ひっぷ》すら猶《な》ほ食言を欲せず、況《いは》んや至尊においてをや。故に曰く『王者に戯言無し』と。今大王の命謬《あやま》れり。妾《せふ》敢《あへ》て祇《つつし》みて承《う》けず」と。王怒りて曰く、「宜《よろし》く汝の適《ゆ》く所に従ふべし」と。是に於て公主宮を出で独り行きて、温達の家に至る。盲たる老母に見《まみ》え、拝して其の子の在《あ》る所を問ふ。老母対へて曰く、「惟《こ》れ我が息《そく》飢うるに忍びず、楡皮《ゆひ》を山林に取る。久しくして未《いま》だ還《かへ》らず」と。公主出で行きて山下に至り、温達の楡皮を負ひて来るを見る。公主之《これ》と懐を言ふ。温達悖然として曰く、「此《これ》幼女子の宜く行ふべき所に非ず、必ず人に非ざるなり」と。遂に行きて顧みず。公主明朝更《さら》に入り、母子と備《つぶさ》に之を言ふ。温達依違して未だ決せず。其の母曰く、「吾が息至《いた》つて陋《いや》しく、貴人の匹《たぐひ》と為るに足らず。吾が家至つて窶《まづ》しく、固《もと》より貴人の居に宜《よろ》しからず」と。公主対へて曰く、「古人言ふ『一斗の粟猶ほ舂《つ》くべく、一尺の布猶ほ縫ふべし』と、則《すなは》ち苟《いやし》くも同心たれば、何ぞ必ずしも富貴にして然る後に共にすべけんや」と。乃《すなは》ち金釧を売りて、田宅牛馬器物を買得す。

通釈

温達は、高句麗平岡王の時代の人である。破れた上着に傷んだ靴を身に着け、町中を歩き回った。当時の人はこれを見て「愚温達」と呼んだ。平岡王の幼い娘はよく泣いた。王が冗談で言うには、「おまえはいつも泣くので私の耳にやかましい。おまえを愚温達に嫁がせることにしよう」と。王はいつもそう言っていた。娘は年齢が十六歳になり、王は高家に嫁がせたいと望んだ。公主（＝娘）が答えて言うには、「お父様はいつも『おまえは必ず温達の妻となれ』と言っていた。今どうして以前言ったことを変えるのか。身分が低い者でさえ前言を翻そうとはしないのだから、ましてやこのうえなく身分が高い王は言うまでもない。だから（世間で）言うには『王者に戯れの言葉はない』と。今お父様の指示は間違っている。私はどうしても承諾いたしません」と。王は怒って言うには、「おまえがしたい通りにすればよい」と。というわけで公主は宮殿を出て一人で赴き、温達の家に着いた。盲目の老母に目通りし、拝礼して彼女の息子の居場所を尋ねた。老母が答えて言うには、「私の息子はひもじさに耐えきれず、楡の樹皮を山林で採っている。かなり時間が経つがまだ帰っていない」と。公主は出て行って山の麓に着き、温達が楡の樹皮を背負って来るのと会った。公主は彼に思いを伝えた。温達は怒って顔色を変えて言うには、「これは若い女性がするようなことではない、（あなたは）きっと人ではないのである」と。そのまま立ち去って振り返ることもなかった。公主は翌朝再び訪れ、母子に詳しく事情を話した。温達はぐずぐずしてまだ心を決めかねていた。彼の母が言うには、「私の息子はきわめて卑しく、高貴なお方の夫となるにはふさわしくない。私の家はきわめて貧しく、もともと高貴なお方の住まいにふさわしくない」と。公主が答えて言うには、「古人が言うには『一斗の粟も臼で搗《つ》くことはできるし、一尺の布も縫うことができる（＝わずかな衣食でも生活はできる）』ということなので、仮にも心が通い合っていれば、どうして必ずしも裕福で高貴であってそのうえで一緒になる（＝結婚する）必要があろうか」と。そこで金の腕輪を売って、畑や家や牛や馬や家財道具を買い揃えた。

解法

㈠　**現代語訳**

「匹夫すら猶ほ食言を欲せず、況んや至尊においてをや」と訓読し、「A猶〔述語〕、況B乎」の抑揚の構文がとられている。Aにあたる「匹夫」は〝身分が低い男〟、Bにあたる「至尊」は〝このうえなく身分が高い者・大王〟の意。述語の「不欲食言」の「不欲～」は〝～しようとしない・～したがらない〟の意、「食言」は（自分で自分の）言葉を食べてしまうという意味から、前言を翻したり約束を破ったり嘘をついたりすることを表す。受験生には馴染みのない表現かもしれないが、傍線部aの前文の「改前言」や後の文の「戯言（＝いいかげんなことを言うこと）」とほぼ同じような意味ではないかと見当をつけたい。解答欄が二行あるので、「況至尊乎」の部分にもこの述語を補って仕上げる。

解答例

> 身分が低い者でさえ前言を翻そうとしないのだから、ましてやこのうえなく身分が高い王が前言を翻そうとしないのは言うまでもない

㈡　**趣旨**

「宜」は「宜《よろ》しく～べし」と訓読する再読文字で〝～するのがよい〟の意、末尾の「矣」は強意の置き字。「従汝所適」は逐語訳すると〝おまえがしたいことに従う〟で、平岡王が娘の公主に対して、自分の思う通りにすればよいと突き放して言ったものである。「適」はここでは「適《ゆ》く」と訓読する動詞

で、〝行く・嫁ぐ・志向する〟などの意味があるが、いずれで解するにしても、具体的には公主が温達に嫁ぐという内容を簡潔に示しておくのが適切である。

解答例　公主は自分が嫁ぎたい相手に嫁げばよいということ。

(三)　趣旨・指示内容

「公主之と懐を言ふ」と訓読する。「与」はここでは対象を表す助詞、「之」は指示代名詞で、温達を指していることは前文から明らか。「懐」はここでは（胸に抱いているものの意から）〝心中の思い〟という意味で、具体的には、公主の、自分は温達のもとに嫁ぎたいという思いのことである。

解答例　公主が温達に、妻になりたいという思いを伝えたということ。

(四)　現代語訳

「吾が息至つて陋しく、貴人の匹と為るに足らず」と訓読する。傍線部dには送り仮名が付されていないが、次の文との対句表現になっていることに気付けば、同様の読みや内容がつかめる。「吾息」は六〜七行目の「我息」と同意で〝私の息子〟の意。「至」は〝このうえなく・きわめて〟と強調する副詞、「陋」は「陋劣《ろうれつ》」「陋屋《ろうおく》」「陋巷《ろうこう》」等の「陋」で、卑しくむさくるしい様子を表す。「不足〜」は〝〜する値打ちがない・〜には不十分だ〟の意、「為」は動詞「（〜と）為《な》る」または断定の助動詞「たり」のいずれで解することもできる。「匹」はここでは〝配偶者・連れ合い〟の意。傍線部dの後の文と併せて、温達の母は、自分の息子や家は公主のような高貴な人の嫁ぎ先としてはふさわしくないということを言っているのである。

解答例　私の息子はきわめて卑しく、あなたのような高貴なお方の夫となるにはふさわしくない

㈤　**趣旨**

「苟くも同心たれば、何ぞ必ずしも富貴にして然る後に共にすべけんや」と訓読する。「苟」は仮定を表す副詞、「為」はここでは「たり」と訓読する断定の助動詞、「同心」は〝同じ思いであること・心が通い合っていること〟。後に述べることへの前置きとして、〝心が通い合ってさえいれば〟という条件を示している部分である。「何〜乎」は反語で、副詞の「必」と併せて部分否定となり、要するに〝必ずしも〜ではない〟ということ。「〜然後可…」は逐語訳すると〝〜であってその後に…できる〟、すなわち〝〜が成立してからでないと…できない・〜が…のための前提条件である〟という意味である。「共」はここでは〝一緒になる・結婚する〟ということであろう。〔解答例〕は傍線部eの構文におおむね即して書いたが、さらに全体をまとめて、「結婚相手についての条件は心が通い合っていることのみであって、身分や財産は関係ないということ。」といった解答も考えられる。

解答例　心が通い合ってさえいれば、結婚相手がもともと高貴で裕福な人でなくてもかまわないということ。

二〇一二年度　文理共通

第三問

出典

左丘明《さきゅうめい》『**春秋左氏伝**《しゅんじゅうさしでん》』昭公二十年

孔子が編集したとされる魯の年代記『春秋』の注釈書。『春秋』に述べられた事象について、史実に基づく詳しい説明を加えたもので、『春秋公羊伝』『春秋穀梁伝』と共に「春秋三伝」と称されている。

書き下し

公曰《い》はく、「唯《た》だ拠と我と和《わ》するかな」と。晏子対《こた》へて曰はく、「拠も亦《また》同するなり。焉《いづ》くんぞ和と為すを得んや」と。公曰はく、「和と同と異なるか」と。対へて曰はく、「異なり。和は羹《かう》のごとし。水火醯《けい》醢《かい》塩梅以て魚肉を烹《に》て、之を燀《た》くに薪《たきぎ》を以《もつ》てす。宰夫之を和し、之を斉《ととの》ふるに味を以てし、其の及ばざるを済《ま》して、以て其の過ぐるを洩《へ》らす。君子之を食らひて、以て其の心を平らかにす。君臣も亦然《しか》り。君の可《か》と謂《い》ふ所にして否《ひ》有らば、臣其の否を献じて、以て其の可を成《な》す。君の否と謂ふ所にして可有らば、臣其の可を献じて、以て其の否を去る。是を以て、政平らかにして干《をか》さず、民争ふ心無し。先王の五味を済へ、五声を和するや、以て其の心を平らかにして、其の政を成すなり。声も亦味のごとし。君子之を聴き、以て其の心を平らかにす。今拠は然らず。君の可と謂ふ所は、拠も亦可と曰ひ、君の否と謂ふ所は、拠も亦否と曰ふ。水を以て水を済すがごとし。誰か能《よ》く之を食らはん。琴瑟《きんしつ》の専一なるがごとし。誰か能く之を聴かん。同の可ならざるや是くのごとし」と。

通釈

公（＝斉の君王景公）が言うには、「実に拠（＝梁丘拠）と私とは調和するなあ」と。晏子が答えて言うには、「拠もまた同調しているのである。どうして調和すると言えようか」と。公が言うには、「調和と同調とは違うのか」と。答えて言うには、「違う。調和は吸い物のようなものだ。水・火・酢・塩辛・塩・梅などを使って魚や肉を煮て、そのための火を熾《おこ》すために薪を使う。料理人はそれらを調和させ、料理を仕上げるにあたっては味を基準とし、足りないものを増やして、多すぎるものを減らす。君子がそれを食べて、自分の心を安らかにする。君主と臣下もまた同様だ。君主が適正だと言うことで誤りがあれば、臣下はその誤りを進言して、適正なように変える。君主が誤りだと言うことで（実は）適正なことがあれば、臣下はその適正さを進言して、誤りを避ける。それによって、政治は安定して道理に背かず、民衆は争う気持ちを持たない。上古の優れた君主たちは五種の味覚を調え、五種の音階を調和させていたことで、自分の心を安らかにして政治を行った。音階もまた味覚と同じようなものだ。君子はそれを聴き、自分の心を安らかにした。今、拠はそうではない。あなたが適正だと言うことは、拠もまた適正だと言い、あなたが誤りだと言うことは、拠もまた誤りだと言う。水で水を増やす（＝料理の際に水に水を足す）ようなものだ。誰がそのような料理を食べることができるだろうか。琴と瑟の音色に違いがないようなものだ。誰がそのような音楽を聴くことができるだろうか。同調が良くないというのは、このようなわけだ」と。

解法

(一)　**趣旨**

料理人が吸い物の味を調える際に行うことを述べた部分で、付されている振り仮名により、「済」は動詞「ます」（＝〝増やす〟）、「洩」は動詞「へらす」（＝〝減らす〟）と解釈することがわかる。「其」は前文に列挙されている調味料や火力を指している。

解答例　調味料や火力を、足りない場合は増やし多すぎる場合は減らすこと。

㈡

㈠ 現代語訳

「君の可と謂ふ所にして否有らば、臣其の否を献じて、以て其の可を成す」と訓読する。「可」と「否」は、ここでは政治において君主や臣下が判断することという文脈から、それぞれ〝適正なこと・正しいこと〟、〝不適切なこと・誤っていること〟と解釈する。「所謂可」の「所」は動詞を名詞化する用法、「謂」は動詞「謂ふ」（＝〝言う〟）。「而」は前後をつなぐ置き字、「焉」は語調を強める置き字。「成」は「なす」と訓読されているので、〝実現させる・成立させる〟という意味の他動詞として解釈する。

解答例　君主が適正だと言うことで誤りがあれば、臣下はその間違いを進言して、適正なように直す

㈡ 因果関係

傍線部bとその次の文とは対句になっており、君主の判断を臣下が適切に修正するという内容が述べられている。それを受ける「是以」の後に、政治が安定し不正はなく民衆も穏やかになるという望ましい結果が提示されている。

解答例　政平而不干、民無争心

㈢　現代語訳

「水を以て水を済すがごとし。誰か能く之を食らはん」と訓読する。この「若」は「ごとし」と訓読して比喩を表すもので、「以水済水」は傍線部aを含む部分にある料理の例が再び挙げられているものである。「誰」は述語の末尾に送り仮名の「ン」があることからここでは反語の用法、「能」は可能を表す。味を見ながらさまざまな調味料を加減していくのではなく、無味の水にさらに水を足すような調味のしかたでは、出来上がった料理には何の味もなく、食べられたものではないということである。「誰能食之」は丁寧に訳すと〝誰がこれを食べることができるだろうか、いや、誰も食べることはできない〟であるが、構文はなるべく崩さないことを前提に、反語の結論部分だけを示して解答欄に収める。

解答例　水に水を加えるようなものだ。誰もそんな料理を食べるに堪えない

㈣　主張

傍線部d自体は、「同の可ならざるや」と訓読する。まず、晏子の言葉全体を通じて、彼が考える「和」と「同」の違いを押さえよう。料理や音楽の例によれば、さまざまな条件の見極めや適切な処置を加えたうえで全体をまとめるのが「和」であるのに対して、気遣いや工夫もなく単調なさまが「同」である。拠についてはさらに具体的に、景公の言うことにすべて従うのみであると明言されている。要するに拠の景公に対する態度は単なる同調・迎合であるということだが、臣下として必要な判断や諫言を行おうとする態度が一切見られないという批判も一言添えてまとめるのが望ましい。

解答例　適否を判断せず、君主景公の意見に同調するのみである態度。

二〇一一年度　文理共通　第三問

出典

白居易「**放旅雁**」（『白氏文集』巻第十二）

白居易は中唐の有名な詩人。字《あざな》は楽天。『白氏文集』はその代表的な詩文集で、平安期の日本でも愛読され、当時の日本文学に影響を与えたとされている。

書き下し

旅雁を放つ　元和十年冬の作

九江十年冬大いに雪ふり
江水は氷を生じ樹枝は折る
百鳥食無くして東西に飛び
中に旅雁有りて声最も飢ゑたり
雪中に草を啄《ついば》みて氷上に宿り
翅《はね》は冷えて空に騰《のぼ》れども飛動すること遅し
江童網を持して捕らへ将《も》ち去り
手に携《たずさ》へて市に入りて生きながら之を売る
我は本《もと》北人にして今は讁謫《けんたく》せらる
人と鳥と殊《こと》なると雖《いへど》も同じく是《こ》れ客なり
此の客鳥を見るは客人を傷ましむ
汝を贖《あがな》ひ汝を放ちて飛びて雲に入らしむ

雁よ雁よ汝は飛びて何処にか向かふ
第一に飛びて西北に去ること莫かれ
淮西《わいせい》に賊有り討《う》つも未《いま》だ平らかならず
百万の甲兵久しく屯聚《とんしゅ》す
官軍と賊軍と相《あ》ひ守りて老《つか》れ
食尽き兵窮まりて将に汝に及ばんとす
健児は飢餓して汝を射て喫《くら》ひ
汝の翅翎《しれい》を抜きて箭羽《せんう》と為さん

通釈

旅の雁を放つ　元和十年冬の作
江州は（今年元和）十年の冬、たいそう雪が降り
川の水は氷が張り、樹木の枝は折れる
鳥たちは食べ物がなくて東西に飛び回り
その中に旅の雁がいて、鳴き声は最も飢えているようだ
雪の中で草をついばんで、氷の上で休み
羽は冷えて、空に飛び上がろうとしてもなかなか飛び立てない
川べりに住む子供が網を持って捕まえ、持ち帰り
手にぶらさげて市場に入り、生きたまままこれ（＝捕まえた雁）を売る
私はもともと北方の者で、今は左遷されている
人と鳥とは異なるというものの、まさに同じように異郷の地にいる者だ

この異郷の地にいる鳥を見ることは、異郷の地にいる者に悲しみを催させる
おまえを買い取り、おまえを放って、飛んで雲に飛び込ませてやろう
雁よ、雁よ、おまえは飛んでどこへ向かうのか
決して北西の方角に飛んで行ってはならない
淮西に反逆者がいて、討伐しようとするがまだ平定できず
百万の武装兵が長い間駐屯している
官軍も賊軍もともに敵の攻撃に備えて疲れ
食糧もなくなり兵器も底をついて、おまえに手を伸ばすだろう
兵士は飢えておまえを射殺して食べ
おまえの羽を抜いて矢に付ける羽とするだろう

解法

(一)　空所補充

aは雁が草をつついて餌をあさる場所、bは雁が眠る場所にあたり、うまく飛び上がれないほど羽が冷えるという第六句へのつながりを考慮すると、aもbも寒さの厳しい環境を表す言葉が考えられる。その年の寒冷な気候を詠んだ第一句から第四句の語のうち、草が深い雪に覆われた状態としてaには「雪」が、鳥が降り立って休む川に氷が張っている状態としてbには「氷」があてはまる。

解答例

a	雪	b	氷

㈡ 現代語訳・指示内容

「生きながら之を売る」と訓読する。前の句「江童…」から傍線部ｃまでが一文をなしており、地元の子供が雁を網で捕らえて市場へ持ち込むという流れから、「之」はその雁を指していると容易に判断できるだろう。「生」は雁を生きたままの状態で売るということを示す副詞として用いられている。本来は「生きながら（にして）之を売る」という語順通りに訳したいところであるが、「之（＝雁）」に多少の説明を加えると、副詞「生」が動詞「売」に係っていることが不明確になるため、〔解答例〕のように整えた。

解答例　捕らえた雁を生きたままで売る。

㈢ 心情

「同じく是れ客なり」と訓読する。「同じく」は「人と鳥と」について言ったもの。「是」は語調を整えるために置かれるが、〝すなわち・まさに〟といったニュアンスでもとらえることができる。「客」は〝旅人・異郷の地にある者〟の意で、具体的には、左遷されて異郷の地にいる失意の自分と、飛来地でつらい目に遭っている雁とがまさに同じような境遇にあると感じているということである。傍線部ｄの次の句で、渡り鳥の有様は異郷の地にいる人間に悲しみを催させると詠まれていることも確認しよう。雁と作者自身の状況を共通点がわかるように簡潔に示したうえで、「同情」や「共感」などの心情を表す言葉でまとめるとよい。

解答例　渡り鳥の雁を異郷の地に左遷された自分になぞらえて同情する心情。

㈣　**趣旨**

訓点と振り仮名の通りに素直に解釈できる。「汝」が雁を指していることは明らか。「贖」は〝金品と引き替えに償う〟という意味であるが、「贖汝放汝」で〝（捕らわれ売られていたおまえを）買い取って自由にしてやる〟と解釈できれば十分。「飛入雲」は、要するに雁を大空へ飛んで行かせたということである。

解答例　作者が雁を買い取り、空へ飛び立たせてやったということ。

㈤　**趣旨**

「将」は近い未来の予測を表す再読文字で、傍線部fの訓読は「将に汝に及ばんとす」。雁の身に何が起こりそうなのかを具体的に説明する。まず、第十五句「淮西有賊…」から傍線部fの前までの内容から、逆賊と官軍の戦いが膠着状態で、多くの兵士たちが食糧も兵器も尽きて疲弊しているという状況を押さえよう。傍線部fは、そのような兵士たちが雁に触手を伸ばすことを推測したものである。具体的には、傍線部fの後の二句に書かれているように、射殺して食べ、羽は抜いて矢に使用するだろうということである。

解答例　長期の戦いで困窮した兵士たちが、食糧と兵器の足しにするために雁を射殺すだろうということ。

二〇一〇年度　文理共通

第三問

出典　文瑩《ぶんえい》『玉壺清話《ぎょくこせいわ》』巻六

文瑩は宋代の僧で、詩文にすぐれ、さまざまな逸話を著作として遺している。『玉壺清話』は十巻から成り、『玉壺野史』とも称される。

書き下し

一巨商姓段《せいだん》なる者、一鸚鵡《あうむ》の甚《はなは》だ慧《けい》なるを蓄《やしな》ふ。能《よ》く李白《りはく》の宮詞を誦し、客《かく》至る毎《ごと》に則《すなは》ち茶を呼び、客人の安否寒暄《かんくわん》を問ふ。主人之《これ》を惜《をし》み、意を籠豢《ろうくわん》に加《くは》ふ。一旦段生事を以て獄に繋《つな》がる。半年にして方《はじ》めて釈《ゆる》されて家に到《いた》り、籠に就《つ》きて与《とも》に語りて曰く、「鸚哥《あうか》、我獄中より半年出づる能はず、日夕惟只《ただ》汝を憶《おも》ふのみ。家人の餧飲《ゐいん》、時を失ふこと無きや否や」と。鸚哥語りて曰く、「汝禁に在ること数月にして堪へざるは、鸚哥の籠閉《ろうへい》せられて歳《とし》久しきに異ならず」と。其の商大いに感泣し、乃《すなは》ち特に車馬を具《そな》へ、携して秦隴《しんろう》に至り、籠を掲げて泣きて放つ。其の鸚哥羽を整へ徘徊し、去るに忍びざるに似たり。後に聞くならく官道の隴樹の末に止巣《しさう》し、凡《およ》そ呉商の車を駆《か》りて秦に入る者あれば、巣外に鳴きて曰く、「客還《また》我が段二郎の安否を見るや。若し見《まみ》ゆる時あれば、我が為に鸚哥甚だ二郎を憶ふと道《い》へ」と。

通釈

ある豪商で姓は段という者が、一羽のたいそう賢い鸚鵡を飼っていた。（その鸚鵡は）李白の宮詞（＝宮中に仕える女性の愁いをうたった詩）を暗誦したり、客が訪れるたびに茶を出すよう促したり、客人の日常の様子や天候の寒暖を尋ねたりすることができた。飼い主（＝段）はその鸚鵡を大切にし、鳥籠や餌に気を配った。ある日段氏は事情があって牢獄に捕らわれた。半年経ってようやく釈放されて自宅に戻り、籠にとりすがって語りかけて言うには、「鸚鵡よ、私は獄中から半年出ることができなかったが、いつもひたすらおまえだけを思っていた。家の者の餌やりや水やりは、時間通りでないことはなかったかどうか」と。鸚鵡が語って言うには、「あなたが監獄に数か月間いて耐え難かったのは、私が籠に長年閉じ込められているのと同じだ」と。この商人はひどく衝撃を感じて泣き、それからわざわざ車馬を手配し、（鸚鵡を）連れて秦隴へ行き、籠を掲げて泣きながら放した。その鸚鵡は羽を畳んで歩き回り、飛び去り難そうに見えた。後で聞いたところによると、（鸚鵡は）公道の丘の上の木の梢に巣を作り、呉の商人で車を走らせて秦に入る者がいる時はいつも、巣の外で鳴いて言うには、「旅のお方はところで私の段二郎の安否をご存知か。もしお会いする時があれば、私のために『鸚鵡はたいそう段二郎を懐かしんでいる』と伝えてくれ」と。

解法

㈠　趣旨・指示内容

「主人」は鸚鵡の飼い主である段、「之」は鸚鵡を指す。「惜」は〝大切にする・かけがえのないものとして愛する〟、「加意〜」は〝〜に気を配る・〜に注意を払う〟の意。段が鳥籠や餌に配慮を尽くし、鸚鵡を大切に飼育していたことを言っている。

解答例　段が、鸚鵡を愛し、鳥籠や餌に気を配って飼っていたということ。

㈡　現代語訳

「家人の餧飲、時を失ふこと無きや否や」と訓読する。「家人餧飲」は、文脈や〔注〕から、段が投獄されている間の段の家の者たちの餌や水の与え具合のことであると読み取れる。「失時」は時機を失ったり時間に遅れたりすること、「無〜否」は〝〜がなかったかどうか〟という意味。傍線部は段が鸚鵡に対して、自分が不在の間、家の者が餌や水を用意するのを忘れたり時間が遅くなったりすることがなかったかと気遣って問いかけているものである。以上の状況をふまえたうえで、現代語訳問題なので、なるべく構文を崩さずに書くよう注意してほしい。

解答例　家の者が餌や水を用意するのは、時間通りでないことはなかったか

(三)　因果関係・心情

傍線部cの前の鸚鵡の言葉に注目。商人（＝段）が普段から大切に鸚鵡を飼い、自分が投獄されていた間もどんなに心配していたかを訴えたのに対し、鸚鵡は、段の数か月間の獄中生活の苦しみは籠の中に何年も閉じ込められている自分と同じであると語った。段はその言葉を聞いて鸚鵡の気持ちに初めて気付き、捕らわれの身で過ごすつらさに身をもって思い至ったということである。

解答例　自分の獄中生活と同等の苦しみを、何年も籠の中で飼っている鸚鵡に強いていたと気付いたから。

(四)　省略の補足

前文の「見」の主語「客」と目的語「我段二郎」が傍線部にもそのまま該当する。それぞれを適切な言葉で具体的に示すことがポイント。「客」は漢文では〝旅人〟の意味があり、具体的には「呉商駆車

入秦者」を指している。「我段二郎」は〝私の親愛なる段二郎〟といった意味合いであるが、鸚鵡との関係を客観的に示しておくのがよい。秦隴に巣を作った鸚鵡は、段が住んでいる呉の国から秦にやって来た商人に、自分のかつての飼い主であった段の安否を知っているかと尋ね、もし会うことがあれば伝言してほしいと頼んでいるのである。「若」はここでは「もし」と訓読して仮定を表す副詞として用いられている。

解答例　呉から来た旅の商人が、鸚鵡の飼い主であった段に会う時。

㈤　現代語訳

付されている返り点から構文をつかみ、文脈にふさわしい意味で解釈する必要がある。「為我」は「我《わ》が為《ため》に」と訓読し、対象を表す副詞的な成分となっている。この文全体の述語は「道」。この「道」は動詞「いふ」で〝言う・語る〟という意味である。鸚鵡が旅の商人に呼びかけ依頼している言葉なので、命令文として「いへ」と訓読する。「鸚哥甚憶二郎」が「道」の目的語成分で、「鸚哥（が）甚だ二郎を憶ふ」ということを「道《い》へ」と求めているのである。「憶」は〝懐かしく想う〟という意味の動詞。全体で、「我が為に鸚哥甚だ二郎を憶ふと道へ」と訓読する。

解答例　私のために「鸚鵡がとても段二郎を懐かしんでいる」と伝えてくれ

二〇〇九年度　文理共通　第三問

出典　万里集九《ばんりしゅうく》『**梅花無尽蔵**』

室町時代の漢詩文集。万里集九の作。万里集九は漢詩をよくした禅僧で、太田道灌から江戸城に招かれ、「梅花無尽蔵」という庵に住んだという。

書き下し

宋《そう》の神廟趙鉄面《しんべうてうてつめん》に謂《い》ひて曰《いは》く、「卿《けい》の蜀《しよく》に入りたるとき、一琴一亀《いつきんいつき》を以て自《みづか》ら随《したが》へ、政《まつりごと》を為《な》すこと簡易なり」と。一日《いちじつ》余《よ》の友人、小画軸を袖《しう》して来り、賛語を需《もと》めらる。何の図たるかを知らず。壁間に掛くること月を逾《こ》え、坐臥《ざぐわ》に焉《これ》を質《ただ》す。梅は則《すなは》ち花中の御史《ぎよし》、趙抃《べん》の鉄面御史たるを表す。屋頭《をくとう》に長松《ちやうしよう》の屈蟠《くつばん》して、大雅《たいが》の風声《ふうせい》有るは、豈《あ》に一張《いつちやう》の琴に非《あら》ずや。一亀も亦《ま》た水上に浮游す。神廟の片言《へんげん》、頗《すこぶ》る絵の事と符を合《がふ》す。之を名《なづ》けて「趙抃一亀図」と曰《い》へば、則ち可《か》ならんか。

怪《あやし》む莫《なか》れ床頭《しやうとう》に琴を置かざるを
長松毎日遺音《ゐおん》を送る
主人の鉄面に何の楽しみ有りや
唯《た》だ一亀をして此《こ》の心を知らしむるのみ

通釈

宋の神宗皇帝が趙鉄面に言ったことには、「あなたが蜀に来た時、一張りの琴と一匹の亀を身に携え、政治を行うことにおいては無駄もなくおおらかであった」と。ある日私の友人が、小さな絵の掛け軸を袖に入れてやって来て、（私はその友人から）絵に書き添える詩句を頼まれた。（私は）何の絵であるのかわからなかった。壁に掛けたまま一か月以上、毎日常にそれを自問し追究した。梅は花の中で御史（＝官僚の不正行為を糾す官職）にあたり、趙抃が剛直な御史であったことを表している。屋根の上に大きな松がくねくねと曲がって枝を張り、雅びな音楽のような風の音がするのは、何とまあ一張の琴のようではないか。一匹の亀もまた水面を泳ぎ回っている。神宗皇帝のちょっとした言葉が、実にうまく絵の内容と一致している。これを名付けて「趙抃一亀図」と言うと、ちょうどよいだろうよ。

不審に思ってはいけない、枕元に琴を置いていないのを。

大きな松が毎日美しい響きを残す。

主人である鉄面（＝剛直な官人である趙抃）には何の楽しみがあったのだろうか。

ただ一匹の亀が彼の気持ちを表しているだけだ。

語釈

大雅――『詩経』の詩体の一つで、宮廷の宴や祭礼の楽歌のことであるが、ここでは、雅びで美しい曲や歌の意で用いられているとみる。

解法

㈠　因果関係

傍線部a自体は〝壁に掛けたまま一か月以上、毎日常にそれを自問し追究した〟という意味で、筆者がそうした理由は前の二文にある。「見需」の「見」は受身の助動詞、「需」は「もとむ」を基本形とする動詞で、筆者が友人から絵の掛け軸に詩句を添えるよう頼まれたということ。「不知為何図」は〝何の絵であるのかわからなかった〟ということ。筆者は、友人から、掛け軸の絵に詩句を添えてほしいと頼まれたが、その絵が何の絵なのかわからなかったため、壁に掛けて常に眺め、考え続けていたのである。

解答例　友人から詩句を添えるよう頼まれた絵の意味がわからなかったから。

㈡　現代語訳

「豈に一張の琴に非ずや」と訓読する。「豈～邪」は反語、「非」は否定を表すので、併せて二重否定になり、要するに「一張琴」であることを詠嘆的に強調する文となっている。傍線部bの前で、松の木に風が吹いて風情ある音を立てる様子が述べられているので、「一張琴」は美しい音色を出すもののたとえであることを示しておきたい。

解答例　何とまあ一張の琴のように風情ある音色ではないか

㈢　趣旨

傍線部c自体は〝神宗皇帝のちょっとした言葉が、実にうまく「絵《ノ》事」と一致している〟の意で、「絵事」とは、絵に描かれていたもののこと。筆者は当初はその意味がわからず一か月以上考えた（＝傍線部a）結果、傍線部cで故事との符合に合点がいったということで、この間の三つの文に、絵に描かれているものとその意味とが述べられている。それぞれの文の冒頭で「～ハ」「～モ」と提示されている「梅」「屋頭長松之屈蟠、而有大雅風声」「一亀」が「絵事」の三つにあたるが、解答欄は一～二字分の見当なので、「梅」「(長) 松」「(一) 亀」と答えることになる。

解答例　梅　松　亀

㈣　趣旨・因果関係

絶句の第一句と第二句は「起・承」をなしているので、この二句の関連に注目。大きな松の木の残響が毎日あるのだから、美しい音色を出すものとしてわざわざ楽器などを使う必要はないということである。地の文では傍線部bを含む文に書かれている内容で、ここから「琴」を抜き出す。七言の詩は初句と偶数句の句末に押韻があるので、「琴」「音」「心」の音が「キン」「イン」「シン」であることも確認できる。

解答例　琴

㈤　指示内容・主題

傍線部eを含む句は、使役の構文で〝ただ一匹の亀にこの心を知らせるだけだ〟と直訳できる。前の句に〝主人の鉄面（＝剛直な趙抃）に何の楽しみがあるのか〟とあることから、傍線部eの「此」は趙抃を指し、亀だけが趙抃の心を知っていると詠まれている。趙抃は、「趙鉄面」の〔注〕にもあるように剛直な人物で、皇帝にも認められる政治を行ったが、現地に入る際には琴と亀を携えていたという。また、彼を描いたと思われる絵では、自宅の松に風が吹き寄せ、池に亀が泳ぎ回っている。以上のことから、趙抃は、剛直で孤独な官人である一方で、風雅な暮らしを楽しむ心を持った人物であったということが読み取れる。

解答例　趙抃の、剛直な官人として孤高な立場でありながらも、自然の風情を楽しんで過ごす風雅な心。

二〇〇八年度 文理共通 第三問

出典 兪樾《ゆえつ》『右台仙館筆記《ゆうだいせんかんひっき》』

清代末の学者兪樾が撰集した説話集で、六百余の話が収められている。

書き下し

周鉄厓《しうてつがい》屢《しばしば》秋闈《しうゐ》を試《う》くるも售《う》からず。一日《いちじつ》他処より帰り、夜船を村落の間に泊む。水に臨む一家を望見するに、楼窓の外に碧火《へきくわ》の環《くわん》なるがごとき有り。舟人見て駭《おどろ》きて曰く、「縊鬼《いき》代を求むるに、多く此《こ》の状を作《な》す。此の家必ず将《まさ》に縊《くび》りて死なんとする者有らん。慎んで声する勿《なか》れ、鬼人の覚《さと》る所と為《な》れば、且《まさ》に禍を人に移さんとす」と。周奮然として曰く、「人の死なんとするを見て救はざるは、夫《ふ》に非ざるなり」と。岸に登り、門を叩きて大呼す。其の家出て問ひ、告ぐるに故《ゆゑ》を以てすれば、大いに驚く。蓋《けだ》し姑婦《こふ》方《まさ》に勃谿《ぼつけい》し、婦泣涕《きふてい》して楼に登る。周の言を聞き、亟《すみ》やかに共に楼に登り、闥《たつ》を排《ひら》きて入るに、婦手に帯を持ちて牀前《しやうぜん》に立ち、神《しん》已に痴たり。之を呼ぶこと踰時《ゆじ》にして始めて覚《さ》め、挙家《きよか》共に之を勧慰すれば、乃《すなは》ち已《や》む。周次日《じじつ》家に抵《いた》る。夢に一老人之に謂ひて曰く、「子《し》善を為すに勇なり、宜しく其の報を食《う》くべし」と。周曰く、「他は敢へて望まず、敢へて問ふ我科名《くわめい》に於いて何如《いかん》」と。老人笑ひて示すに掌《たなごころ》を以てす。掌中《しやうちゆう》に「何可成」の三字有り。寤《めざ》めて歎《たん》じて曰く、「科名望無からん」と。其の明年、竟《つひ》に賢書に登る。是の科の主試者は何公《かこう》たれば、始めて夢語の巧合《かうがふ》を悟るなり。

通釈

周鉄厓は何度も秋に各省で行われる科挙を受験したが合格しなかった。ある日よそから帰り、夜に船を村落の辺りに停めた。川に面したある家を眺めていると、上階の窓の外に青い火が輪を作っているようなものがあった。船頭が見て驚いて言うには、「首を吊って死んだ亡魂が（冥界から人間界へ戻るため）交代する人を求める時に、よくこのような状態となる。この家はきっと今にも首を吊って死のうとしている者がいるのだろう。決して声を出してはいけない、（そのわけは）亡魂は人に気付かれると、災いを（その）人に移そうとする（からだ）」と。周は勇み立って言うには、「人が死のうとするのを見て救わないのは、一人前の男ではないのである」と。岸に登り、門を叩いて大声で呼んだ。その家の人が出てきて尋ね、（周が）理由を告げると、（家の人は）たいそう驚いた。そういえば姑と嫁がちょうどけんかをして、嫁が涙を流して泣いて上階に登った。周の言葉を聞き、急いで皆で上階に登り、小門を開いて入ると、嫁は手に帯を持って寝台の前に立ち、心はすでに虚ろである。彼女に呼びかけてほどなくして（嫁は）やっと正気に戻り、家中の者が皆で彼女をなだめたところ、やっと（嫁は）思いとどまった。周は次の日家に着いた。夢で一人の老人が彼に言うには、「あなたは勇敢に善行をなしたので、その報いを受けるがよい」と。周が言うには、「他のことは全く望まないが、思い切って尋ねるのは私が科挙に合格することについてはどうか」と。老人は笑って手のひらを示した。手のひらの中に「何可成」という三字が（書いて）あった。（周は）目を覚まして嘆いて言うには、（「何ぞ成るべけんや」と解釈して）「科挙に合格する望みはないのだろう」と。その翌年、ついに秋に行われる科挙に合格した。この科挙の試験の総責任者は「何」という姓の人であったので、（周は）初めて夢のお告げがうまく符合していたことに気付いたのである。

語釈

牀前――「牀」は寝床・寝台の意。

解法

㈠　因果関係

傍線部aの「慎勿～」は〝決して～してはいけない〟の意。決して声を出さないようにと船頭が注意した理由は、傍線部aの後の「鬼為人所覚、且移禍於人（＝〝亡魂は人に気付かれると、災いをその人に移そうとする〟）」にあたる。「鬼」は、「求代」に付された〔注〕から〝亡魂〟の意とわかる。「為～所…」は「～の…所と為る」と訓読し受身を表す形で、〝～に…される〟と訳すもの。「且～」は「まさに～んとす」と訓読する再読文字で、〝～しようとする〟の意である。

解答例　人間界へ戻るため、交代する者を求める亡魂は、人に気付かれると災いをその人に移そうとするから。

㈡　因果関係

たまたま通りかかった家に首吊り自殺をしようとしている者がいるようだと知った周鉄厓が、見捨てて行くことができずにその家を訪れ、家族に事情を知らせたということなので、「大驚」の主語はその家の者たちで、周から思いがけない話を聞かされて驚いたと読み取れる。さらに傍線部bの後に「蓋姑婦方勃谿、婦泣涕登楼（＝〝そういえば姑と嫁がちょうどけんかをして、嫁が涙を流して泣いて上階に登った〟）」とあることから、周の話と考え合わせると、その嫁が首を吊るということではないかと思い当たり、慌てたというのである。傍線部bの前と後の内容をそれぞれ押さえてまとめる必要がある。

解答例　誰かが縊死しそうだと聞き、姑とけんかした嫁が泣きながら上階に登ったことに思い当たったから。

(三)　**現代語訳・省略の補足・指示内容**

「挙家共」は〝家中の者が皆〟、「勸慰」は、「勸」が〝言い聞かせる・説き勧める〟、「慰」が〝なだめる・いたわる〟、「之」は嫁を指している。家族が言葉を尽くして嫁を落ち着かせ、早まったことをしないようになだめたということである。「乃」は「すなはち」と読み〝そこで・そして〟の意、「已」は「やむ」と読み〝とどまる〟の意。正気を失って首を吊ろうとしていた嫁が、家族の説得によって思いとどまったということである。

解答例　家族が皆で嫁をなだめたところ、嫁はやっと自殺を思いとどまった

(四)　**現代語訳・書き下し**

周鉄厓はこの三字を見て「科名無望矣（＝〝科挙に合格する望みはないのだろう〟）」と嘆いていることから、「何」は反語、「可」は可能、「成」は〝成就する〟の意と判断できる。「何可～」は、反語の場合は「なんぞ～べけんや」と訓読する。

解答例　なんぞなるべけんや

㈤　**趣旨**

傍線部eは〝初めて夢のお告げがうまく符合していたことに気付いた〟という意味である。夢のお告げとは、夢に現れた老人に周鉄厓が善行の報いとして科挙に合格できるかどうかを知りたいと望んだところ、老人は「何可成」の三文字を示したというもの。㈣で解答したように、周は当初はそれが不合格を意味していると思って嘆いていたが、翌年の科挙に合格した。その科挙の総責任者が「何」という姓の人物であったことから、「何可成」は「何《か》成《な》すべし」、つまり〝何という人物が（周を合格者に）させるはずだ〟という意味であったのだと気付いたということである。

解答例

周鉄厓は、夢で老人が示した三文字が、何という人物が科挙に合格させてくれるという意味であったことにやっと気付いたということ。

二〇〇七年度　文理共通　第三問

出典　陶宗儀《とうそうぎ》『**輟耕録**《てっこうろく》』第十一巻

陶宗儀は元末から明初の学者で、農耕生活のかたわら教育・著述活動を行い、『輟耕録』を著した。『輟耕録』は著者の号である南村を冠して『南村輟耕録』とも称される。

書き下し

木八剌《ぼくはつらつ》、字《あざな》は西瑛《せいえい》、西域の人なり。一日《いちじつ》、妻と対飯し、妻小金鎞《せうきんへい》を以て臠肉《れんにく》を刺し、将《まさ》に口に入れんとするに方《あた》りて、門外に客の至る有り。西瑛出て客を粛《すす》む。妻啖《くら》ふに及ばず、且《しばら》く器中に置き起《た》ちて去《ゆ》き茶を治む。回《かへ》るに比《およ》び、金鎞を覓《もと》むる処《ところ》無し。時に一小婢側《ひそば》に在《あ》りて執作《しつさく》す。其《そ》の窃《ひそ》かに取るを意《おも》ひ、拷問すること万端なれど、終《つひ》に認むるの辞無く、竟《つひ》に命を隕《おと》すに至る。歳余ありて、匠者《しやうしや》を召《まね》きて屋を整へ瓦瓴《ぐわれい》の積垢《せきこう》を掃《はら》ふに、忽《たちま》ち一物石上に落ちて声有り。取りて之を視《み》るに、乃《すなは》ち向《さき》に失ひし所の金鎞なり。朽骨一塊と同《とも》に墜《お》つ。其の所以《ゆゑん》を原《たづ》ぬるに、必ず是れ猫来りて肉を偸《ぬす》み、故に帯《お》びて去る。婢偶《たまたま》見るに及ばず、而《しか》して冤《ゑん》を含みて以て死す。哀しいかな。世の事此《かく》のごとき者甚《はなは》だ多し。姑《しばら》く焉《ここ》に書し、以て後人《こうじん》の鑑《かがみ》と為《な》すなり。

通釈

木八剌は、字は西瑛で、西域の人である。ある日、妻と差し向かいで食事をしていて、妻が小さな金のかんざしで肉片を刺し、ちょうど口に入れようとした時になって、門の外に客がやって来た。西瑛は出て客を家の中へ迎え入れた。妻は（その肉片を）食べることができず、ひとまず器の中に置いて（食卓を）立って（客の方へ）行き茶を用意した。戻って来ると、金のかんざしを探してもその場所になかった。ちょうど一人の召使いの少女がそばにいて家事の雑用をしていた。(妻は)彼女がこっそりかんざしを盗んだと思い、拷問をさまざまに行ったけれども、最後まで(盗んだと)認める言葉はなく、(召使いの少女は)とうとう命を落とすことになってしまった。一年余りたって、大工を呼んで屋根を修理し瓦に積もった塵を掃除したところ、急にある物が落ちて石の上で音を立てた。拾ってそれを見ると、何と以前に紛失した金のかんざしであった。朽ちた骨一塊と一緒に落ちて来た。そのわけを考えると、きっとこれは猫が来て肉を盗み、そのため(かんざしを)一緒に持って逃げたにちがいない。召使いはたまたま(それを)見逃し、そういうわけで無実の罪を受けたままで死んだ。かわいそうなことだなあ。世間の出来事でこのようなことはたいそう多い。とりあえずここに記し、後世の人の戒めにしようと思うのである。

解法

(一) 現代語訳

「妻と対飯し、妻小金鎞を以て臠肉を刺し、将に口に入れんとするに方りて、門外に客の至る有り」と訓読する。「与」はここでは「と」と読む助詞。「将」は「まさに〜んとす」と読み〝〜しようとする〟という意味の再読文字。

解答例　妻と差し向かいで食事をしていて、妻が小さな金のかんざしで肉片を刺し、ちょうど口に入れようとした時、門の外に客がやって来た

㈡　省略の補足・指示内容

金のかんざしを使っていた妻の一連の行動から、傍線部bの主語も妻とみてよいだろう。かんざしを置いて客に茶を入れに行っていた妻が、戻って来てみるとかんざしが見当たらず、そばに召使いの少女がいたために、その召使いがかんざしをこっそり取ったと思ったというのである。「其」は「一小婢」を指している。

解答例　西瑛の妻が、召使いの少女が金のかんざしを盗んだと思った。

㈢　現代語訳・指示内容

「所以」は〝原因・理由〟の意。前の三文をふまえると、「其所以」とは、朽ちた骨と金のかんざしが屋根から落ちて来た理由のことであると読み取れる。「必」以降がその理由を具体的に推察した部分で、西瑛の妻が食事を中断して席を外していた間に、かんざしに刺したまま置いてあった肉を猫が盗み持ち去ったと考えられるというのである。一語ずつ語順通りに訳すと、「その（＝かんざしが骨とともに屋根から落ちて来た）理由を考えると、きっと猫が来て肉を盗み、そのためにかんざしも一緒に持ち去ったということにちがいない」となるが、解答欄に収まるように、「かんざしが骨とともに屋根から落ちて来たのは、きっと…からだと考えられる」とすればよいだろう。

解答例　かんざしが骨とともに屋根から落ちて来たのは、きっと猫が来て肉を盗んだため、かんざしごと持ち去ったからだと考えられる

(四) 空所補充

「含冤以死」とは、召使いの少女がかんざしを盗んだという無実の罪に問われて死んでしまったことを表している。かんざしの刺さった肉を盗んだのは実は猫であったが、少女はそれを見ていなかったため、自分にかけられた冤罪を晴らすこともできないまま亡くなったというのである。原文では空欄部分は「婢」となっているが、「小婢」としても認められるだろう。

解答例 婢

(五) 主張（筆者の意図）

末尾の文に注目。筆者は、かんざしを盗んだという冤罪に問われて死んでいった召使いの少女をいたみ、世間でもそのような事例が非常に多いと指摘したうえで、「姑書焉、以為後人鑑也（＝〝ちょっとここに記録し、後世の人の戒めにしようと思うのである〟）」と述べている。「鑑」はここでは〝前例となる戒め・教訓〟の意。少女の話を紹介することによって、とかく一方的に弱者を疑って罪に陥れがちな世間のありかたに警鐘を鳴らそうという意図でこの文章が記されたものと考えられる。

解答例 弱い立場の者に一方的に嫌疑をかける世間の傾向を指摘し、後世の人の戒めとする意図。

二〇〇六年度　文理共通　第三問

出典

彭乗《ほうじょう》『**続墨客揮犀**《ぞくぼくかくきさい》』巻五

彭乗は北宋の人。『続墨客揮犀』は宋代の逸話や詩話などを記した『墨客揮犀』の続編である。

書き下し

余《よ》が友劉伯時《ともりうはくじ》、嘗《かつ》て淮西《わいせい》の士人楊勔《やうべん》に見《まみ》ゆ。自《みづか》ら言へらく中年にして異疾を得、発言応答する毎《ごと》に、腹中輒《すなは》ち小声の之に効《なら》ふ有り。数年の間、其の声浸《やうやく》大なり。道士有りて見て驚きて曰《いは》く、「此《こ》れ応声虫なり。久しく治せざれば、延《ひ》きて妻子に及ばん。宜しく本草を読むべし。虫の応ぜざる所の者に遇《あ》はば当《まさ》に取りて之を服すべし」と。勔言《げん》のごとくす。読みて雷丸に至れば、虫忽《たちま》ち声無し。乃《すなは》ち頓《とみ》に数粒を餌《じ》せば遂《つひ》に愈《い》ゆ。余始め未だ以て信と為さず。其の後長汀に至り、一丐《かい》者に遇ふ。亦た是《こ》の疾有り。環《めぐ》りて観《み》る者甚《はなは》だ衆《おほ》し。因《よ》りて之に教へて雷丸を服せしめんとす。丐者謝して曰く、「某《それがし》貧にして他技無し。衣食を人に求むる所以《ゆゑん》の者は、唯《た》だ此《これ》を借るのみ」と。

通釈

私の友人の劉伯時が、以前淮西の士人（＝一人前の学者や役人）楊勔と会った。（その楊勔が）自分で言うには中年になって妙な病気にかかり、言葉を発したり人の話に受け答えしたりするたびに、腹の中でいつも小さな声がそれを真似るということがある。数年の間、その声はだんだん大きくなっている。道士（＝道教を修めた人）がいて（それを）見て驚いて言うには、「これは応声虫だ。いつまでも治療しないでいると、妻子にまで感染するだろう。『本草』を読み上げるがよい。虫が反応しない箇所に当たったら取り寄せてその薬を服用しなさい」と。楊勔はその言葉の通りにした。（『本草』を）読み上げて雷丸（＝薬材の名）（の箇所）に至ると、虫は急に声を出さなくなった。そこですぐに（雷丸を）数粒飲むと（応声虫の病は）ついに治った。私は当初はまだそれを信じていなかった。その後で長汀に行き、あるものごいに出会った。（そのものごいも）やはりその病気（＝応声虫）にかかっていた。（そのものごいを）取り囲んで見る者がたいそう大勢いた。そこで（私は）そのものごいに教えて雷丸を服用させようとした。ものごいが辞退して言うことには、「私は貧しくて他に技能もない。生活の糧を人から得ようとするには、ただこれ（＝応声虫）に頼るしかない」と。

解法

㈠　現代語訳

「毎～、輒…」は「～ごとに、すなはち…」と訓読し、〝～たびに、いつも…〟という意味を表す。「発言応答」は〝言葉を発したり人の話に受け答えしたりする〟といった意味にとればよいだろう。楊勔が自分の不思議な病気の様子を言ったものなので、主語として〝私が〟を補っておこう。「有小声効之」は送り仮名の通りに直訳すると〝小さな声がこれ（＝自分の発する言葉）を真似するということがある〟となるが、「有」はあえて訳に出さなくてもよいだろう。

解答例

私が言葉を発したり人の話に受け答えしたりするたびに、腹の中で
いつも小さな声がその言葉を真似て言う

㈡　趣旨

「宜」は「よろしく～べし」と読み〝～とよい〟という意味を表す再読文字。「宜読本草」で、道士はまず『本草』を読むように勧めている。ただし、次の「遇虫所不応者」につないで考えると、「読」とは、腹の中の虫が口真似をするかどうかを試すためにすることなので、単に〝読む〟のではなく、〝声に出して読む・音読する・読み上げる〟という意味であると明示しなければならない。「当」は「まさに〜べし」と読み〝〜なければならない・〜せよ〟という意味を表す再読文字。「之」は虫が反応しなかった薬材を指している。

解答例

『本草』を音読し、応声虫が反応しない箇所に掲載されている薬を取り寄せて服用すれば治るということ。

(三)　空所補充

本文の第一・第二文から、応声虫を患っているのは、筆者の友人劉伯時の知人の楊勔であると読み取れる。この空欄部分は原文では「勔」となっているが、「楊勔」と解答してもよいだろう。

解答例

勔

(四)　趣旨・因果関係

傍線部dは「環《めぐ》りて観《み》る者甚《はなは》だ衆《おほ》し」と訓読し、〝取り囲んで見物する者がたいそう多い〟という意味。傍線部dの前文をふまえると、人々は「丐者（＝ものごい）」を見物しているとわかる。本文末尾のものごいの言葉によると、ものごいは応声虫を患っている自分の姿を見せて金品などを受けているとのことなので、人々が集まって見物しているのは、ものごいの応声虫を珍しく面白く思ってのことで、大道芸を見るような感覚で人だかりができているのである。

解答例　ものごいの腹にいる応声虫の口真似が珍しく面白いので、大勢の人々がものごいの周りを取り囲んで見物している様子。

㈤　因果関係

応声虫の病を治すために雷丸の服用を勧める筆者に対して、ものごいが返答した言葉の内容をつかもう。「某貧無他技」は〝私は貧しくて他に技能もない〟ということ。「某」はここでは第一人称として用いられている。「所以求衣食於人者、唯借此耳」は〝生活の糧を人から得ようとするには、ただこれ（＝応声虫）に頼るしかないのだ〟ということ。「所以」は「ゆゑん」と読み、〝理由・手段〟の意、「唯～耳」は「ただ～のみ」と読み、限定を表す。このものごいは、自分の腹の中にいる応声虫の反応を見せ物にして人々から施しを受けるのが生計を立てる唯一の手段であるため、雷丸を服用して応声虫を治療するわけにはいかないというのである。したがって「謝」はここでは〝断る・辞退する・謝絶する〟という意味でとらなければならない。「ものごいが応声虫を治そうという筆者の申し出を断ったのは、…からである」という形で解答してもよい。

解答例　貧乏で他に何の技能もないものごいは、応声虫を見せ物にして人々から施しを受けるしか生計の手段がないので、応声虫の病を治そうという筆者の申し出を断った。

二〇〇五年度　文科　第三問

出典　陳《ちん》其《そ》元《げん》『**庸《よう》間《かん》斎《さい》筆《ひっ》記《き》**』（引用—『**孟子**』尽心章句下）

清代の資料筆記。「庸間斎」は陳其元の号で、清代社会のさまざまな事象や逸話を記録したもの。

書き下し

「名を好むの人、能《よ》く千乗の国を譲るも、苟《いやし》くも其の人に非《あらざ》れば、簞《たん》食《し》豆《とう》羹《かう》も色に見《あらは》る」と。此れ真に孟子の世《せ》故《こ》に通達する語なり。余嘗《かつ》て慷《かう》慨《がい》の士の千金を揮《き》斥《せき》して、毫《がう》も吝《りん》惜《せき》せざるに、一二金の出《すい》納《たふ》に於て、或いは齗《ぎん》齗《ぎん》たるを免《まぬか》れざる者を見るに、事過ぐるの後、己《おのれ》に在《あ》りて未だ嘗て失《しつ》笑《せう》せずんばあらざるなり。五《ご》茸《じょう》の葉《せふ》桐《とう》山《さん》河《か》間《かん》の通《つう》判《はん》たり、宣《せん》府《ぷ》に治《ち》餉《しやう》す。更《かう》代《たい》の日に当たり、積《せき》資《し》三千金を余《あま》す。桐山悉《ことごと》く置きて問はず。主《つかさど》る者一吏《り》をして持《ぢ》して中途に至らしめ、成例を以て請ふ。桐山曰く、「羨《せん》を受けざるは、即ち吾が例なり」と。命じて之を帰らしむ。晩に春《しゆん》申《しん》の故《こ》里《り》に居《を》るに、饘《せん》粥《じゆく》継がず。一日梅雨の中、童子網を張りて一大魚を失す。桐山為に呀《が》嘆《たん》す。其の妻之を聞きて曰く、「三千金すら之を却《きやく》す、一魚能く幾《いく》何《ばく》に値《あた》ひせん」と。桐山も亦《ま》た掌《たなごころ》を撫《ぶ》して大《たい》笑《せう》す。然《しか》りと雖《いへど》も、今の世に居れば、桐山賢と謂はざるべけんや。

通釈

「名誉を好む人は、大国を（人に）譲ることができるが、仮にもそのような人でなければ、わずかな食物（を惜しむ気持ち）も表情に表れる」と。これは本当に孟子が世間の事情によく通じている（ことを示す）言葉である。私はかつて意気盛んな男が大金を払いのけて、ほんのわずかも惜しまないのに、少しの金の出納に際しては、時には言い争いをせずにいられないのを見たが、事が済んだ後、自分に置き換えて考えるといつも失笑せずにはいられなかった。五茸の葉桐山が河間府の副長官であった時、宣府鎮で軍用の資金や物資を管轄していた。（任務の）交代の日になって、蓄えた資金として三千金を残していた。桐山はすべて（その余剰金を）そのままにして口出しもしなかった。担当の者が一人の役人に（余剰金を）持たせて（帰る）途中（の桐山）に追いつかせ、慣例に従って（余剰金を受け取ってほしいと）頼んだ。桐山が言うには、「余剰金を受け取らないのが、私の慣例である」と。（そして）その使いの役人を帰らせた。晩年には春申の故郷に住んだが、かゆさえ毎食は食べられないほど（貧しい暮らし）であった。ある日梅雨の雨が降る中、（召使いの）子供が網を張っていて一匹の大魚を逃してしまった。桐山はそれを見て大きなため息をついた。彼の妻がそれを聞いて言うには、「（あなたは）三千金さえ返したのに、一匹の魚にどれほどの価値があり得るというのか」と。桐山も同様に手をたたいて大笑いした。そうといっても、今の世に生きていたならば、桐山は賢人だと言わざるを得ないだろう。

語釈

慷慨――意気盛んである様子。

揮斥――ここでは、払いのけること。

更代――交代。

呀――ああ。（感動詞）

解法

㈠ 趣旨

「苟」は仮定を表す副詞で、「苟非其人」を直訳すると〝もしその人でなければ〟となる。「其人」は前の部分にある「好名之人」を指すということも無理なく理解できるだろう。そのうえで、「見於色」をどう解釈するかがポイントになる。「見」はここでは直後に目的語を伴わないので、「みる」ではなく

「あらはる」と読み、〝表れる・表面に出る〟という意味に解さなければならない。とすると、「色」は〝顔色・表情〟の意で、「箪食豆羹見於色」を直訳すると〝箪食豆羹については顔色に表れる〟となる。ここで再び前の部分と対照して考えると、名誉を好み重視する人物は大国を人に譲るほど無欲でおおらかだが、そうでない（＝名誉を重視しない）人物は、ほんのわずかな食べ物にさえも、人に譲るどころかその得失に執着し、欲望が態度に表れてしまう、ということを述べたものだとわかる。「箪食豆羹」は〝わずかな価値しかないもの・取るに足りない利益〟の比喩であるという理解を示す必要がある。

解答例　名誉を重んじる人でなければ、ほんの少しの食べ物のようなわずかな価値しかないものにも執着し、欲望が態度に表れるということ。

㈡　現代語訳・省略の補足

直訳は〝慣例となっていることに従って要請した〟であるが、この傍線部bまででは「請」が具体的にどのようなことを要請したかは判然としないので、傍線部bの後、その要請に対して桐山がどう返答したかに注目する。〝余剰金を受け取らないことが、私の慣例である〟と言っているのだから、その前に余剰金を受け取るように要請されたということである。「羨」に付された〔注〕も併せると、資金の管轄者は、任期中に官費から蓄財した余剰金を、退任時に自分の物にするというのが当時の暗黙の慣例であったということがわかる。

解答例　慣例に従い、任期中の余剰金を受け取るように桐山に頼んだ

㈢　指示内容

c　前の「命じて」に続くものとして解釈できるかがポイント。〝人に命じて〟という意味から考えて、後に続く動作には使役の意が加わることに注意しよう。「帰之」は「之を帰らしむ」と訓読し、〝その者を帰らせた〟という意味になる。〝その者〟とはもちろん、桐山を追って余剰金の受領を要請するよう「主者」から派遣されてきた「一吏」を指している。

e　「却之」は「之を却す」と訓読する。桐山の妻の発言であるから、桐山がかつて三千金もの余剰金を返却したことを言ったものであるとわかる。動詞「却」の目的語（＝本来は動詞の後に位置する）である「三千金」を先に挙げて述べたために、「之」を代わりとして後に置いたものとみることができる。

解答例

c	一吏	e	三千金

㈣　現代語訳・趣旨

傍線部dの前までに桐山が在官中のことが述べられたうえで、「居春申故里（＝〝春申の故郷に住んだ〟）」とあるので、「晩」は〝晩年〟の意と解釈できる。「饘粥不継」は直訳すると〝かゆが続かない〟だが、粗末な食事であるかゆさえも食べられないことがあるということから、暮らしぶりが貧しいありさまを示したものである。

解答例

桐山は晩年には春申の故郷に住んだが、かゆさえ毎食は食べられないほど貧しかった

㈤　因果関係・主題

傍線部f自体は〝今の世に生きていたならば、桐山は賢人だと言わざるを得ないだろう〟の意で、前に「雖然」という逆接表現があることに注目。桐山の晩年のエピソードとして、子供が逃がした魚を惜しんだことが挙げられているが、妻からそれを指摘されて桐山本人も大笑いした。彼は、筆者が本文前半で挙げているような、人間誰しもが持ってしまう利欲を持つ一面もあり、それを自覚もしたということである。それでも筆者が彼を「賢」だと認めているのは、もちろん三千金もの大金の受け取りを拒んだという行動の清廉さを評価してのことである。「全文の趣旨をふまえて」という設問の指示に従い、桐山の人間らしい利欲と潔い清廉さを共に盛り込んで説明することがポイントになる。

解答例

桐山は、わずかな利益にこだわる俗な一面を持ちながらも、職務上は自分の主義を通し大金を受け取らなかった清廉な人物だから。

二〇〇五年度　理科　第三問

出典　蘇洵《そじゅん》『**嘉祐集**《かゆうしゅう》』諫論上（引用―『**国語**』巻第十二　晋語六・『**書経**』伊訓）

北宋の文人・政治家蘇洵の文章を集めたもの。「嘉祐」は蘇洵の号である。蘇洵は文学をよくし、二人の息子蘇軾・蘇轍と合わせて三蘇と呼ばれた。親子三人とも「唐宋八大家」にも数えられる。

書き下し

君能《よ》く諫《かん》を納《い》るとも、臣をして必ず諫《いさ》めしむる能《あた》はずんば、真に能く諫を納るるの君に非ず。夫《そ》れ君の大は、天なり、其の尊は、神なり、其の威は、雷霆《らいてい》なり。人の天に抗し神に触れ雷霆に忤《さから》ふ能はざるは亦《ま》た明らかなり。聖人其の然るを知る。故《ゆゑ》に賞を立てて以て之を勧む。伝に曰く、「興王は諫臣を賞す」と。是なり。猶ほ其の選耎《せんぜん》阿諛《あゆ》して一日も其の過を聞くを得ざらしむるを懼《おそ》る。故に刑を制して以て之を威《おど》す。書に曰く、「臣下正さざれば、其の刑は墨《ぼく》なり」と。是なり。人の情、風を病み心を喪《うしな》ふに非ずんば、未だ賞を避けて刑に就《つ》く者有らず。何を苦しんで諫めざらんや。賞と刑とを設けずんば、則ち人の情、又何を苦しんで天に抗し神に触れ雷霆に忤はんや。性忠義にして賞を悦ばず罪を畏れざるに非ざるよりは、誰か言を以て死を博せんと欲する者あらん。人君又安《いづく》んぞ能く尽《ことごと》く性忠義なる者を得て之に任ぜん。

通釈

主君が（臣下の）諫言を受け入れることができても、臣下に必ず諫言させることができなければ、本当に諫言を受け入れることができる主君とはいえない。そもそも主君の偉大さは、天のようなものであり、その尊さは、神のようなものであり、その威力は、雷のようなものである。人が天に抗ったり神を汚したり雷に逆らったりすることができないのも、また明らかだ。聖人はそれがその通りであることを知っている。だから褒美を設けてそれ（＝臣下に諫言させること）を勧める。『国語』に書かれていることには、「国を興隆させた王は諫言する臣下に褒美を与える」と。これである。（古代の聖人も）やはり臣下が（自分を）びくびくと恐れおもねって一日でも自分の過失（を指摘する臣下の諫言）を聞くことができないようにさせるのではないかと心配した。だから刑罰を制定して（諫言しない）臣下を脅した。『書経』に書かれていることには、「臣下が（主君の過失を）正さなければ、入れ墨の刑に処す」と。これである。人の情として、精神を病み心を失わない限り、褒美を避け刑罰を受けようとするような者がいたためしがない。何を気に病んで諫言しないようなことがあろうか、いや、何も気にせず諫言するものだ。褒美と刑罰とを設けなければ、人の情として、今度は何を気に病んで天に抗ったり神を汚したり雷に逆らったりするだろうか、いや、そのようなことをするはずがない。本性が忠義で褒美を喜ばず罪を恐れない者でない限りは、誰が（主君を諫める）言葉によって死ぬことを受け入れようと望む者がいるだろうか、いや、いない。人の主君もまたどうして誰もが本性から忠義な者を（臣下として）得て彼らを任用できるだろうか、いや、できない。

解法

(一)　趣旨・指示内容

「其の選耎阿諛して一日も其の過を聞くを得ざらしむるを懼る」と訓読し、前文で引用された『国語』の一節およびその前の二文の内容とのつながりから、聖人や王など人の上に立つ人物が、臣下の人民に対してとる態度を述べたものであると判断できる。よって「懼」の主語は聖人、「其選耎阿諛」の「其」は臣下の者たちを指す。「其選耎阿諛」で〝臣下の者が主君である自分を恐れおもねって〟と解釈する。

「使」は使役、「不得」は不可能を表す基本句法。「過」はここでは〝過失・間違い〟の意である。臣下が主君に諫言する（＝間違いを忠告する）ことを話題とした文章なので、「其過」の「其」は主君（聖人）を指すものとみることができる。「使一日…」を直訳すると、〝一日でも主君である自分の過失を聞くことができないようにさせる〟となるが、要するに、〝臣下が主君である自分の過失を指摘できない日が一日でもある〟ということである。傍線部a全体で、常に臣下からの諫言を求めるべき聖人は、臣下が恐れやおもねりのために諫言してくれないことが一日たりともありはしないかと心配していると述べられている。二つの「其」を明らかにせよという設問の指示には、「選耎阿諛」の主語は臣下、「過」は主君たる聖人の過失であるとわかるように説明することで対応しよう。

解答例　聖人は、臣下が恐れやおもねりの気持ちから、主君である自分の過失を指摘できずにいることがないかと常に危惧していたということ。

(二)　現代語訳

「正」の解釈がポイント。形容詞「正し」とみるか、動詞「正す」とみるかであるが、前二文から、傍線部の『書経』の引用は、臣下に主君の過失を指摘させるために刑罰を制定した一例を示すものだとわかるので、後者を採るのがふさわしい。「臣下不正」で〝臣下が主君の過失を正さない〟という意味になり、これが後の「其刑墨」の条件を表している。「其」は「臣下不正」そのものを指し、「其刑墨」で〝臣下が主君の過失を正さないことの刑罰は入れ墨である〟と直訳できるが、なるべく簡潔に表現しよう。「是也」の直訳は〝これである〟。前文を受けて、〝これが、刑罰を制定して、主君の過失を正さない臣下を威《おど》した例である〟と具体的に示したいところであるが、解答欄の制約から、具体的な内容の補足は困難なので、〝その一例である〟と訳す程度で十分であろう。

解答例　『書経』に「臣下が主君の誤りを正さない場合は、入れ墨の刑に処す」とあるのが、その例である

(三)　空所補充

Aは「避（＝〝避ける・離れる〟）」の、Bは「就（＝〝付く〟）」の、それぞれ目的語になっていることから、AとBは対照的な意味の語であると判断できる。空欄を含む一文をみると、〝人の情として、精神が病んだり心が喪われたりしない限りは〟という条件を設け、人間がごく当たり前にとる態度を述べたものだとわかる。「未有〜者」は〝かつて〜ものはない〟という意味なので、「避[A]」「就[B]」はともに人間が通常とる態度とは逆のものになる点に注意しよう。以上のことから、『国語』『書経』からの引用にそれぞれ含まれ、いずれも主君が臣下に適用するものと説明されている「賞」「刑」を見出すことができる。

解答例

A	賞
B	刑

(四)　現代語訳

「自非〜」は〝〜でない限りは〟という意味で、限定条件を表す。「誰」は「誰か…者あらん」という送り仮名から反語の用法。「自非〜、誰…」で〝〜でない限りは、誰が…か、いや、誰も…ない〟の意となる。反語の部分は〝誰も〜しない〟とすればよいだろう。「以言」は直訳すると〝言葉によって〟

であるが、「言」が〝主君を諫める言葉・諫言〟の意であることは文意から明らかであろう。「以言博死」で〝諫言によって死を得る〟という意味になる。要するに、人間は本性から無条件で忠義であるというわけではないので、諫言すれば褒美がもらえ、しなければ罰を受けるというような法が確立していなければ、権威ある主君に命を賭けてまで諫言する者はいないということであるが、現代語訳の問いなので、語順や構文はそのままで解答するのがよいだろう。

解答例　本性が忠義で褒美を喜ばず罪を恐れない者でない限りは、誰も主君に諫言したことによって自分の死を受け入れようと望む者はいない

二〇〇四年度　文科　第三問

出典　田汝成《でんじょせい》『**西湖遊覧志余**《せいこゆうらんしよ》』（引用―杜甫『**子規**』）

明代の文人田汝成による記録集で、社会や風俗の逸話を集めたもの。

書き下し

孝宗の時朝に辞するの法甚《はなは》だ厳にして、蜀《しよく》人の蜀の郡を守ると雖《いへど》も、万里を遠しとせず来見す。蜀守の当《まさ》に朝辞すべきもの有り、素《もと》より文を能《よ》くせず、以て憂ひと為す。其の家素より梓潼神《しとうしん》に事《つか》ふ。夜夢《ゆめ》むるに神之に謂ひて曰く、「両辺山木合し、終日子規啼《な》く」と。覚めて其の故《ゆゑ》を暁《さと》る莫《な》し。朝に会して対《こた》ふるに、上《しやう》問ふらく、「卿《けい》は峡中より来たるか、風景如何《いかん》」と。守即《すなは》ち前《さき》の両語を以て対ふ。上首肯すること再三なり。翌日宰相の趙雄に謂ひて曰く、「昨《きのふ》蜀人の対ふる者有り。朕《ちん》峡中の風景を問ふに、彼杜詩を誦《しよう》して以て対ふ。三峡の景、宛《あたか》も目中に在り。善く詩を言ふものと謂ふべきなり。寺丞《じじよう》・寺簿を与ふべし」と。雄朝を退きて召して之に問ひて曰く、「君何を以て能く爾《しか》る」と。守敢《あ》へて隠さず。雄曰く、「吾固《もと》より君の此に及ぶ能《あた》はざるを疑へり。若《も》し中に留まれば、上再び問ひ、敗《やぶ》れん。蜀に帰り郡に赴くにしかず」と。他日上復《ま》た其の人を問ふに、雄対へて曰く、「臣嘗《かつ》て聖意を以て之に語《つ》ぐるも、彼留まるを願はず」と。上嘆じて曰く、「恬退《てんたい》なること乃《すなは》ち爾る、尤《もつと》も嘉《よみ》すべし。憲節使を予ふべし」と。

通釈

孝宗皇帝の治世では地方赴任の際に皇帝に拝謁して辞令を受ける作法が非常に厳格で、蜀の人が（自分の出身在住地である）蜀の郡を統治するとしても、遠方であるにもかかわらず（朝廷に）来て謁見した。

蜀の長官で朝廷に来て皇帝に謁見拝命しなければならない者がいたが、生来詩文が不得手で、悩んでいた。彼の家はもともと梓潼神を信仰していた。夜夢を見たところ神が彼に言うには、「両辺山木合し、終日子規啼く（＝両側の山に木が生い茂り、一日中ほととぎすが鳴いている）」と。（長官は）目覚めてからもその夢の意味がわからなかった。朝廷で（皇帝に）拝謁して応答していると、皇帝が尋ねることには、「あなたは渓谷の中から来たのか、（それではその渓谷の）風景はどのようか」と。長官はすぐに例の（夢に見た）二句を答えた。皇帝は何度もうなずいた。翌日宰相である趙雄に言うには、「昨日蜀の人で（私に）応答した者がいた。私が渓谷の風景を尋ねると、彼は杜甫の詩を詠誦して答えた。三峡の風景が、まるで目の前に見えるかのようであった。詩をよくする者であると言えよう。寺丞・寺簿の役職を与えよう」と。趙雄は朝廷から退出して（蜀の長官を）呼んで彼に尋ねて言うには、「あなたはどうしてそのように（皇帝の問いにうまく答えることが）できたのか」と。長官は全く隠し立てしなかった。趙雄が言うには、「私は初めからあなたがこのような（杜甫の詩を引用して答える）ことなどできない者だと疑っていた。もし中央政府に留まったなら、皇帝は再び質問なさり、ぼろが出るだろう。蜀に帰って郡（の役所）に行くに越したことはない」と。後日皇帝は再びその人（＝蜀の長官）のことをお尋ねになったので、趙雄は答えて言った、「私は以前陛下の御意向を彼に伝えましたが、彼は（中央政府に）留まることを望みませんでした」と。皇帝はため息をついて言った、「（あの長官が）それほどまでに無欲で謙虚なのは、何よりも賞賛しなければならない。憲節使の官職を与えよう」と。

語釈

恬退――無欲で謙虚なさま。

解法

㈠　現代語訳・指示内容

傍線部は宰相の趙雄が蜀の長官に向けて発した言葉で、訓読すると「君何を以て能《よ》く爾《しか》る」、直訳すると〝あなたはどうしてそのようにできたのか〟となる。「爾」は「しかる」と読む指示語で、その具体的な内容を明らかにするために、この発言に至る経緯を本文に即してたどると、蜀の長官で文才に欠ける者が、皇帝孝宗に謁見しなければならない日の前日、夢で神からある詩句を告げられる。翌日、皇帝からの質問にその詩句をそのまま答えたところ、皇帝は満足し、長官を詩に長けた者だと思い込んで、彼に中央政府の官職を与えようと提案する。その提案を聞いた宰相趙雄は、皇帝のもとから退出して長官を呼び、傍線部のように問いかけたのである。「爾」の指示内容は、蜀の長官の行動に即して言えば、皇帝からの質問に詩句を用いて適切に答えたことである。

解答例

あなたはどうして皇帝からの質問に杜甫の詩を引用してうまく答えることができたのか

㈡　省略の補足

㈠の解答をふまえると、傍線部は、趙雄の質問に対して長官が隠し立てせずにありのままを答えたということである。皇帝は長官が杜甫の詩句を用いて見事に返答したと思い込んだが、実は長官は前夜の夢で神に告げられたことを意味もわからずそのまま口にしただけであった。ここで趙雄は皇帝が長官の文才を過大評価していることに気付くのである。

解答例　皇帝に返答した詩句は、夢で神から告げられたものであること。

(三)　因果関係

「不若〜」は〝〜に越したことはない・〜のが一番よい〟の意で、傍線部は、趙雄が蜀の長官に対して〝あなたは蜀に帰って郡に赴任するのが一番よい〟と言ったものである。こう勧める理由は、趙雄の発言の前二文に見出せる。まず、「吾固疑…」とあるように、趙雄は長官の文才をもともと疑っており、長官の話を聞いた結果、長官には実際に文才がないということが明らかになっている。そして「若留中、…」では、真実を知らない皇帝が長官を中央政府の官職に就かせたがっていることを受け、もし長官が皇帝の意向通り中央に留まったら、皇帝からまた下問を受け、その時にはうまく答えることができず、文才のなさが露呈して失態を演じてしまうであろうと予測しているのである。

解答例　中央政府の官職に就くと、再び皇帝から質問を受けた際にうまく答えることができず、生来の文才のなさが露呈するから。

(四)　指示内容

「聖」は〝聡明である〟という意味から、理想的な人物である〝聖人〟や尊崇すべき〝皇帝〟を表しても用いられる。ここではもちろん孝宗皇帝を指し、「聖意」で〝皇帝の御意向〟という意味になる。傍線部を含む文は趙雄の発言で、蜀の長官について尋ねた皇帝に対して〝私はかつて皇帝の御意向を彼（＝長官）に告げましたが、彼は留まることを望みませんでした〟と答えたものである。これより前から、皇帝が長官を「留ま」らせる意向を示している部分を探すと、〝～しよう・～するがよい〟と解釈できる「可～」が見出せる。「寺丞・寺簿」は〔注〕の通りで、皇帝は長官に中央政府の役職を与え、自分のそばに留まらせようと考えたということである。

解答例　可与寺丞・寺簿

(五)　因果関係

傍線部自体は〝何よりも賞賛しなければならない〟の意で、前の「恬退乃爾」について言ったものである。「恬退」は〝無欲で謙虚な様子〟の意、「爾」は前で趙雄が蜀の長官について述べたことを受けている。趙雄は、長官には実は文才がないことを知ったうえで、彼がそれを露呈させないように計らって地方に身を引くことを勧め、長官の文才を信じている皇帝に対しては、長官自らが中央の官職を辞退したかのように話した。皇帝は、長官は文才があるにもかかわらず高官を望まない清廉な人物だと思い込んで、〝とりわけ賞賛に値する〟と判断し、地方での高官位を与えようとしたのである。

解答例　才能がありながら中央政府の役職を辞退した長官は無欲で謙虚な人物だと考えて、このうえない賞賛に値すると判断した。

二〇〇四年度 理科

第三問

出典 蘇軾《そしょく》『**東坡志林**《とうばしりん》』巻三

宋代の詩人・文章家蘇軾の文章を集めたもの。「東坡」は蘇軾の号である。蘇軾は父の蘇洵・弟の蘇轍と合わせて三蘇と呼ばれた。

書き下し

欧陽文忠公嘗《かつ》て言ふ、「疾《しつ》を患《わづら》ふ者有り。医其の疾を得るの由を問ふ。曰く、『船に乗りて風に遇《あ》ひ、驚して之を得たり』と。医多年の柁牙《だが》の柁工《だこう》の手汗の漬《つ》くる所と為る処《ところ》を取りて、刮《けづ》りて末となし、丹《たん》砂《さ》・茯神《ふくしん》の流《たぐひ》を雑《まじ》ふ。之を飲みて癒《い》ゆ」と。今、『本草注別薬性論』に云ふ、止汗には、麻黄《まわう》の根節及び故《ふる》き竹扇を用ひて末と為し之を服すと。文忠因りて言ふ、「医の意を以て薬を用ふること此の比《たぐひ》多し。初めは児戯《じぎ》に似たれども、然るに或いは験有り、殆《ほとん》ど未だ致詰《ちきつ》し易からざるなり」と。予因りて公に謂ふ、「筆墨を以て焼きて灰となし学ぶ者に飲ますれば、当《まさ》に昏惰《こんだ》を治すべけんや。此を推《お》して之を広むれば、則ち伯夷の盥水《くわんすい》を飲めば、以て貪《どん》を療すべく、樊噲《はんくわい》の盾を舐《な》むれば、以て怯《けふ》を治すべし」と。公遂《つひ》に大笑《たいせう》す。

通釈

欧陽文忠公がかつて言うのは、「病気で苦しむ者がいた。医者は彼が病気になった理由を尋ねた。（患者が）言うには、『船に乗って風に遭い、驚いてこの病気になった』と。医者は長年使われた舵を操作する際に握る部分で舵取りの手の汗が染み込んだものを取り、削って粉末にして、丹砂や茯神の類を混ぜ合わせた。それを飲んで（患者の病気は）治った」と。現に、『本草注別薬性論』に記されているのは、

「汗を止めるには、麻黄の根や節と古い竹扇を用いて粉末にしてそれを飲む」と。文忠公がそこで（さらに）言うのは、「医者が思いつきで薬を用いる場合はこのようなことが多い。一見子供だましのようでも、しかし時には効き目があり、おそらく（治療法とその効果を）見極めることは容易ではないだろう」と。私はそこで文忠公に言ったのは、「筆と墨を焼いて灰にして学問をする者に飲ませると、知識のなさや怠惰さを治すことができるでしょうか、いや、できるはずがありません。これを推し進めて拡大解釈すると、（道徳に反する国の食べ物を口にしないという信念を貫いた）伯夷が手を洗った水を飲むと、貪欲さを治すことができ、（身を挺して主君の命を救った）樊噲の盾を舐めると、臆病さを治すことができます」と。文忠公はとうとう大笑いした。

解法

(一)　趣旨

傍線部を含む一文を直訳すると、〝医者が考えによって薬を用いるのは、この類が多い〟となる。「此比（＝〝この類〟）」とは、欧陽文忠公の初めの発言および『本草注別薬性論』でそれぞれ具体的に挙げられている、船に乗っていて病気になった患者に舵の粉末を飲ませる医者や、汗を止めるために竹扇の粉末を飲む者がいたということなので、(イ)ではそのいずれかを簡潔に説明すればよい。船を操作する舵や汗を冷ます扇といった、こじつけとしか思えないような物を薬として用いることがあったというのである。それをふまえて、(ア)では「以意（＝〝考えによって〟）」を文意に即して言葉を補って説明する必要がある。前述の通り、病原や病状と関連のある物を薬にしようという短絡的とも言える発想がここでの「意」の意味である。

解答例

(ア)	医者は思いつきやこじつけで薬を処方するということ。
(イ)	乗船中に発病した者に舵の粉末を調合した薬を用いること。 〔別解〕汗を止めるために竹扇の粉末を調合した薬を用いること。

(二) 現代語訳・省略の補足

まず、前文をふまえ、傍線部はこじつけで薬を処方することについて述べたものであることを確認しておこう。「初…、然或～」は、「然」が逆接を表す接続詞、「初」「或」は共に副詞で、〝一見…けれども、～場合もある〟のように訳すとわかりやすい。「似児戯」の「似」は〝～のようだ〟、「有験」の「験」は〝効果・効き目〟の意。ここまでで、こじつけによる薬の処方は〝一見子供だましのようでも、効果がある場合もある〟と訳せる。「殆未易致詰也」は直訳すると〝おそらく見極めることは易しくないだろう〟となる。「殆」は〝おそらく～（だろう）〟、「未」は〝（これまでに）～（ことは）ない〟の意。傍線部前半と併せて「致詰」の具体的な内容を考えると、子供だましに思えるような薬でも時には効果が出ることもあるということから、薬の処方とその効果との関係を見極めることをいったものと判断できる。

解答例

一見子供だましのようでも、効果が現れる場合もあるので、薬の処方と効能の関係を見極めることは容易ではないと思われるのである

(三) 因果関係・心情・主題

欧陽文忠公が大笑いしたのは、傍線部直前の筆者の発言を聞いたからであり、その筆者の発言は、文

忠公がこじつけとしか思えないような薬の処方の有効性をも認めるかのような意見を述べたことに対して、明らかに無意味だとわかる極端な例を挙げて疑問を呈したものである。具体的には、学問の道具を薬として服用することで学才を上げることや、古代の大人物にまつわる物を服用することでその人物のような人格を得られると考えるような例である。文忠公は、医者が患者の症状に関係のある物を処方した薬がたまたま効果を上げた例を、あながち子供だましとも言い切れない、一考の余地があるものととらえていたが、筆者に示された例によって、それがいかに非常識で愚かな考え方であったかに気付かされたのである。解答はあくまでも全体の趣旨をふまえたものとして、個々の具体的な症例や事物はすべて一般化した表現に置き換えて説明する必要がある。

解答例

筆者から極端な例でこじつけの無意味さを指摘され、単なる偶然の事象を拡大解釈していた自分の愚かさに気付いたから。

二〇〇三年度　文科　第三問

出典　マテオ=リッチ『畸人十篇《きじんじっぺん》』君子希言而欲無言　第五

明代に渡来したイタリア人イエズス会宣教師のマテオ=リッチによる説話集。布教のための教義書的な性格を持つ。マテオ=リッチは、中国名を利瑪竇《りまとう》といい、キリスト教中国布教の祖と言われる。科学者でもあり、漢文による初の世界地図『坤輿万国全図《こんよばんこくぜんず》』を出版するなど、ヨーロッパの科学技術を伝えることにも功績があった。

書き下し

敝郷《へいきやう》の東に、大都邑《といふ》有り、名は亜徳那《あとくだ》と曰ふ。其の昔時に在りて、学を興し教を勧め、人文甚だ盛んなり。責煖氏《さくだん》は、当時大学の領袖《りやうしう》なり。其の人徳有り文有り。偶《たまたま》四方の使者、事に因りて廷に来る。国王使者の賢なるを知り、甚だ之を敬ひ、則ち大いに之を饗《もてな》す。是の日に談ずる所、高論に非ざる莫し。雲のごとく雨のごとく、各《おのおの》才智を逞《たくま》しうす。独り責煖のみ終席言はず。将に徹《をは》らんとして、使之に問ひて曰く、「吾が儕《ともがら》帰りて寡君に復命す、子を謂ふこと如何」と。曰く、「他無し、惟《ただ》亜徳那に老者有りて、大饗時に於て能く言ふこと無しと曰へ」と。祇《ただ》此の一語、三奇を蘊《ふく》む。老者は四体衰劣にして、独り舌弥《いよいよ》強毅なり、当に言を好むべし。酒の言に於ける、薪の火に於けるがごとし、即《たと》ひ訥《とつ》者といへども是に於て中変して譁《かまびす》し。亜徳那は、彼の時賢者の出づる所、佞《ねい》者の出づる所なれば、則ち言を售《う》る大市なり。三の一有るも、言を禁じ難し、矧《いは》んや三之《これ》を兼ぬるをや。故に史氏は諸偉人の高論を誌《しる》さずして、特に責煖氏の言はざるを誌すなり。

通釈

私の故郷の東方に、大都市があり、名は亜徳那といった。そこでは昔、学問を興し教育を奨励し、学問文化がたいそう盛んであった。責煖氏は、当時大学の長であった。その人となりは人徳があり学問的教養もあった。ある時諸国の使者が、用があって（亜徳那の）宮廷にやって来た。国王は使者が賢者であるとわかり、十分に敬意を払い、盛大に饗応した。その日（の饗応の宴席で）の談話は、高尚な話ばかりであった。（空を覆う）雲や（降り注ぐ）雨のように、各人が才智を大いに発揮した。ただ責煖だけは宴席が終わるまで何も言わなかった。そろそろ（宴も）終わろうとする時、使者が責煖に尋ねて言うには、「私たちが帰国後我が主君に報告するにあたり、あなたのことをどう報告したものでしょうか」と。（責煖が）言うには、「ほかでもない、ただ亜徳那に老人がいて、大宴会の際に何も言わないでいることができたとだけ伝えてください」と。これだけの一言は、三つのすばらしいことを含んでいる。老人は体が衰えて、弁舌だけがますます盛んで、発言を好むはずのものである（が、責煖は老人にもかかわらず一切発言しなかった）。酒が入っての話は、薪に燃え移った火のようなもので、いかに口下手な者でもそうなったらうって変わって多弁になる（が、責煖は宴席にもかかわらず一切発言しなかった）。亜徳那は、当時賢者を輩出した地、すなわち弁舌巧みな者を輩出した地だったということは、つまり弁舌を売り物にする大市場（のようなもの）であった（が、責煖は亜徳那の地の者でありながら一切発言しなかった）。これら三つのうち一つがあっても、無言でいることは難しいのに、ましてや三つすべてを兼ね備えていればなおさら（無言でいられないもの）である。だから歴史の編纂官は偉人たちの高尚な議論を記録せず、ただ責煖氏が何も言わなかったことだけを記録したのである。

語釈

敝郷――「敝」は自分のことを謙遜して言うために添える接頭語。「弊社」などの「弊」と同じ。

領袖――代表者。頭《かしら》。

復命——命じられて行ったことの結果を報告すること。
佞者——口達者な者。
史氏——史書を作る人。

解法

(一)　現代語訳

「所」は下の動詞を名詞化するもの、「莫非〜」は二重否定で〝〜でないものはない・すべて〜だ〟の意で、一文目は「是の日に談ずる所、高論に非ざる莫し」と訓読し、直訳は〝その日に話したことは、高尚な論でないものはない〟となる。二文目の「如」は比喩を表し、「如雲如雨」で多く盛んなもののたとえになっている。〝広がる雲や降り注ぐ雨のように盛んに〟とそのまま訳したいところであるが、解答欄の制約から〝盛んに・大いに〟とのみ示すにとどめることになるだろう。三文目の「独」は限定を表す副詞。二文目の〝盛んに、各人が才智を発揮した〟と、三文目の〝責煖だけは宴席が終わるまで何も言わなかった〟との間に、逆接の言葉を添えるとわかりやすい。三文全体が解答欄に収まるように表現を工夫して仕上げよう。

解答例　その日の談話は、高尚なものばかりだった。盛んに、各人が才智を発揮した。しかし、責煖だけは宴席が終わるまで無言であった

(二)　現代語訳

「無他」は〝ほかでもない〟の意で、後に述べる内容を強調するための前置きとなっている。「惟」は

限定、「能」は可能を表す。「能無言」で〝言わないでいることができる〟という意味。「無能言」の語順であれば〝うまく言うことができない〟という意味になり、全く異なってしまうので注意しよう。易しい語句でも構文をきちんと分析することが不可欠である。

解答例　ほかでもない、ただ亜徳那にある老人がいて、大宴会の際に何も言わないでいることができたとだけお伝えください

㈢

㈠ 現代語訳

「奇」はここでは〝めったにないほどすばらしいこと〟の意。「祇」は振り仮名の通り限定を表す副詞、「矣」は強い断定を表す置き字。「此一語」は前の責煖の発言を指すもので、〝少しの言葉〟という意味である。〔解答例〕では物主構文を避けて日本語らしく解釈したが、構文の通り〝「祇此一語」が「三奇」を「蘊」む〟と訳してももちろんかまわない。

解答例　ただこれだけの言葉に、三つの類まれなすばらしさが含まれる

㈡ 趣旨・因果関係

傍線部の後の三文で、多弁を助長する条件として、老齢であること・酒席にいること・弁舌を売り物にする土地柄であることの三つが挙げられている。それぞれが責煖の発言中の「老者」「大饗時」「亜徳那」に対応することを確認しよう。責煖がその三条件を満たしているにもかかわらず「無言」

でいられたことが、「蘊三奇」と評する理由であるという、因果関係を押さえさせる意図の問題でもある。「三奇」そのものの説明としては、〝責媛が、老齢・飲酒時・弁舌盛んな土地柄にあっても無言でいることができたこと〟とでもまとめたいところであるが、設問の指示に「それぞれ」述べよとあるので、〔解答例〕のように三つを列挙する形をとるべきであろう。

解答例　老人でありながら無言を貫いたことと、酒の席でも沈黙を守ったことと、弁舌を売り物にする土地にあって発言を慎んだこと。

(四)　現代語訳

「矧《いはンヤ》」による抑揚の構文。省略などを補足して丁寧に訳すと「多弁を助長する三つの条件のうち一つでもあれば、無言でいることは難しいのに、ましてや三つとも兼ね備えていて無言でいることが難しいのは言うまでもない」となるが、解答欄に応じて簡略化する必要がある。

解答例　三条件の一つがあっても、無言を貫くのは難しいのに、まして三つとも満たしていればなおさらだ

二〇〇三年度　理科　第三問

出典　韓非《かんぴ》『**韓非子**《かんぴし》』外儲説右下第三十五

戦国時代の、韓非による思想書。韓非は法家の思想家で、国力を強化するためには権力による法治政治を徹底するべきだと説いた。

書き下し

秦の襄王《しやうわう》病む。百姓之《これ》が為に禱《いの》る。病愈《い》え、牛を殺して塞禱《さいたう》す。郎中の閻遏《えむあつ》、公孫衍《えん》出《い》でて之を見る。曰く、「社臘《らふ》の時に非ざるに、奚《なん》ぞ自ら牛を殺して社を祠《まつ》るや」と。怪みて之を問ふ。百姓曰く、「人主病み、之が為に禱る。今病愈え、牛を殺して塞禱す」と。閻遏、公孫衍説《よろこ》び、王に見《まみ》え、拝賀して曰く、「尭舜《げうしゆん》に過ぐ」と。王驚きて曰く、「何の謂《い》ひぞや」と。対《こた》へて曰く、「尭舜は其の民未だ之が為に禱るに至らざるなり。今王病みて、民牛を以て禱り、病愈え、牛を殺して塞禱す。故に臣窃《ひそ》かに王を以て尭舜に過ぐと為すなり」と。王因りて人をして之を問はしむ。「何の里か之を為す」と。其の里正と伍老とを訾《し》すること、屯《みな》二甲なり。閻遏、公孫衍媿《は》ぢて敢て言はず。王曰く、「子何の故に此を知らざる。彼の民の我が用を為す所以の者は、吾之を愛するを以て我が用を為す者に非ざるなり。吾之に勢あるを以て我が用を為す者なり。故に遂に愛の道を絶つなり」と。

通釈

秦の襄王が病気になった。人民は王のために祈った。病気が治ると、牛を殺して神の霊験に感謝する祭祀を行った。侍従官の閻遏、公孫衍が（町中に）出てそれを見た。（二人が）言うには、「土地神の祭祀を行う時ではないのに、どうして自分たちで牛を殺して祭祀を行っているのか」と。不審に思ってそのわけを尋ねた。人民が言うには、「わが主君が御病気で、その（快癒の）ために祈りました。今は御病気が快癒なさいましたので、牛を殺して神の霊験に感謝して祭祀を行っているのです」と。閻遏、公孫衍は喜び、王に謁見し、お祝いして言うには、「（王は）尭・舜よりもすぐれていらっしゃる」と。王は驚いて言うには、「どういうことか」と。（二人が）答えて言うには、「尭・舜は下々の人民が彼らのために祈ったことがありません。今王が御病気になり、人民は牛を供えて祈り、御病気が快癒なさると、（人民は）牛を殺して神に感謝する祭祀を行っています。ですから私たちは心中で王を尭・舜よりもすぐれていらっしゃると思ったのです」と。王はそこで人に調べさせた。「どの里（の者）がそれを行っているのか」と。その（里の）里長と伍老（＝五人組の頭）とから、罰として一律によろい二領ずつ取り立てた。閻遏、公孫衍は恥じてものも言えなかった。王が言うには、「おまえたちはどうしてこんなことにも気づかなかったのか。あの人民たちが私のために行動する理由は、私が彼らを愛しているから私のために行動するのではない。私が彼らに対して権勢をもっているから私のために行動するのである。だからこうして（私は）愛をもって（人民を）治める方法をやめてしまったのだ」と。

解法

㈠

㈦　省略の補足

傍線部は、襄王の侍従官である閻遏・公孫衍らから襄王への発言で、人民が牛を殺して神への捧げ物にしてまで襄王の病気平癒を祝っていることについて、〝あなたは尭舜以上だ〟と言ったものである。その意味について襄王が尋ね、二人が改めて説明する部分にも注目すると、「以王為過尭舜」と直接書かれている。「尭」「舜」は共に古代伝説上の帝王で、徳のある理想の聖天子とされる。臣下の者が、襄王に、あなたは「尭」「舜」よりもすぐれているとお世辞を言ってもち上げているのである。

解答例　襄王

(イ)　因果関係

(ア)でも注目したように、闔遏・公孫衍は王の質問に答えて自分たちの発言の真意を説明しているので、「故臣窃以王為過尭舜也」の前の二文の内容をまとめればよい。尭・舜でさえ民衆から祭祀を行われたことがないのに、襄王には民衆が病気平癒のために牛を殺してまで祭祀を行ったことが、襄王を尭・舜よりも立派な王であるとする理由だというのである。簡潔に説明するためにやや工夫を要する。

解答例　人民が王のために自分たちの牛を殺してまで祭祀を行うことは、聖王として名高い尭や舜の治世にさえなかったことだから。

(二)　現代語訳・指示内容

「使」は使役、「何」は疑問を表す、いずれもごく基本的な句法である。「為之」の具体的な内容も、前の「以牛禱、病愈、殺牛塞禱」をはじめ、冒頭からの話の流れで明らかにわかるはず。「問之」の「之」は「何里為之」を指しているとみることができるので、直訳すると〝これを調べさせた、「どの里の者が祭祀を行っているのか」と。〟となるが、自然な語順で訳した方がわかりやすいだろう。

解答例　裏王はそこで臣下の者に「どの里で私のために祭祀を行っているのか」ということを調べさせた

㈢

(ア)　因果関係

「故遂絶愛道」の前の二文で、襄王は、人民が王のために尽くすのは、王の愛情を感じてではなく王の権勢を恐れてのことであると述べている。襄王の病気快癒のために祭祀を行ったのも、裏を返せば王の権勢に媚びへつらおうとするゆえであることを、はっきりと見抜いていたのである。そうした人民の行動に対して、感謝の意を表したり、ほめたたえたりして一方的に愛情を示しても無意味だと判断し、「絶愛道」と表明したものと読み取れる。簡潔にまとめるのはかなり難しいが、〝人民が王に尽くすのは愛情への感謝ではなく権勢への恐れからであると見抜いているから。〟、〝人民が愛情ではなく権勢に従う以上、統治する側から一方的に愛情を示しても無駄だから。〟等としてもよいだろう。なお、出典解説にも示した通り、『韓非子』を貫く法家の思想とは、権力によって人民を統制していこうとするものであることも押さえておきたいところである。

解答例　王の愛情ではなく権勢に従う人民を統治するには、王としても愛情ではなく権勢を示すべきだから。

(イ)

趣旨

(ア)で確認した通り、襄王は愛情ではなく権勢によって左右されるという人民の実態を見極めている。そのうえで、王自身もまた人民に対して、見せかけの愛情にごまかされはしないということを強権的に見せしめておくためにとった行動は「訾其里正与伍老、屯二甲」である。〔注〕に従い、素直にまとめれば十分であろう。

解答例

祭祀を行った里の里長と五人組の頭たちから、罰としてよろいを二領ずつ取り立てた。

二〇〇二年度　文科　第三問

出典　龔自珍《きょうじちん》「**病梅館記**」

清の思想家、文学者である龔自珍による文章。龔自珍は、学者であった祖父らの影響で若くから文字や詩を学ぶ一方で、公羊学（『春秋』を解明する学問）や仏教にも通じる博学の人であった。多くの詩や文章を残し、近代文学の先駆となった。

書き下し

或ひと曰く、「梅は曲を以て美と為し、直なれば則ち姿無し。欹《かたむ》くを以て美と為し、正なれば則ち景無し」と。此れ文人画士、心に其の意を知るも、未だ明詔大号して以て天下の梅を縄すべからざるなり。又以て天下の民をして直を斫《き》り正を鋤《のぞ》き、梅を殀《えう》し梅を病ましむるを以て業と為して、以て銭を求めしむべからざるなり。文人画士の孤癖の隠を以て、明らかに梅を鬻《ひさ》ぐ者に告ぐるもの有りて、其の正を斫り、其の直を鋤き、其の生気を遏《とど》めて、以て重価を求めしむ。而して天下の梅皆病む。文人画士の禍《わざはひ》の烈なること此に至れるかな。予三百盆を購《あがな》ふに、皆病める者にして、一の完《まった》き者無し。既に之を泣くこと三日、乃ち之を療せんことを誓ふ。其の盆を毀《こぼ》ち、悉《ことごと》く地に埋め、其の縛《いましめ》を解き、五年を以て期と為し、必ず之を復し之を全くせんとす。予本《もと》より文人画士に非ざれば、甘んじて詬厲《こうれい》を受け、病梅の館を闢《ひら》きて以て之を貯ふ。嗚呼《ああ》。安《いづく》んぞ予をして暇日多く、又閑田多からしめ、以て広く天下の病梅を貯へ、予が生の光陰を窮《きは》めて以て梅を療するを得んや。

通釈

ある人が言うには、「梅は曲がっているものが美しいのであって、まっすぐだと趣がない。傾いているのが美しいのであって、整っていると風情がない」と。これは文人や画家が、心ではその意味を理解してはいても、明らかに告示して天下の梅を一つの基準に当てはめてよいことではない。また天下の人々にまっすぐなものを切ったり整ったものを取り除いたり、梅を若死にさせたり梅を痛めつけたりすることを商売にして、それによって金儲けをさせてはならない。文人や画家の密かな愛好や奇癖を、梅の売り手にはっきりと告げる者がいて、整ったものを切り、まっすぐなものを取り除き、梅の生気を止め、高値になるように努めさせている。こうして天下の梅はすべて病んでしまった。文人や画家による禍の苛烈さは、ここまで及んでいるよ。私が三百鉢（の梅）を購入したところ、すべて病んでいるものばかりで、一つとして健全なものはなかった。三日間泣き悲しんだ後で、それらを癒やしてやろうと誓った。その鉢を壊し、すべて地に埋め、縛っているものをほどき、五年間を期限として、必ずそれらを元に戻し健全なものにしてやろうとした。私はもともと文人や画家ではないので、甘んじて（風情を解さないという）非難を受け入れ、病んだ梅の館を作ってそれらを収集した。ああ。どうにかして私に手すきの時間と空いた田を十分に得させてもらい、広く天下の病んだ梅を集め、私の人生の時間をすべて費やして梅を癒やすことができないものか。

解法

㈠　現代語訳

次の文と対句的な表現になっていることに注目すれば、「曲」は「欹」とほぼ同意で、梅の木の不自然に曲がり歪んだ状態をいったもの、「直」と「正」は同様に梅の木のまっすぐで整った状態を指しているとわかる。それぞれの状態について、前者は「為美」で高く評価し、後者は「無姿」「無景」でつまらないものと見なしている。「無姿」の訳し方には〝見るべきものがない・見栄えがしない・意匠に欠ける〟など、工夫の余地があるだろう。

解答例　梅の木は曲がったものが美しいのであって、まっすぐだと趣がない

(二)　因果関係

「文人画士孤癖之隠」を含む一文を正しく解釈できることが大前提である。直訳すると使役の文であるが、「鬻梅者」を主体として説明した方がすっきりするだろう。文人画士の嗜好（を告げる者）→梅の売り手の思惑・作為→梅の疲弊、という順序を押さえ、梅の売り手が、①文人画士の嗜好に合わせ、②梅の木に作為を加え、③高値をつけようとする、という三点を満たしていることが条件。〔解答例〕では、①→③→②の順で説明してみた。

解答例　文人や画家に好まれて高値で売れるように、売り手がわざと梅を不自然な姿にして生気を奪うから。

(三)　現代語訳

「予」は第一人称。ここまでの文脈から、「三百盆」「皆病者」「一完者」はすべて梅の木のことをいったものとわかるだろう。

解答例　私が三百鉢の梅の木を購入したところ、病んでいるものばかりで、一つとして健全なものはなかった

(四)　**趣旨**

「予本非文人画士」とあるのに注目。文字通り訳すと、〝私はもともと文人や画家ではないので〟であるが、ここまでの文章で、筆者は文人や画家（をはじめ、彼らに追随する世間の人々）に批判的であることは明らかなので、彼らに迎合するつもりはないということを表明するためにこう宣言したものと考えられる。文人や画家の嗜好とは、梅は曲がったものこそ趣深いとするもので、梅を自然な姿に戻そうとする筆者の行動は、その嗜好に反するものである。よって、筆者に向けられると想定されるのは、美的感覚に欠け風流を解さないという非難だと考えられる。

解答例　梅を自然な姿に戻そうとするのは、梅の美しさを解さない無風流な態度であるという非難。

(五)　**因果関係・心情**

筆者が「病梅」に対して何をしてやりたいかは、ここまでの文章から明らかであろう。さらに、本文の末尾の文にも注目しよう。「安得～哉」は、「安」がここでは送り仮名から反語の用法、全体として不可能を表すととるのが原則であるが、転じて詠嘆的な願望表現とみることもできる。〝どうにかして～できるとよいのだが〟と解すれば、筆者が願望しているのは、時間や土地が十分にあって生涯をかけて世間の病んだ梅を癒してやること、と読み取れる。もちろん、そうすることはとうてい不可能だとわかっているからこそ、このような表現をとったものであるが、「病梅之館」を開くことによって、自分にできる範囲で少しなりとも梅を健全にしてやろうとしたと解釈できるだろう。

解答例

生気を奪われた梅を、できる限り健全な状態に戻してやること。

二〇〇二年度　理科

第三問

出典　応劭《おうしょう》『**風俗通義**』　巻九　怪神

後漢の人、応劭の撰による随筆的な文章集で、言語や風俗などについて考察し、俗説の誤りを訂正したもの。「風俗通」とも称される。

書き下し

応郴《おうちん》汲《きふ》の令たり。夏至の日を以て主簿杜宣《とせん》を見《み》、酒を賜ふ。時に北壁の上に赤弩《ど》を懸くる有り、盃中に照《うつ》り、其の形蛇のごとし。宣畏《おそ》れて之を悪《にく》む。然れども敢《あへ》て飲まずんばあらず。其の日便《すなは》ち胸腹の痛切なるを得て、飲食を妨損し、大いに以て羸露《るいろ》す。攻治すること万端なるも、癒《い》ゆることを為さず。後、郴事に因りて過《よぎ》りて宣の家に至り、窺《うかが》ひ視て、其の変故を問ふに、云ふ、「此の蛇を畏る。蛇腹中に入れり」と。郴聴事に還り、思惟すること良久《やや》しくして、顧みて弩を懸くるを見るに、「必ず是れなり」と。則ち鈴下をして徐《おもむろ》に輦《かご》を扶《かつ》ぎ宣を載せしめ、故処に於て酒を設くれば、盃中に故《もと》より復《ま》た蛇有り。因りて宣に謂ふ、「此れ壁上の弩影なるのみ、他怪有るに非ず」と。宣の意遂に解け、甚だ夷懌《いえき》し、是れ由り瘳《い》え平らぐ。

通釈

応郴は汲県の長官であった。夏至の日に主簿杜宣と会見し、酒を振る舞った。ちょうど北側の壁面に赤いおおゆみが掛かっていて、盃の中に映り、その形は蛇のようであった。宣は恐がってそれを嫌悪した。けれども（その盃の酒を）飲まないわけにはいかなかった。その日すぐに胸や腹に痛みをおぼえ、飲食もできなくなり、たいそう衰弱していった。あれこれと治療したが、回復することはなかった。その後、郴が事のついでに通りかかって宣の家に来て、様子を見て、宣が変調をきたした理由を尋ねると、（宣は）言った、「あの蛇が恐ろしい。蛇が腹の中に入っている」と。郴は役所に戻り、しばらくの間考えていたが、振り返っておおゆみが掛かっているのを見て、「きっとこれだ」と（思った）。そこで護衛兵にゆっくりと輿を担いで宣を載せ（て宣を役所に連れて来）させ、前回と同じ場所で酒の用意をすると、盃の中に前回と同様に蛇が（映って）いた。そこで宣に言った、「これはただの壁に掛かったおおゆみの影で、ほかに怪しいものがいるのではない」と。宣の誤解はついに解け、たいそう喜び、それ以来病気はすっかり治った。

解法

(一)

(ア) 現代語訳・指示内容

「之」は前文の「北壁上有懸赤弩、照於盃中、其形如蛇」を指す。実際に盃の中に映っていたのは「弩（＝おおゆみ）」であるが、杜宣はそれを「蛇」だと思い込んで恐れたということなので、現代語訳をするうえでは「蛇」とするのみでよいだろう。「然」は接続詞で、ここでは前文との関係から逆接を表すと考える。「不敢不〜」は「敢て〜ずんばあらず」と訓読し、〝〜しないわけにはいかない〟の意。

解答例　杜宣は盃の中の蛇を恐れ嫌悪した。けれどもその盃の酒を飲まないわけにはいかなかった

(イ)　因果関係

〔注〕から、応郴と杜宣とが上司と部下の関係にあることがわかる。杜宣が恐ろしい蛇の姿を盃の中に認め（たと思い込み）ながらも「飲」まないわけにはいかなかったのは、上司から勧められた酒であったというわけである。

解答例　盃の酒は上司である応郴に振る舞われたものであったから。

(二)　因果関係

(一)で解答した通り、杜宣は盃に映ったおおゆみを蛇だと思い込み、その酒を飲んだとある。また後日、応郴に不調の原因を尋ねられ、杜宣自身が「畏此蛇。蛇入腹中」と答えている。「蛇」は杜宣の妄想の産物にすぎなかったわけだが、この時点ではその妄想にとらわれるあまり、実際に体の不調をきたしていたと考えられる。

解答例　盃の中の蛇を飲み込んだという思いにとらわれてしまったから。

(三)　省略の補足・指示内容

傍線部を直訳すると〝きっとこれだ〟。何についてこう述べたものか、「是（＝これ）」とは何を指すか、の二点を明らかにすることがポイント。前者については、杜宣が体に不調をきたした原因について、本人が「畏此蛇。蛇入腹中」と答えている。後者は、応郴が役所に戻ってから思惟しつつ目にした壁の「弩」である。この傍線部の後で、応郴が杜宣に「此壁上弩影耳、非有他怪」と言って誤解を解いてやる部分でも同じことが示されている。

解答例　杜宣の腹にいるという蛇は、盃に映ったおおゆみを蛇だと思い込んだものに違いないということ。

㈣　因果関係・心情

ここまでの本文および設問から、杜宣の体の変調の原因が彼の思い込みによる恐怖心であったことは明らかであろう。応郴がそれに気付き、杜宣に納得できるように事実を示してやったおかげで、杜宣は恐怖心から解放されたのである。応郴のとった対応と杜宣の心情の変化とを併せて説明することがポイント。

解答例　応郴の判断と実証によって、杜宣は蛇を飲んだと誤解してとらわれていた恐怖心から解放されたから。

二〇〇一年度　文科　第三問

出典　李賀《りが》「**蘇小小墓**」　曾益『**李賀詩解**』

李賀は中唐の詩人。若くから詩才を評価されていたが、その短い生涯は不遇であった。亡霊などを題材にした幻想的な作品を多くなした。『李賀詩解』は明代の曾益による注釈書。

書き下し

A.　蘇小小の墓

幽蘭《いうらん》の露　啼《な》ける眼のごとし
物として同心を結ぶ無く　煙花は剪《き》るに堪へず
草は茵《いん》のごとく　松は蓋《がい》のごとし
風は裳と為り　水は珮《はい》と為る
油壁車《いうへきしや》　久しく相待つ
冷やかなる翠燭《すいしよく》　光彩を労《つか》らす
西陵の下　風雨晦《くら》し

B.　幽蘭の露とは、是れ墓の蘭の露なり、是れ蘇小の墓なり。生時は同心を解結し、今は物として結ぶべき無し。煙花は已に自ら剪るに堪へざるなり。時に則ち墓草は已に宿《とし》へて茵のごとく、墓松は則ち偃《おほ》ひて蓋のごとし。奚《なに》を以て其の裳を想象せん、則ち風の前に環《めぐ》りて裳と為る有り、奚を以て其の珮を髣髴《はうふつ》せん、則ち水の左右に鳴りて珮と為る有り。壁車故《もと》のごとく、久しく相待てども来たらず。翠燭に寒生じ、光彩の自ら照すを労らす。西陵の下、則ち維《こ》れ風雨の相吹き、尚《なほ》何の影響の見るべけんや。

通釈

A. 蘇小小の墓

ひっそりと咲いている蘭に宿る露は
泣き濡れた目のようだ
変わらぬ愛を誓うための贈り物は何もなく
夕もやの中の花を摘みと（って贈り物とす）ることもできない
（墓地に生えている）草は車の座席に敷く敷物のようで
松は車を覆う屋根のようだ
風は身にまとう裳のように見え
水は腰の玉飾りの響きに聞こえる
油や漆で壁を塗った外出用の車が
ずっと待っている
冷ややかで青緑色を帯びた鬼火が
虚しく輝きを放っている
ここ西陵の墓のそばでは
風雨も暗闇の中にある

B. 幽蘭の露とは、墓地に咲く蘭に宿った露のことで、その墓とは蘇小小の墓である。生前には互いに誓った変わらぬ愛も破れ、今は愛を誓うための贈り物にできるものもない。夕もやの中の花をもはや自分で摘むこともできないのだ。今や墓地に茂る草はすでに年月を経て車の座席の敷物のようで、墓地のそばの松は覆い茂って車を覆う屋根のようだ。何によって彼女の裳を想像するかといえば、風が墓前を吹き巡るのがまるで（身にまとった）裳（が翻るか）のように見えるのであり、何によって彼女の腰につける玉飾りを思い浮かべるかといえば、水が墓のそばで音を立てて流れていく様子がその玉飾りの音に聞こえるのである。装飾を施した外出用の車は昔のまま、ずっと待っているのに（それに乗る恋人は）来ない。青緑色を帯びた鬼火に寒気が加わり、虚しく輝きを自ら放つのみである。ここ西陵の墓のそばでは、風雨が吹きつけ、依然として何の気配も感じられはしない。

〔補足〕「煙花」には〝春霞のたなびく美しい景色〟という意味もあり、Aの第四句を〝春霞を（贈り物として）切りとることもできない〟と解することもできる。

解法

㈠　現代語訳

「如」は比喩を表す。墓の蘭に置く露を、涙に濡れた目になぞらえているのである。詩の題・〔注〕・Bの第一文から、「眼」とは墓に眠る蘇小小の目のことであると容易にわかるだろう。

解答例　ひっそり咲いている蘭に宿る露は、泣き濡れた蘇小小の目のようだ。

㈡　現代語訳・因果関係

前句「結同心」に付された〔注〕から、「剪」るとは、恋人に変わらぬ愛を誓う贈り物とするために花を切ることだと解釈する。Bの該当部分の説明に「煙花已自不堪剪」とあるので、主語は蘇小小と考えるのが適当であろう。〝死んで墓に眠る今となってはもう花を手折ることもできない〟というのである。

解答例　夕もやの中の花を、恋人への変わらぬ愛を誓う贈り物とするために手折ることもできない。

㈢　趣旨

「茵」「蓋」に付された〔注〕と「如」による比喩表現をふまえると、傍線部の二句は、草や松が地面や空を覆うほど生い茂っている様子を詠んだもので、Bの文章で該当する部分は「時則…如蓋矣」である。Aの傍線部と対照させると「已宿」が曾益の解釈として加えられている。曾益は、長い年月が経ち、訪れる人もないままですっかり荒れているありさまを読み取っていることがうかがえる。

解答例　訪れる人もないまま長い年月が経ち、草や松が周囲に生い茂って非常に荒廃しているありさま。

㈣　現代語訳・指示内容

「其」が蘇小小を指すことは明らかであろう。「其珮」は〝蘇小小の（身につけていた）玉飾り〟のこと。「奚以」は〝何によって・どのようにして〟の意で、ここでは疑問の用法。「則」以下にその答えが示されている。直訳すれば〝何によって蘇小小の珮を思い浮かべるのか、それは水がそばで流れていて珮のような音を立てるということによってである〟となるが、解答欄に余裕がないため、簡潔にまとめる工夫が必要である。〝蘇小小がつけていた珮を思い浮かべる手立てとなるのは、そばを流れる川の水音が珮の触れ合う音のように聞こえるさまである。〟のようにしてもよいだろう。

解答例　そばを流れる川の水音が珮の触れ合う音のように聞こえ、蘇小小のつけていた珮を思い出させる。

(五)　趣旨

「翠燭」に付された〔注〕から、蘇小小は鬼火（幽霊などが出る時に燃えると言われる火）を発して魂をさまよわせていると解釈できる。Ｂの該当部分「翠燭寒生、労光彩之自照」も参照し、蘇小小の魂の孤独さや虚しさを説明することがポイントである。

解答例　愛の誓いが破れてしまったことに死後も未練を残し、鬼火となって冷たく光りながら孤独な魂を虚しくさまよわせ続けているありさま。

(六)　表現効果

漢詩の表現効果が問われるのは珍しい。短い句による断片的な表現と、その連続によるたたみかけるような展開を読み取ろう。前者は、説明的な語句を用いないことによって余情を感じさせるものになっており、後者には、切迫した心情を吐露した感じがよく表現されている。

解答例　簡潔な語句を重ねることによって切迫した悲しみを表現しつつ、余情を読者の想像に委ねて詩に奥行きをもたせるという効果。

二〇〇一年度　理科

第三問

唐代の詩人・文章家である韓愈は唐宋八大家の一人で、古文復興運動の中心的人物として活躍した。出題された文章は、夏王朝の創始者である禹が王位を子に譲ったことについて、質疑応答形式で評価を述べたものである。

出典　韓愈《かんゆ》**「対禹問《たいうもん》」**（『昌黎先生文集』所収）

書き下し

或るひと問ひて曰く、「堯舜は之を賢に伝へ、禹は之を子に伝ふ、信なるか」と。曰く、「然り」と。曰く、「然らば則ち禹の賢は堯と舜とに及ばざるか」と。曰く、「然らず。堯舜の賢に伝ふるは、天下の其の所を得んことを欲すればなり。禹の子に伝ふるは、後世之を争ふの乱を憂ふればなり。堯舜の民を利するや大なり、禹の民を慮《おもんぱか》るや深し」と。曰く、「禹の慮るや則ち深きも、之を子に伝へて淑《よ》からざるに当らば、則ち奈何」と。曰く、「之を人に伝ふれば則ち争ふ、未だ前に定まらざればなり。之を子に伝ふれば則ち争はず、前に定まればなり。前に定まれば賢に当らずと雖も、猶ほ以て法を守るべし。前に定まらずして賢に遇はざれば、則ち争ひ且つ乱る。天の大聖を生ずるや数《しば》しばせず、其の大悪を生ずるも亦た数しばせず。諸を人に伝ふるは、大聖を得て、然して後に人敢て争ふ莫し。諸を子に伝ふるは、大悪を得て、然して後に人其の乱を受く」と。

通釈

ある人が尋ねて言うには、「堯・舜は王位を賢人に譲り、禹は王位を子に譲ったというのは、本当ですか」と。（答えて）言うには、「その通りだ」と。（また尋ねて）言うには、「それならば禹の賢明さは堯と舜とに及ばないのですか」と。（答えて）言うには、「そうではない。堯・舜が賢人に（王位を）譲ったのは、天下（の人々）が分相応の地位を得ることを望んだからである。禹が子に（王位を）譲ったのは、後世に王位を争う動乱が起こることを心配したからである。堯・舜が民衆にもたらした利益は大きく、禹が民衆を思いやった気持ちは深い」と。（また尋ねて）言うには、「禹が（民衆のことを）思いやった気持ちは深いとしても、王位を子に譲った結果善良ではない者が即位することになったら、どうするのですか」と。（答えて）言うには、「王位を人に譲るとなると争いが起こるのは、（継承者が）前もって決まっていないからである。王位を子に譲ると争いにはならないのは、（継承者が）前もって決まっているからである。前もって（継承者が）決まっていれば（その継承者が）賢人ではないとしても、やはり法を守ることができる。前もって決まっていない状態で賢人がいないとなると、争いが起こり（世の中が）乱れる。天が偉大な聖人をもたらすのはそれほどよくあることではないし、大悪人をもたらすのもまたそれほどよくあることではない。王位を人に譲る場合は、（その継承者としての）偉大な聖人がいて初めて、人々は争いを起こそうとはしないのである。王位を子に譲る場合は、（その継承者が）大悪人であればそのとき初めて、人々は王位継承を巡る騒乱を蒙るのである」と。

解法

(一)　現代語訳

「伝」は〔注〕から〝王位を伝える・譲る〟ことであるとわかる。とすれば「賢」は〝賢人・賢者・優れた人物〟と考えられる。「禹之伝子」の「子」との対応も手がかりになる。「其所」の解釈が難しいが、王位を話題にしており、それにふさわしい賢人にそれを継承させたというのだから、〝天下の人々それぞれにふさわしい地位・立場〟と解する。あるいは、「所」の意味をもう少し広くとらえ、〝望ましい状態・望み〟等としてもよいだろう。

解答例　堯・舜が賢人に王位を譲ったのは、天下の人々が分相応の地位を得ることを望んだからである

㈡　現代語訳・指示内容

「之」はもちろん王位を指す。「伝之子」は〝世襲させる〟としても可。「当不淑」は〝王位継承者が善良でない者に当たる〟ということだが、解答欄のスペースにあわせて表現を工夫する。〝継承者が善良な者でなかったら〟としても可。「奈何」は手段・方法を問う疑問詞である。

解答例　王位を息子に譲って不適切な者が即位したら、どうするのですか

㈢　空所補充

A　後の文が対句的な内容になっていることから、空欄には「子」と対比的な意味の語が該当するとわかる。末尾の二文が同様の対句的な表現になっていることに注目。王位を実子に譲る場合と他人に譲る場合とを比較しているのである。

B　前の文が対句的な内容であることに注目。王位継承者が前もって決まっている場合と決まっていない場合とを比較して、前者なら法は守られるが、後者なら騒乱が起こるというのである。その前提としての「不当賢」「不遇□」はほぼ同内容であると考えられる。

解答例　A　人　B　賢

㈣　現代語訳

「前定」は〝前もって王位継承者が決まっている〟ということ。前後の文にも繰り返し見られるので、解釈は容易であろう。「雖」は逆接を表す。「猶」はここでは〝やはり〟の意。「可」は可能を表す。

解答例

前もって王位継承者が決まっていれば、その人物が賢人ではなくても、やはり法を守ることができる

㈤　主張

最後の発言部分で「伝之人（空欄Aに『人』を充当）…」と「伝之子…」、「前定…」と「不前定…」、「伝諸人…」と「伝諸子…」がそれぞれ対句的な表現になっていることから、両者の違いは後継者が前もって決まっているかどうかであり、それによる長短の違いは争乱の有無にあることがわかる。丁寧に説明すれば〝他人に王位を継承させる場合はふさわしい賢人が出現しない限り王位を巡って争いが起こり国が混乱するが、実子に継承させる場合はその子が大悪人でもない限り騒乱は起こらないという点〟となるが、解答欄が二・五行しか設けられていないので、後者の長所を中心にうまくまとめる工夫が必要となるだろう。

解答例

他人に王位を継承させると、王位を巡る争乱がしばしば起こると考えられるが、実子に継承させると、その子が大悪人でもない限り、争乱は起こらないという点。

二〇〇〇年度　文科　第三問

出典　何喬遠《かきょうえん》『**閩書**《びんしょ》』　巻之四十六　文涖志

明代の人何喬遠による史書。福建省に関する地方史をまとめたものである。

書き下し

閩《びん》藩司の庫蔵《こざう》飭《ととの》はず、大順左使に語《つ》げて之を治めしむ。聴かず。已に果たして大いに庫銀を亡《うしな》ひ、悉《ことごと》く官吏邏《ら》卒五十人を獄に逮《とら》ふ。大順曰く、「盗多きも三人に過ぎず、而るに五十人を繋ぐ。即《も》し盗在るも、是れ亦た四十七人は冤《ゑん》なり」と。代はりて獄を治むるを請ふ。左使喜びて大順に属《しよく》す。大順悉く之を遣《や》り、戒めて曰く、「第《ただ》往《ゆ》きて盗を跡づけ、旬日《じゆんじつ》にして来り言へ」と。

福寧の人鉄工と隣居す。夜銷《せう》声を聞き、之を窺ふに、銷《と》かす所は銀の元宝なり。以て官に詣《いた》る。工曰く、「諸《これ》を某家に貸る」と。某家之を証して曰く、「然り」と。首《はじめ》なる者誣《ぶ》を以て坐す。大順曰く、「鉄工は貧人游食《いうしよく》、誰か五十金を以て貸す者有らん。此れは是れ盗ならん」と。令して索《もと》めて之を得、一訊《じん》するに輒《すなは》ち輸《つ》げて曰く、「盗は、吏舎の奴なり。某《それがし》をして庫鐍《けつ》を開けしめ、我に酬《むく》ゆるのみ」と。捜して奴を捕へ、具《つぶさ》に贓《ざう》を得て、五十人皆釈《と》かる。

通釈

福建の役所の金庫はきちんとした安全管理がなされておらず、大順は管理者の左使に言いつけてきちんと整備するように命じた。（しかし左使は言いつけを）聞かなかった。やはり収められていた銀を大量に失う結果となり、（左使は）役人や警備の兵士たち五十人全員を監獄に入れた。大順が言うには、「盗賊は多くても三人以上ではないだろうに、五十人を逮捕しましたね。もし（この五十人の中に）盗賊がいたとしても、四十七人は冤罪です」と。（そして左使に）代わって裁判を担当したいと願い出た。左使は喜んで大順に任せた。大順は全員を釈放し、諭して言うには、「ひたすら盗賊を探し、十日後に戻って報告せよ」と。

（その中の）福寧の人は鍛冶屋と隣り合って住んでいた。夜に金属をとかす音を聞き、様子をうかがうと、とかしているのは官製の銀塊であった。そして役所に戻っ（て報告し）た。鍛冶屋が言うには、「（この銀塊は）ある家の人から借りたのです」と。そのある家の人が証言して言うには、「そうです」と。初めに報告した者は誣告罪に問われた。大順が言うには、「鍛冶屋は貧乏でぶらぶら遊んで暮らしているのに、（そんな奴に）誰が五十金もの銀塊を貸したりするというのか。これは盗品だろう」と。捜索させて鍛冶屋を捕らえ、少し尋問するとすぐに白状して言うには、「盗人は官舎の使用人です。私に倉庫の錠を開けさせ、（あの銀塊を）褒美として私にくれただけです」と。捜査して使用人を捕らえ、隠していた盗品をすべて取り戻し、五十人全員が釈放された。

解法

㈠　**趣旨・因果関係**

前の「盗多…五十人」から、盗賊の数を多くても三人と見積もっていることを明らかにする。

解答例

盗賊は多くても三人だろうから、逮捕した五十人の中に盗賊がいたとしても、残りの四十七人は無実だということ。

(二)　現代語訳・省略の補充

「旬日」は〝十日〟。前の「跡盗」の結果を、命じている大順自身に報告せよというのである。

解答例　十日経ったら役所に戻って来て、おまえたちが盗賊を追跡した結果わかったことを私大順に報告せよ

(三)　現代語訳

訓読すると「諸を某家に貸る」となる。「諸〜」は「之於〜」と同じで「これ（を〜に）」と読む指示語。ここでは「鉄工」（＝〝鍛冶屋〟）がとかしていた「銀元宝」を指す。「鉄工」の発言なので、「鉄工」自身のことは〝私〟とすること。

解答例　私がとかしていた銀塊はある家の人から借りたものです

(四)　趣旨

ここまでで、「福寧人」「鉄工」「某家」の三人が役所で証言しており、「首者」すなわち〝初めに証言した人〟は「福寧人」である。「以誣坐」（＝〝ありもしないことを事実のように言った罪に問われた〟）の主体は誰か、と考えてもよい。

解答例　福寧人

㈤　因果関係

前文に判断の根拠が示されている。「鉄工貧人游食」は、鍛冶屋は貧乏で怠け者だということ。「誰」は反語を表し、「誰有以五十金貸者」は、大金を貸す者などいるはずがないということ。にもかかわらず実際に鍛冶屋が銀塊を所有している以上、銀塊を鍛冶屋に渡した者とその理由に疑惑が生じ、陶大順はそれを「盗」だと判断したのである。

解答例

貧乏で怠け者の鍛冶屋に大金を貸す者などいるはずもないため、鍛冶屋のもとにある銀塊は不正に入手したものだと考えられるから。

㈥　結論

末尾の文から、主犯は「吏舎奴」、共犯は「鉄工」であるとわかる。

解答例

吏舎奴

二〇〇〇年度 理科 第三問

出典 司馬遷『**史記**』巻一二二 酷吏列伝

前漢の歴史家、司馬遷による史伝。黄帝から前漢の武帝までの歴史を紀伝体で記している。

書き下し

孔子曰く、「之を導くに政を以てし、之を斉《ととの》ふるに刑を以てすれば、民免れて恥無し。之を導くに徳を以てし、之を斉ふるに礼を以てすれば、恥有りて且つ格《ただ》し」と。老氏称《いは》く、「法令滋《ますます》章《あきら》かにして盗賊多く有り」と。太史公曰く、信なるかな是の言や。法令なる者は、治《ち》の具にして清濁を制治《せいち》するの源に非ざるなり。昔天下の網嘗て密たり。然るに姦偽《かんぎ》萌起《ぼうき》して、其の極るや、上下相ひ遁《のが》れ、振《すく》はざるに至る。是の時に当り、吏治《りち》は火を救ふに沸くを揚ぐるがごとし。武健厳酷《ぶけんげんこく》に非ざれば、悪んぞ能く其の任に勝《た》へて愉快ならんや。道徳を言ふ者は其の職に溺る。漢興り、觚《こ》を破りて圜《ゑん》と為し、雕《てう》を斲《けづ》りて朴と為し、網は呑舟《どんしう》の魚を漏らす。而して吏治は烝《しょう》烝として姦に至らず、黎《れい》民艾《がい》安す。是に由りて之を観れば、彼に在りて此に在らず。

通釈

孔子が言うには、「民衆を法律によって導き、刑罰によって統制すると、民衆は（法や刑罰から）逃げようとして恥知らずな行動をする。徳によって導き、礼節によって統制すると、恥を知る心を持ち正しく行動する」と。老子が言うには、「法令がはっきりと整備されるにつれて盗賊が増える」と。私太史公が言うには、何と信じるに値する言葉であろうか、と。法令というものは、（民衆を）治める手段なのであって、善悪を定める根源ではないのである。昔、天下の（法律の）網は細かく隙がなかった。

それなのに邪悪や偽りが芽生え、最後には、人々は身分にかかわらず（法の網の目から）逃れようとして、救いようのない状態になってしまった。その時、官僚政治は沸騰した湯をかけて火を消すほどの切迫ぶりだった。勇猛厳格でなければ、どうしてその任務に耐えて心穏やかでいられるだろうか。道徳を説く者はその務めに溺れて抜け出せなくなってしまった。漢が興り、四角いものを円くし、余分なものを削ぎ落として素朴なものとし、（法の）網の目は、舟を飲み込むほどの大魚でも通り抜けられるほど（粗いもの）となった。そして官僚政治は純良になり、邪悪さはなくなり、人民はうまく統治された。このような事例から政治というものを考えてみると、（民衆を治めるにあたって必要なものは）道徳や礼節にあるのであって厳しい法律や刑罰にあるのではないのである。

解法

㈠　現代語訳

前の孔子の言葉には、政治の方法によって民衆が恥の心を持つか否かが左右されるということが述べられている。老子の言葉の「盗賊多有」も、恥知らずな心からくる行動だと言える。よって「清濁」は〝民衆の心の善悪〟と考えられる。

解答例

法令とは、民衆を治める手段であって、民衆の心の善悪を定める根源ではないのである

㈡　現代語訳

「非」はここでは〝～でなければ〟という条件を表している。「悪～乎」は反語、「能」は可能。反語

は、解答欄に収まるように打消の結論のみを示した。「其任」は、前文の内容をふまえると、「吏」すなわち官僚が切迫した事態に対処する任務のことを言ったものであると読み取れる。「愉快」はそのまま〝愉快だ・楽しい〟としたのでは不自然なので、〝満足している・心穏やかでいる〟など、表現に工夫がほしい。

解答例 勇猛厳格な者でなければ、切迫した事態に対処する官僚としての任務に耐えて心穏やかでいることなどできるはずがない

㈢ 趣旨

「呑舟之魚」は〝舟をも一飲みにするほど大きな魚〟。網の目がそれほどの大魚を漏らすほど粗いという極端な比喩である。本文中ほどに「天下之網」とあるのに注目し、要するに天下の法律の網が緩くなったということを読み取ろう。

解答例 世の中の法制が非常に緩やかになったこと。

㈣ 指示内容・主張

「彼」は筆者が肯定しているものだから〝道徳や礼節〟、「此」は一貫して否定している〝厳しい法律や刑罰〟を指す。本文全体をふまえ、民衆の統治法についての主張であることを明確にすること。

解答例

厳格な法律や刑罰によってではなく、道徳や礼節によって民衆を治めるべきであるという主張。

一九九九年度　文科　第四問

出典　李奎報《りけいほう》『**東国李相国集**《とうごくりそうこくしゅう》』巻二十一　舟賂説

高麗の人李奎報の詩文集。李奎報は科挙の試験に合格したものの、官途に就けず長く不遇の時代を過ごす。四十歳からは文才を認められ栄達した。

書き下し

李子南のかた一江を渡るに、与に舟を方《なら》べて済《わた》る者有り。両舟の大小同じく、榜人《ばうじん》の多少均しく、人馬の衆寡《しゆうくわ》幾ど相ひ類す。而るに俄に其の舟の離れ去ること飛ぶがごとくして、已に彼の岸に泊まるを見る。予の舟猶ほ邅廻《てんくわい》して進まず。其の所以を問へば、則ち舟中の人曰く、「彼《かしこ》に酒有り以て榜人に飲ましめ、榜人力を極めて檗を蕩《うご》かすが故のみ」と。予愧色《きしよく》無き能はず、因りて嘆じて曰く、「嗟乎《ああ》。此の区区たる一葦《ゐ》の如《ゆ》く所の間すら、猶ほ賂《まひなひ》の有無を以て、其の進むや疾徐《しつじよ》先後有り。況《ま》して宦《くわん》海競渡《きやうと》の中、吾が手に金無きを顧れば、宜《むべ》なるかな今に至るも未だ一命に霑《うるほ》はざるや」と。書して以て異日の観と為す。

通釈

私が南方である川を渡っていると、一緒に舟を並べて渡る者がいた。二つの舟は大きさも同じで、漕ぎ手の人数も等しく、乗っている人馬の数も似たようなものであった。それなのに突然あちらの舟は飛ぶように離れて行ったかと思うと、もう向こう岸に着いてしまった。私の舟は依然遅々として進まない。そのわけを尋ねると、乗り合いの人が言うには、「あちらは酒を漕ぎ手にふるまっているので、漕ぎ手は力の限り櫂を動かすからにすぎません」と。私は恥ずかしさを隠せず、溜め息をついて言うには、「ああ、このちっぽけな舟が向こう岸に着くまでの間でさえ、賄賂があるかないかによって、進む速さや到着順に違いが出るのか。ましてや官界での出世競争においては、私に資金のないことを考えれば、今になってもまだ官吏に任命されないのは当然だなあ」と。このことを書き留めておいて将来の戒めとする。

解法

(一) 趣旨

訓読すると「人馬の衆寡幾ど相ひ類す」。「衆寡」は〝多いか少ないか〟つまり〝数量〟。「幾」はここでは副詞で〝ほとんど〟の意である。前の「両舟…均」もほぼ同様のことを述べている。

解答例

二つの舟に乗っている人馬の数がほとんど同じだということ。

(二) 現代語訳

「而」はここでは逆接を表す接続助詞。「俄」は〝突然・急に〟の意の副詞。「如」は比喩。「其舟」「彼岸」は筆者の視点からの表現として〝あちらの舟・向こうの舟〟〝向こう岸・対岸〟と訳すこと。全体を直訳すると〝ところが突然あちらの舟が遠く離れるのは飛ぶような様子で、もう対岸に着泊するのを見た〟となるが、解答欄に収まる自然な表現として、「見」をあえて訳出せず、筆者の目に映った情景を述べたものとすればよいだろう。

解答例

ところが突然あちらの舟は飛ぶように進み、もう対岸に着いていた

(三)　趣旨・指示内容

「此」は、酒をふるまわれた漕ぎ手は力を尽くして漕ぐため舟が速く進むという話を指す。「一葦」は〔注〕の通りであるが、ここではごく小さな舟のたとえであると理解し、具体的に〝小さな舟が川を渡る〟と説明することが眼目である。後の文と併せて抑揚の句形をとっており、傍線部は「宦海競渡」と対応する部分である点にも注意しよう。

解答例　小さな舟が川を渡るようなささいなこと。

(四)　趣旨

「異日」は〝後日・将来〟、「観」は〝見てとれるもの・示すもの〟。本文のエピソードとそれに対する筆者の感想から、筆者がこの文章を書いた目的は、賄賂が横行している現状を後世に示して戒めにしようというものだとわかる。

解答例　あらゆることにわたって賄賂が横行していたことを将来に示す戒め。

一九九九年度　文科　第七問

出典　杜甫《とほ》「**百憂集行**」

盛唐の詩人杜甫の詩。杜甫は青年時代に各地を放浪し、長安に戻ってからも不遇であった。ようやく官職を得たものの、安禄山の乱に遭い、捕らわれの身となる（「春望」で有名）。やがて賊の手から逃れて官職に就くが、朝廷の不評を買って左遷され、貧苦に苦しむ。放浪の後に成都に移り、束の間の平安を得るが、再び世が乱れ流浪の身となり、失意のまま没する。詩には世の動乱に翻弄されることへの悲憤・悲哀が吐露されている。

書き下し

百憂の集まる行《うた》

憶ふ年十五心尚ほ孩《がい》にして　健なること黄犢《くわうとく》のごとく走りて復た来る
庭前八月梨棗《りさう》熟すれば　一日樹に上ること能く千迴《くわい》なりき
即今《そくこん》倏忽《しゆくこつ》として已に五十　坐臥《ざぐわ》只だ多くして行立少し
強ひて笑語を将て主人に供す　悲しみ見る生涯百憂の集まるを
門に入れば旧に依りて四壁空し　老妻我を睹《み》る顔色同じ
痴児は知らず父子の礼　叫怒して飯を索《もと》めて門東に啼《な》く

通釈

憂いばかりの詩

思い出せば十五歳の頃はまだ気持ちが幼児そのもので

あめ色の子牛のように元気いっぱいに走り回っていたものだ
庭先で秋になって梨やなつめが熟すと
一日に千回も木に登ることができた
今はあっという間にもう五十歳だ
座っていたり寝転んでいたりするばかりで動き回ることも少なくなった
世話になっている友人には無理に愛想良くしているが
悲しい気持ちで生涯に百もの憂いが我が身に集中する有様を思う
家に入ると相変わらず（家財道具もなく）部屋の四方の壁が剝き出しで
年老いた妻と顔を合わせても表情は同じように虚ろである
無知な子供は父子の礼も弁えておらず
大声を上げて食事をせがんで門の東で泣いている

解法

㈠　現代語訳

「如」は比喩で、「健」の様子を説明しているので、「〜のように健やか」のように自然な語順にするとよい。「走復来」は〝走って行ってまた（走って）やって来る〟、すなわち〝あちこちを走り回る〟ということ。「憶」を後にもってきて「〜を思い出す」としても可。

解答例

思いおこしてみれば、十五歳だった頃の私はまだ気持ちが幼児そのもので、まるであめ色の子牛のように元気いっぱいに、あちこちを走り回っていたものだ。

㈡　趣旨

「四壁空」は〝四方の壁が剝き出しの状態〟、つまり、家財道具なども置かれていないがらんとした室内の様子をいっている。そこから〝貧しい・困窮した〟状態がうかがわれる。「依旧」は〝元のまま・依然として〟の意であるから、そうした状態がずっと続いていることを「暮しぶり」として説明せよというのである。

解答例

家具もそろえることができないでいるほど貧しい暮しぶり。

㈢　心情

第十一・十二句は礼儀知らずでしつけのできていない我が子を客観的に描写したものである。そこから杜甫の自分自身に対する思いを考えると〝情けない・ふがいない〟等になろう。子に対して〝かわいそう・気の毒・申し訳ない〟という説明では、「自分自身に対する」思いを述べよという設問の要求に外れるので注意。

解答例

子供に満足な教育や食事も与えてやることができないことを、父親として情けなく思う気持ち。

第四問

一九九九年度　理科

出典　姚思廉《ようしれん》・魏徴《ぎちょう》『梁書《りょうしょ》』巻四十四　世祖二子伝

『梁書』は南北朝時代の梁王朝の史書。

書き下し

人生処世、白駒の隙《げき》を過ぐるがごときのみ。一壺《こ》の酒、以て性を養ふに足り、一簞《たん》の食、以て形を怡《よろこ》ばしむるに足る。生きては蓬蒿《ほうかう》に在り、死しては溝壑《がく》に葬むらる。瓦棺《ぐわ》石槨《くわく》、何を以てか茲《これ》に異なる。吾嘗て夢みて魚と為り、化に因りて鳥と為る。其の夢みるに当りてや、何の楽しみか之に如かん。乃ち其の覚むるや、何の憂ひか斯《これ》に類せん。良《まこと》に吾の魚鳥に及ばざる者の遠きに由る。故に魚鳥の飛浮は、其の志性に任す。吾の進退は、恒に掌握に存す。手を挙ぐるに触るるを懼《おそ》れ、足を搖《うご》かすに堕つるを恐る。若《も》し吾をして終《つひ》に魚鳥と同遊するを得しめば、則ち人間《じんかん》を去ること屣《くつ》を脱ぐがごときのみ。

通釈

人間が生き世を渡っていくことは、白馬が隙間を駆け抜けて行くような（短くはかない）ものにすぎない。一瓶の酒で、心を満足させるには十分だし、一杯の食べ物で、身を養うには十分である。生きているうちは蓬の生えた草むらにいて、死んだら谷間に葬られる。瓦の棺や石の墓（に葬られたとして）も、同じことである。私はかつて夢の中で魚になったり、鳥に変身したりした。そのような夢を見ている時は、このうえなく楽しかった。そしてその夢が覚めると、たとえようもないほど悲しかった。それはまさに私が魚や鳥には遠く及ばないからである。つまるところ魚が泳いだり鳥が飛んだりするのは、それらの本性が赴くところに任せている。（一方、）私の行動は、いつも掌の中にとどまっているようなものだ。手を挙げるにしても何かに触れることを恐れ、足を動かすにしてもどこかに落ちることを恐れる有様だ。もし私を魚や鳥と一緒に自由に生きられるようにしてくれるというのであれば、（窮屈な）靴を脱ぐかのように人間世界から逃げ出すばかりだ。

解法

㈠　**趣旨**

「如」は比喩を表す。「白駒過隙」は『荘子』にある有名な比喩で、時間や人生が速く過ぎ去ることを、足の速い白馬が隙間をあっと言う間に通り過ぎる様子にたとえたものである。

解答例　白馬が隙間を一瞬で通り過ぎるようにはかないものだということ。

㈡　**現代語訳**

訓読すると「其の夢みるに当りてや、何の楽しみか之に如かん」となる。「当」はここでは〝～にあたっては・～の時には〟の意。「何楽如之」は、「何」が反語、「如」が比較の用法で、直訳は〝何の楽しみがこれに匹敵するか、いや、何の楽しみもこれに匹敵しない〟であるが、「之」は「其夢」を指し、「何」「如」で最上級を表すので、〝このうえなく楽しかった〟のように自然な表現をとるのがよいだろう。後の文と対句になっていることも大きなヒントである。

解答例　そのような夢を見ている時は、このうえなく楽しかった

㈢ 趣旨

「志性」は〝気が向くまま・本能の赴くところ〟ということ。直訳は〝魚や鳥の飛翔や浮遊は、それらの本性が赴くところに任せている〟であるが、「魚鳥」を主語にするとまとめやすい。

解答例 鳥や魚は本能のまま自由に飛んだり泳いだりするということ。

㈣ 趣旨

㈢で説明した鳥や魚とは対照的な生き方である。〝不自由・窮屈・制約がある〟といった表現で説明することもできる。

解答例 常に失敗や災難を恐れ、気疲れしながら生きているということ。

㈤ 心情

本文内容を要約すると、①人生とは短くはかないものだという認識、②鳥や魚と自分との比較、③鳥や魚のような自由な生き方への憧れ、となる。①に言及して③に結論づけるという形で説明するとわかりやすい。

解答例 短くはかない人生を、せめて自由に生きていきたいということ。

難関校過去問シリーズ

東大の古典

25カ年［第12版］

別冊 問題編

教学社

東大の古典25カ年［第12版］

別冊 問題編

古文篇

二〇二三年度　文理共通

第二問

次の文章は『沙石集《しやせきしゆう》』の一話「耳売りたる事」である。これを読んで、後の設問に答えよ。

南都に、ある寺の僧、耳のびく厚きを、ある貧《ひん》なる僧ありて、ア「たべ。御坊《ごばう》の耳買はん」と云《い》ふ。「とく買ひ給へ」と云ふ。「いかほどに買ひ給はん」と云ふ。「五百文《もん》に買はん」と云ふ。「さらば」とて、銭《ぜに》を取りて売りつ。その後《のち》、京へ上《のぼ》りて、相者《さうじや》のもとに、耳売りたる僧と同じく行く。相して云はく、「福分《ふくぶん》おはしまさず」と云ふ時に、耳買ひたる僧の云はく、「あの御坊の耳、その代銭《だいせん》かくのごとき数にて買ひ候《さうら》ふ」と云ふ。「さては御耳にして、明年の春のころより、御福分かなひて、御心安からん」と相す。さて、耳売りたる僧をば、イ「耳ばかりこそ福相《ふくさう》おはすれ、その外《ほか》は見えず」と云ふ。かの僧、当時まで世間《せけん》不階《ふかい》の人なり。「かく耳売る事もあれば、貧窮《びんぐう》を売ることもありぬべし」と思ひ、南都を立ち出でて、東《あづま》の方に住み侍《はべ》りけるが、学生《がくしやう》にて、説法などもする僧なり。

ある上人《しやうにん》の云はく、「老僧を仏事に請《しやう》ずる事あり。身老いて道遠し。ウ予に代はりて、赴き給へかし。ただし三日路《みつかぢ》なり。想像するに、施物《せもつ》十五貫文《くわんもん》には過ぐべからず。またこれより一日路《ひとひぢ》なる所に、ある神主の有徳《うとく》なるが、七日逆修《ぎやくしゆ》をする事あり。これも予を招請《せうしやう》すといへども行かんことを欲せず。これは、一日に無下《むげ》ならば五貫、ようせば十貫づつはせんずらん。公《こう》、いづれに行き給はん」と云ふ。かの僧、「仰《おほ》すまでもなし。遠路を凌《しの》ぎて、十五貫文など取り候はんより、一日路行きて七十貫こそ取り候はめ」と云ふ。「しからば」とて、一所へは別人《べつにん》をして行かしむ。神主のもとへはこの僧行きけり。

既に海を渡りて、その処《ところ》に至りぬ。神主は齢《よはひ》八旬《はちじゆん》に及びて、病床に臥《ふ》したり。子息申しけるは、「老体の上、不例《ふれい》日久しくして、安泰頼み難く候へども、もしやと、先《ま》づ祈禱《きたう》に、真読《しんどく》の大般若《だいはんにや》ありたく候ふ」と申す。「また、逆修は、いかさま用意仕《つかまつ》り候ひて、やがてひきつぎ仕り候はん」と云ふ。この僧思ふやう、「先づ大般若の布施《ふせ》取るべし。また逆修の布施は置き物」と思ひて、「安きことにて候ふ。参るほどにては、仰せに従ふべし。エ何《いづ》れも得たる事なり。殊《こと》に祈禱は吾《わ》が宗の秘法なり。必ず霊験あるべし」と云ふ。

「さて、酒はきこしめすや」と申す。大方はよき上戸《じやうご》にてはあれども、「酒を愛すと云ふは、信仰《しんがう》薄からん」と思ひて、「いかにも貴《たつと》げなる体《てい》ならん」と思ひて、オ「一滴も飲まず」と云ふ。「しからば」とて、温かなる餅《もち》を勧《すす》めけり。よりて、大般若経の啓白《けいびやく》して、かの餅を食はしめて、「これは大般若の法味《ほふみ》、不死の薬にて候ふ」とて、病者《びやうじや》に与へけり。病者貴く思ひて、臥《ふ》しながら合掌《がつしやう》して、三宝諸天《さんぼうしよてん》の御恵みと信じて、一口に食ひけるほどに、日ごろ不食《ふじき》の故、疲れたる気《け》にて、食ひ損じて、むせけり。女房、子供、抱へて、とかくしけれども、かなはずして、息絶えにければ、カ中々とかく申すばかりなくして、「孝養《けうやう》の時こそ、案内《あない》を申さめ」とて返しけり。

帰る路《みち》にて、風波荒くして、浪を凌《しの》ぎ、やうやう命助かり、衣裳《いしやう》以下《いげ》損失す。また今一所の経営は、布施、巨多《こた》なりける。これも、耳の福売りたる効《しるし》かと覚えたり。万事齟齬《そご》する上、キ心も卑しくなりにけり。

〔注〕○耳のびく——耳たぶ。　○五百文——「文」は通貨単位。千文が銭一貫（一貫文）に相当する。
○相者——人相見。　○世間不階——暮らし向きがよくないこと。
○逆修——生前に死後の冥福を祈る仏事を修すること。
○不例——病気。　○真読の大般若——『大般若経』六百巻を省略せずに読誦《どくじゆ》すること。　○無下——最悪。　○八旬——八十。
○置き物——ここでは、手に入ったも同然なことをいう。　○啓白——法会の趣旨や願意を仏に申し上げること。
○法味——仏法の妙味。　○孝養——亡き親の追善供養。

設問

㈠　傍線部ア・イ・ウを現代語訳せよ。　解答欄：各一二・七cm×一行

㈡　「何れも得たる事なり」(傍線部エ)について、「何れも」の中身がわかるように現代語訳せよ。　解答欄：一三・四cm×一行

㈢　僧が「一滴も飲まず」(傍線部オ)と言ったのはなぜか、説明せよ。　解答欄：一三・四cm×一行

㈣　「中々とかく申すばかりなくして」(傍線部カ)について、状況がわかるように現代語訳せよ。　解答欄：一三・四cm×一行

㈤　「心も卑しくなりにけり」(傍線部キ)とはどういうことか、具体的に説明せよ。　解答欄：一三・四cm×一行

※　㈡・㈣は文科のみの出題。

二〇二二年度　文理共通

第　二　問

次の文章は『浜松中納言物語』の一節である。中納言は亡き父が中国の御門《みかど》の第三皇子に転生したことを知り、契りを結んだ大将殿の姫君を残して、朝廷に三年間の暇《いとま》を請い、中国に渡った。そして、中納言は物忌《ものい》みで籠もる女性と結ばれたが、その女性は御門の后《きさき》であり、第三皇子の母であった。后は中納言との間の子(若君)を産んだ。三年後、中納言は日本に戻ることになる。以下は、人々が集まる別れの宴で、中納言が后に和歌を詠み贈る場面である。これを読んで、後の設問に答えよ。

忍びがたき心のうちをうち出《い》でぬべきにも、ア さすがにあらず、わりなくかなしきに、皇子《みこ》もすこし立ち出でさせ給ふに、御前なる人々も、おのおのものうち言ふにやと聞こゆるまぎれに、

　ふたたびと思ひ合はするかたもなしいかに見し夜の夢にかあるらむ

いみじう忍びてまぎらはかし給へり。

　夢とだに何か思ひも出でつらむイ ただまぼろしに見るは見るかは

忍びやるべうもあらぬ御けしきの苦しさに、言ふともなく、ほのかにまぎらはして、すべり入り給ひぬ。おぼろけに人目思はずは、ひきもとどめたてまつるべけれど、ウ かしこう思ひつつむ。

　内裏《うち》より皇子出でさせ給ひて、御遊びはじまる。何のものの音もおぼえぬ心地すれど、今宵《こよひ》をかぎりと思へば、心強く思ひ念じて、琵琶《びは》賜はり給ふも、うつつの心地はせず。御簾《みす》のうちに、琴《きん》のことかき合はせられたるは、未央宮《びやうきう》にて聞きしなるべし。やがてその世の御おくりものに添へさせ給ふ。「今は」といふかひなく思ひ立ち果てぬるを、いとなつかしうのたまはせつる御けはひ、ありさま、耳につき心にしみて、肝消えまどひ、さらにものおぼえ給はず。「日本に母上をはじめ、大将殿の君に、見馴《みな》れしほどなく引き別れにしあはれなど、エ たぐひあらじと人やりならずおぼえしかど、ながらへば、三年がうちに行き帰りなむと思ふ思ひに

なぐさめしにも、胸のひまはありき。これは、またかへり見るべき世かは」と思ひとぢむるに、オよろづ目とまり、あはれなるをさることにて、后の、今ひとたびの行き逢ひをば、かけ離れながら、おほかたにいとなつかしうもてなしおぼしたるも、さまことなる心づくしいとどまさりつつ、わが身人の御身、さまざまに乱れがはしきこと出で来ぬべき世のつつましさを、おぼしつめることわりも、ひたぶるに恨みたてまつらむかたなければ、いかさまにせば、と思ひ乱るる心のうちは、言ひやるかたもなかりけり。「いとせめてはかけ離れ、なさけなく、つらくもてなし給はばいかがはせむ。若君のかたざまにつけても、カわれをばひたぶるにおぼし放たぬなんめり」と、推し量らるる心ときめきても、消え入りぬべく思ひ沈みて、暮れゆく秋の別れ、キなほいとせちにやるかたなきほどなり。御門、東宮をはじめたてまつりて、惜しみかなしませ給ふさま、わが世を離れしにも、やや立ちまさりたり。

〔注〕○琴のこと――弦が七本の琴《こと》。
○未央宮にて聞きしなるべし――中納言は、以前、未央宮で女房に身をやつした后の琴のことの演奏を聞いた。
○その世――ここでは中国を指す。
○東宮――御門の第一皇子。
○わが世――ここでは日本を指す。

設　問

㈠　傍線部ア・ウ・キを現代語訳せよ。

解答欄：各一二・七cm×一行

㈡　「ただまぼろしに見るは見るかは」（傍線部イ）の大意を示せ。

解答欄：一三・四cm×一行

㈢「たぐひあらじと人やりならずおぼえしかど」（傍線部エ）とあるが、何についてどのように思ったのか、説明せよ。

解答欄：一三・四㎝×一行

㈣「よろづ目とまり、あはれなるをさることにて」（傍線部オ）とあるが、それはなぜか、説明せよ。

解答欄：一三・四㎝×一行

㈤「われをばひたぶるにおぼし放たぬなんめり」（傍線部カ）とあるが、なぜそう思うのか、説明せよ。

解答欄：一三・四㎝×一行

※　㈢・㈣は文科のみの出題。

二〇二一年度　文理共通

第二問

次の文章は『落窪物語』の一節である。落窪の君は源中納言の娘で、高貴な実母とは死別し、継母《ままはは》にいじめられて育ったが、ひそかに道頼《みちより》と結婚して引き取られて、幸福に暮らしている。少将だった道頼は今では中納言に昇進し、衛門督を兼任している。以下は、道頼が継母たちに報復する場面である。これを読んで、後の設問に答えよ。

かくて、「今年の賀茂《かも》の祭、いとをかしからむ」と言へば、衛門督《ゑもんのかう》の殿、「アさうざうしきに、御達《ごたち》に物見せむ」とて、かねてより御車新しく調じ、人々の装束《さうぞく》ども賜《た》びて、「よろしうせよ」とのたまひて、いそぎて、その日になりて、一条の大路《おほち》の打杭《うちぐひ》打たせ給へれば、「今は」と言へども、イ誰ばかりかは取らむと思して、のどかに出で給ふ。

御車五つばかり、大人二十人、二つは、童四人、下仕《しもづかひ》四人乗りたり。男君具し給へれば、御前《ごぜん》、四位五位、いと多かり。弟《おとと》の侍従なりしは今は少将、童におはせしは兵衛佐《ひやうゑのすけ》、ウ「もろともに見む」と聞こえ給ひければ、皆おはしたりける車どもさへ添《そ》はりたれば、二十《はたち》あまり引き続きて、皆、次第どもに立ちにけりと見おはするに、わが杭したる所の向かひに、古めかしき檳榔《びりやう》毛一つ、網代《あじろ》一つ立てり。

御車立つるに、「男車の交じらひも、疎《うと》き人にはあらで、親しう立て合はせて、見渡《みわた》しの北南に立てよ」とのたまへば、「この向かひなる車、少し引き遣《や》らせよ。御車立てさせむ」と言ふに、エしふねがりて聞かぬに、「誰が車ぞ」と問はせ給ふに、「源中納言殿」と申せば、君、「中納言のにもあれ、大納言にてもあれ、かばかり多かる所に、いかでこの打杭ありと見ながらは立てつるぞ。少し引き遣らせよ」とのたまはすれば、雑色《ざふしき》ども寄りて車に手をかくれば、車の人出で来て、「など、また真人《まうと》たちのかうする。いたう逸《はや》る雑色かな。豪家《かうけ》だつるわが殿も、中納言におはしますや。オ一条の大路も皆領じ給ふべきか。強法す」と笑ふ。「西東《にしひんがし》、斎院もおぢて、避《よ》き道しておはすべかなるは」と、口悪しき男また言へば、「同じものと、カ殿を一つ口にな言ひそ」などいさかひて、えとみに引き遣らねば、男君たちの御車ども、まだえ立てず。君、御前の人、左衛門《さゑもん》の蔵人《くらうど》を召して、「かれ、行《おこな》ひて、少し遠くなせ」とのたまへば、近く寄りて、ただ引きに引き遣らす。男ども少なくて、えふと引きとどめず。御前、三四人ありけれど、「益《やう》なし。この度《たび》、いさかひしつべかめり。ただ今の太政大臣の尻は蹴るとも、キこの殿の牛飼ひに手触れてむや」と言ひて、人の家の門《かど》に入りて立てり。目をはつかに見出して見る。

少し早う恐ろしきものに世に思はれ給へれど、実《じち》の御心は、いとなつかしう、のどかになむおはしける。

〔注〕

○賀茂の祭――陰暦四月に行われる賀茂神社の祭。斎院の御禊《ごけい》がある。葵《あおい》祭。

○打杭――打ち込んで立てる杭。ここでは、車を停める場所を確保するための杭。

○御前――車列の先払いをする供の人。

○侍従なりしは今は少将、童におはせしは兵衛佐――それぞれ昇進したということ。

○次第どもに――身分の順に整然と。

○檳榔毛一つ、網代一つ――いずれも牛車の種類。「檳榔毛」は上流貴族の常用、「網代」は上流貴族の略式用。

○見渡しの北南に――互いに見えるように、一条大路の北側と南側に。

○雑色――雑役をする従者。

○真人たち――あなたたち。

○豪家だつるわが殿――権門らしく振舞う、あなたたちのご主人。

○強法――横暴なこと。

○左衛門の蔵人――落窪の君の侍女阿漕《あこぎ》の夫、帯刀《たちはき》。道頼と落窪の君の結婚に尽力した。

○人の家の門に入りて――牛車から離れて、よその家の門に入って。

設問

㈠ 傍線部ア・イ・ウを現代語訳せよ。

解答欄：各一二・七㎝×一行

㈡ 「しふねがりて聞かぬに」（傍線部エ）とは誰がどうしたのか、説明せよ。

解答欄：一三・四㎝×一行

㈢ 「一条の大路も皆領じ給ふべきか」（傍線部オ）とはどういうことか、主語を補って現代語訳せよ。

解答欄：一三・四㎝×一行

㈣ 「殿を一つ口にな言ひそ」（傍線部カ）とはどういうことか、「一つ口」の内容を明らかにして説明せよ。

解答欄：一三・四㎝×一行

㈤ 「この殿の牛飼ひに手触れてむや」（傍線部キ）とは誰をどのように評価したものか、説明せよ。

解答欄：一三・四㎝×一行

※ ㈡・㈣は文科のみの出題。

二〇二〇年度　文理共通

第二問

次の文章は、春日明神の霊験に関する話を集めた『春日権現験記』の一節である。これを読んで、後の設問に答えよ。

興福寺の壹和《いちわ》僧都は、修学相兼ねて、才智たぐひなかりき。後には世を遁《のが》れて、外山《とやま》といふ山里に住みわたりけり。そのかみ、維摩《ゆいま》の講師を望み申しけるに、思ひの外に祥延といふ人に越されにけり。なにごとも前世の宿業にこそ、とは思ひのどむれども、その恨みしのびがたくおぼえければ、ながく本寺論談の交はりを辞して、斗藪《とそう》修行の身とならんと思ひて、弟子どもにもかくとも知らせず、本尊・持経ばかり竹の笈《おひ》に入れて、ひそかに三面の僧坊をいでて四所の霊社にまうでて、泣く泣く今は限りの法施を奉りけん心の中、ただ思ひやるべし。さすがに住みこし寺も離れまうく、馴れぬる友も捨てがたけれども、思ひたちぬることなれば、行く先いづくとだに定めず、なにとなくあづまのかたに赴くほどに、尾張《をはり》の鳴海潟《なるみがた》に着きぬ。

潮干《しほひ》のひまをうかがひて、熱田の社に参りて、しばしば法施をたむくるほどに、けしかる巫女《かんなぎ》来て、壹和をさして言ふやう、「汝《なんぢ》、恨みを含むことありて本寺を離れてまどへり。人の習ひ、恨みには堪へぬものなれば、ことわりなれども、心にかなはぬはこの世の友なり。陸奥《むつ》国えびすが城へと思ふとも、それもまたつらき人あらば、さていづちか赴かん。いそぎ本寺に帰りて、日ごろの望みを遂ぐべし」と仰せらるれば、壹和頭《かうべ》を垂れて、「思ひもよらぬ仰せかな。かかる乞食《こつじき》修行者になにの恨みか侍るべき。あるべくもなきことなり、いかにかくは」と申すとき、巫女大いにあざけりて、

　つつめども隠れぬものは夏虫の身より余れる思ひなりけり

といふ歌占《うたうら》をいだして、「汝、心幼くも我を疑ひ思ふかは。いざさらば言ひて聞かせん。汝、維摩の講匠を祥延に越えられて恨みをなすにあらずや。かの講匠と言ふはよな、帝釈宮の金札《こんさつ》に記するなり。そのついで、すなはち祥延・壹和・喜操・

観理とあるなり。帝釈の札に記するも、これ昔のしるべなるべし。我がしわざにあらず。とくとく愁へを休めて本寺に帰るべきなり。和光同塵は結縁の始め、八相成道は利物《りもつ》の終りなれば、神といひ仏といふその名は変はれども、同じく衆生を哀れぶこと、悲母の愛子のごとし。汝は情けなくも我を捨つといへども、我は汝を捨てずして、かくしも慕ひ示すなり。春日山の老骨、既に疲れぬ」とて、上がらせ給ひにければ、壹和、かたじけなさ、たふとさ、ひとかたならず、渇仰の涙を抑へていそぎ帰り上りぬ。その後、次の年の講師を遂げて、四人の次第、キあたかも神託に違はざりけりとなん。

〔注〕○興福寺――奈良にある藤原氏の氏寺。隣接する藤原氏の氏社で春日明神を祭神とする春日大社とは関係が深い。
○維摩の講師――興福寺の重要な法会である維摩会で、講義を行う高僧。
○祥延――僧の名。
○斗藪――仏道修行のために諸国を歩くこと。
○三面の僧坊――興福寺の講堂の東・西・北を囲んで建つ、僧侶達の住居。
○四所の霊社――春日大社の社殿。四所の明神を、連なった四つの社殿にまつる。
○鳴海潟――今の名古屋市にあった干潟。東海道の鳴海と、熱田神宮のある熱田の間の通り道になっていた。
○夏虫――ここでは蛍のこと。
○歌占――歌によって示された託宣。
○帝釈宮――仏法の守護神である帝釈天の住む宮殿。
○喜操・観理――ともに僧の名。
○和光同塵――仏が、衆生を救うために仮の姿となって俗世に現れること。
○八相成道――釈迦が、衆生を救うためにその一生に起こした八つの大事。
○利物――衆生に恵みを与えること。

設　問

㈠　傍線部イ・ウ・エを現代語訳せよ。　解答欄：各一二・七㎝×一行

㈡　「思ひのどむれども」（傍線部ア）とあるが、何をどのようにしたのか、説明せよ。　解答欄：一三・四㎝×一行

㈢　「あるべくもなきことなり、いかにかくは」（傍線部オ）とあるが、これは壹和の巫女に対するどのような主張であるか、説明せよ。　解答欄：一三・四㎝×一行

㈣　歌占「つつめども隠れぬものは夏虫の身より余れる思ひなりけり」（傍線部カ）に示されているのはどのようなことか、説明せよ。　解答欄：一三・四㎝×一行

㈤　「あたかも神託に違はざりけりとなん」（傍線部キ）とあるが、神託の内容を簡潔に説明せよ。　解答欄：一三・四㎝×一行

※　㈢・㈣は文科のみの出題。

二〇一九年度　文理共通

第二問

次の文章は、闌更《らんこう》編『誹諧世説《はいかいせせつ》』の「嵐雪《らんせつ》が妻、猫を愛する説」である。これを読んで、後の設問に答えよ。

嵐雪が妻、唐猫《からねこ》のかたちよきを愛して、美しきふとんをしかせ、食ひ物も常ならぬ器に入れて、朝夕ひざもとをはなさざりけるに、門人・友どちなどにもうるさく思ふ人もあらんと、嵐雪、折々は、「獣《けもの》を愛するにも、程あるべき事なり。人にもまさりたる敷き物・器、食ひ物とても、忌むべき日にも、猫には生《なま》ざかなを食はするなど、よからぬ事」とつぶやきけれども、妻しのびてもこれを改めざりけり。

さてある日、妻の里へ行きけるに、留守《るす》の内、外へ出でざるやうに、かの猫をつなぎて、例のふとんの上に寝させて、さかななど多く食はせて、くれぐれ綱ゆるさざるやうに頼みおきて出で行きぬ。嵐雪、かの猫をいづくへなりとも遣はし、妻をたばかりて猫を飼ふ事をやめんと思ひ、かねて約しおける所ありければ、遠き道を隔て、人して遣はしける。妻、日暮れて帰り、まづ猫を尋ぬるに見えず。「猫はいづくへ行き侍る」と尋ねければ、「されば、そこのあとを追ひけるにや、しきりに鳴き、綱を切るばかりに騒ぎ、毛も抜け、首もしまるほどなりけるゆゑ、あまり苦しからんと思ひ、綱をゆるしてさかななどあてけれども、食ひ物も食はで、ただうろうろと尋ぬるけしきにて、門口《かどぐち》・背戸口《せどぐち》・二階など行きつ戻りつしけるが、それより外へ出で侍るにや、近隣を尋ぬれども今に見えず」と言ふ。妻、泣き叫びて、行くまじき方までも尋ねけれども、帰らずして、三日、四日過ぎければ、妻、袂《たもと》をしぼりながら、

猫の妻いかなる君のうばひ行く　　妻

かく言ひて、ここちあしくなり侍りければ、妻の友とする隣家の内室、これも猫を好きけるが、嵐雪がはかりて他所へ遣はしける事を聞き出だし、ひそかに妻に告げ、「無事にて居侍るなり。必ず心を痛め給ふ事なかれ。我が知らせしとなく、何

町、何方へ取り返しに遣はし給へ」と語りければ、妻、「かかる事のあるべきや。我が夫、猫を愛する事を憎み申されけるが、さては我をはかりてのわざなるか」と、さまざま恨みいどみ合ひける。嵐雪もあらはれたる上は是非なく、「実《げ》に汝《なんち》をはかりて遣はしたるなり。常々言ふごとく、余り他《た》に異なる愛し様《やう》なり。はなはだ悪しき事なり。重ねて我が言ふごとくなさずば、取り返すまじ」と、さまざま争ひけるに、隣家・門人などいろいろ言ひて、妻にわびさせて、嵐雪が心をやはらげ、猫も取り返し、何事なくなりけるに、

　睦月《むつき》はじめの夫婦《めをと》いさかひを人々に笑はれて

喜ぶを見よや初ねの玉《たま》ばは木《き》　　嵐雪

〔注〕
○嵐雪——俳人。芭蕉の門人。
○唐猫——猫。もともと中国から渡来したためこう言う。
○門口・背戸口——家の表側の出入り口と裏側の出入り口。
○内室——奥様。
○玉ばは木——正月の初子《はつね》の日に、蚕《かいこ》部屋を掃《は》くために使う、玉のついた小さな箒《ほうき》。

設　問

㈠　傍線部ア・イ・カを現代語訳せよ。
解答欄：各一二・七㎝×一行

㈡　「行くまじき方までも尋ねけれども」（傍線部ウ）を、誰が何をどうしたのかわかるように、言葉を補い現代語訳せよ。
解答欄：一三・四㎝×一行

㈢　「我が知らせしとなく、何町、何方へ取り返しに遣はし給へ」（傍線部エ）とあるが、隣家の内室は、どうせよといっているのか、説明せよ。
解答欄：一三・四㎝×一行

㈣　「さては我をはかりてのわざなるか」（傍線部オ）とあるが、嵐雪は妻をどうだましたのか、説明せよ。
解答欄：一三・四㎝×一行

㈤　「余り他に異なる愛し様」（傍線部キ）とあるが、どのような「愛し様」か、具体的に説明せよ。
解答欄：一三・四㎝×一行

※　㈢・㈤は文科のみの出題。

二〇一八年度　文理共通

第二問

次の文章は『太平記』の一節である。美しい女房の評判を聞いた武蔵守高師直《こうのもろなお》は、侍従の局《つぼね》に仲立ちを依頼したが、すでに人妻となっている女房は困惑するばかりであった。これを読んで、後の設問に答えよ。

侍従帰りて、「かくこそ」と語りければ、武蔵守いと心を空に成して、「たび重ならば情けに弱ることもこそあれ、文をやりてみばや」とて、兼好と言ひける能書の遁世者をよび寄せて、紅葉襲《もみぢがさね》の薄様《うすやう》の、取る手も燻《く》ゆるばかりに焦がれたるに、言葉を尽くしてぞ聞こえける。返事遅しと待つところに、使ひ帰り来て、「御文をば手に取りながら、ア あけてだに見たまはず、庭に捨てられたるを、人目にかけじと、懐《ふところ》に入れ帰りまゐつて候ひぬる」と語りければ、師直大きに気を損じて、「いやいや物の用に立たぬものは手書きなりけり。今日よりその兼好法師、これへ寄すべからず」とぞ怒りける。

かかるところに薬師寺次郎左衛門公義《きんよし》、所用の事有りて、ふとさし出でたり。師直かたはらへ招いて、「ここに、文をやれども取つても見ず、けしからぬ程に気色《けしき》つれなき女房のありけるをば、いかがすべき」とうち笑ひければ、公義「人皆岩木《いはき》ならねば、いかなる女房も、慕ふに靡《なび》かぬ者や候ふべき。今一度御文を遣はされて御覧候へ」とて、師直に代はつて文を書きけるが、イ なかなか言葉はなくて、

返すさへ手や触れけんと思ふにぞ ウ わが文ながらうちも置かれず

押し返して、仲立ちこの文を持ちて行きたるに、女房いかが思ひけん、歌を見て顔うちあかめ、袖に入れて立ちけるを、仲立ちさては エ たよりあしからずと、袖をひかへて、「さて御返事はいかに」と申しければ、「重きが上の小夜衣《さよごろも》」とばかり言ひ捨てて、内へ紛れ入りぬ。暫《しばら》くあれば、使ひ急ぎ帰つて、「かくこそ候ひつれ」と語るに、師直うれしげにうち案じて、やがて薬師寺をよび寄せ、「この女房の返事に、『重きが上の小夜衣』と言ひ捨てて立たれけると仲立ちの申すは、衣・小袖

をととのへて送れとにや。その事ならば、いかなる装束なりとも仕立てんずるに、いと安かるべし。これは何と言ふ心ぞ」と問はれければ、公義「いやこれはさやうの心にては候はず、新古今の十戒《じっかい》の歌に、

さなきだに重きが上の小夜衣わがつまならぬつまな重ねそ

と言ふ歌の心を以つて、人目ばかりを憚《はばか》り候ふものぞとこそ覚えて候へ」と歌の心を釈しければ、師直大きに悦《よろこ》んで、「ああ御辺《ごへん》は弓箭《ゆみや》の道のみならず、歌道にさへ無双の達者なりけり。いで引出物せん」とて、金作《こがねづく》りの丸鞘《まるざや》の太刀《たち》一振り、手づから取り出だして薬師寺にこそ引かれけれ。兼好が不祥、公義が高運、栄枯一時に地をかへたり。

〔注〕
○兼好——兼好法師。『徒然草』の作者。
○紅葉襲の薄様——表は紅、裏は青の薄手の紙。
○薬師寺次郎左衛門公義——師直の家来で歌人。
○仲立ち——仲介役の侍従。
○小夜衣——着物の形をした寝具。普通の着物よりも大きく重い。
○十戒の歌——僧が守るべき十種の戒律について詠んだ歌。
○丸鞘——丸く削った鞘。

設　問

㈠　傍線部ア・イ・エを現代語訳せよ。　解答欄：各一二・七㎝×一行

㈡　「わが文ながらうちも置かれず」（傍線部ウ）とあるが、どうして自分が出した手紙なのに捨て置けないのか、説明せよ。　解答欄：一三・四㎝×一行

㈢　「さやうの心」（傍線部オ）とは、何を指しているか、説明せよ。　解答欄：一三・四㎝×一行

㈣　「わがつまならぬつまな重ねそ」（傍線部カ）とはどういうことか、掛詞に注意して女房の立場から説明せよ。　解答欄：一三・四㎝×一行

㈤　「人目ばかりを憚り候ふものぞ」（傍線部キ）とあるが、公義は女房の言葉をどう解釈しているか、説明せよ。　解答欄：一三・四㎝×一行

※　㈡・㈣は文科のみの出題。

第二問

二〇一七年度　文理共通

次の文章は、『源氏物語』真木柱巻の一節である。玉鬘《たまかずら》は、光源氏（大殿）のかつての愛人であった亡き夕顔と内大臣との娘だが、両親と別れて筑紫国で育った。玉鬘は、光源氏の娘として引き取られ多くの貴公子達の求婚を受けるかたわら、光源氏にも思慕の情を寄せられ困惑する。しかし意外にも、求婚者の中でも無粋な鬚黒《ひげくろ》大将の妻となって、その邸に引き取られてしまった。以下は、光源氏が結婚後の玉鬘に手紙を贈る場面である。これを読んで、後の設問に答えよ。

二月にもなりぬ。大殿は、さてもつれなきわざなりや、いとかう際々《きはぎは》しうとしも思はでたゆめられたる妬《ねた》さを、人わろく、すべて御心にかからぬをりなく、恋しう思ひ出でられたまふ。宿世《すくせ》などいふものおろかならぬことなれど、わがあまりなる心にて、かく人やりならぬものは思ふぞかしと起き臥《ふ》し面影にぞ見えたまふ。大将の、をかしやかにわららかなる気《け》もなき人に添ひゐたらむに、はかなき戯《たはぶ》れ言《ごと》もつつましうあいなく思《おぼ》されて、念じたまふを、雨いたう降りていとのどやかなるころ、かやうのつれづれも紛らはし所に渡りたまひて、語らひたまひしさまなどの、いみじう恋しければ、御文奉りたまふ。右近がもとに忍びて遣はすも、かつは思はむことを思すに、何ごともえつづけたまはで、ただ思はせたることどもぞありける。

「かきたれてのどけきころの春雨にふるさと人をいかにしのぶや

つれづれに添へても、恨めしう思ひ出でらるること多うはべるを、いかでかは聞こゆべからむ」などあり。

隙《ひま》に忍びて見せたてまつれば、うち泣きて、わが心にもほど経るままに思ひ出でられたまふ御さまを、まほに、「恋しや、いかで見たてまつらむ」などはえのたまはぬ親にて、げに、いかでかは対面もあらむとあはれなり。時々むつかしかりし御気色《けしき》を、心づきなう思ひきこえしなどは、この人にも知らせたまはぬことなれば、心ひとつに思しつづくれど、右近はほの気色見けり。いかなりけることならむとは、今に心得がたく思ひける。御返り、「聞こゆるも恥づかしけれど、おぼつかなくやは」とて書きたまふ。

「ながめする軒《のき》のしづくに袖ぬれてうたかた人をしのばざらめやほどふるころは、げにことなるつれづれもまさりはべりけり。あなかしこ」とゐやゐやしく書きなしたまへり。

ひきひろげて、玉水のこぼるるやうに思さるるを、人も見ばうたてあるべしとつれなくもてなしたまへど、胸に満つ心地して、かの昔の、尚侍《かむ》の君を朱雀院《すざくゐん》の后の切《せち》にとり籠《こ》めたまひしをりなど思し出づれど、さし当たりたることなればにや、これは世づかずぞあはれなりける。好いたる人は、心からやすかるまじきわざなりけり、今は何につけてか心をも乱らまし、似げなき恋のつまなりや、とさましわびたまひて、御琴掻《か》き鳴らして、なつかしう弾きなしたまひし爪音《つまおと》思ひ出でられたまふ。

〔注〕○つれなきわざ――鬚黒が玉鬘を、光源氏に無断で自分の邸に引き取ったこと。
○紛らはし所――光源氏が立ち寄っていた玉鬘の居所。
○右近――亡き夕顔の女房。玉鬘を光源氏の邸に連れてきた。
○隙に忍びて――鬚黒が不在の折にこっそりと。
○うたかた――泡がはかなく消えるような少しの間も。
○尚侍の君を朱雀院の后の切にとり籠めたまひしをり――当時の尚侍の君であった朧月夜《おぼろづきよ》を、朱雀院の母后である弘徽殿《こきでん》大后が強引に光源氏に逢えないようになさった時のこと。現在の尚侍の君は、玉鬘。

設問

㈠　傍線部ア・イ・オを現代語訳せよ。　解答欄：各一二・七㎝×一行

㈡　「げに、いかでかは対面もあらむとあはれなり」（傍線部ウ）とは誰のどのような気持ちか、説明せよ。　解答欄：一三・四㎝×一行

㈢　「いかなりけることならむ」（傍線部エ）とは、誰が何についてどのように思っているのか、説明せよ。　解答欄：一三・四㎝×一行

㈣　「ゐやゐやしく書きなしたまへり」（傍線部カ）とあるが、誰がどのようにしたのか、説明せよ。　解答欄：一三・四㎝×一行

㈤　「好いたる人」（傍線部キ）とは、ここではどういう人のことか、説明せよ。　解答欄：一三・四㎝×一行

※　㈡・㈣は文科のみの出題。

二〇一六年度　文理共通

第二問

次の文章は、鎌倉時代成立とされる物語『あきぎり』の一節である。これを読んで、後の設問に答えよ。なお、本文中の「宰相」は姫君の「御乳母《めのと》」と同一人物であり、「少将」はその娘で、姫君の侍女である。

（尼上ハ）まことに限りとおぼえ給へば、御乳母を召して、「今は限りとおぼゆるに、この姫君のことのみ思ふを、アなからむあとにも、かまへて軽々しからずもてなし奉れ。今は宰相よりほかは、誰をか頼み給はむ。我なくなるとも、父君生きてましまさば、さりともと心安かるべきに、誰に見譲《ゆづ》るともなくて、消えなむのちのうしろめたさ」を返す返すも続けやり給はず、御涙もとどめがたし。

まして宰相はせきかねたる気色にて、しばしはものも申さず。ややためらひて、「いかでかおろかなるべき。イおはします時こそ、おのづから立ち去ることも侍らめ、誰を頼みてか、かたときも世にながらへさせ給ふべき」とて、袖を顔に押し当てて、たへがたげなり。姫君は、ましてただ同じさまなるにも、かく嘆きをほのかに聞くにも、なほもののおぼゆるにやと、悲しさやらむかたなし。げにただ今は限りと思《おぼ》して、念仏高声に申し給ひて、眠り給ふにやと見るに、はや御息も絶えにけり。

姫君は、ウただ同じさまにと、こがれ給へども、かひなし。誰も心も心ならずながら、さてもあるべきことならねば、その御出《い》で立ちし給ふにも、われさきにと絶え入り絶え入りし給ふを、「何事もしかるべき御ことこそましますらめ。消え果て給ひぬるは、いかがせむ」とて、またこの君の御ありさまを嘆きゐたり。大殿もやうやうに申し慰め給へども、生きたる人とも見え給はず。

その夜、やがて阿弥陀《あみだ》の峰といふ所にをさめ奉る。むなしき煙と立ちのぼり給ひぬ。エ悲しとも、世の常なり。大殿は、こまごものなどのたまへること、夢のやうにおぼえて、姫君の御心地、さこそとおしはかられて、御乳母を召して、「かまへて申し慰め奉れ。御忌み離れなば、（オ）やがて迎へ奉るべし。心ぼそからでおはしませ」など、頼もしげにのたまひおき、帰り給ひぬ。

中将は、かくと聞き給ひて、姫君の御嘆き思ひやり、心苦しくて、鳥辺野《とりべの》の草とも、さこそ思し嘆くらめと、あはれなり。夜な夜なの通ひ路も、今はあるまじきにやと思すぞ、いづれの御嘆きにも劣らざりける。少将のもとまで、

（カ）鳥辺野の夜半《よは》の煙に立ちおくれさこそは君が悲しかるらめ

とあれども、（キ）御覧じだに入れねば、かひなくてうち置きたり。

〔注〕○御出で立ち――葬送の準備。
○しかるべき御こと――前世からの因縁。
○阿弥陀の峰――現在の京都市東山区にある阿弥陀ヶ峰。古くは、広くこの一帯を鳥辺野と呼び、葬送の地であった。
○御忌み離れなば――喪が明けたら。
○中将――姫君のもとにひそかに通っている男性。

【人物関係図】

大殿
└尼上＝父君
　　└姫君

設問

㈠　傍線部エ・オ・キを現代語訳せよ。　解答欄：各一二・七㎝×一行

㈡　「なからむあとにも、かまへて軽々しからずもてなし奉れ」（傍線部ア）とはどういうことか、説明せよ。　解答欄：一三・四㎝×一行

㈢　「おはします時こそ、おのづから立ち去ることも侍らめ」（傍線部イ）を、主語を補って現代語訳せよ。　解答欄：一三・四㎝×一行

㈣　「ただ同じさまにと」（傍線部ウ）とはどういうことか、説明せよ。　解答欄：一三・四㎝×一行

㈤　「鳥辺野の夜半の煙に立ちおくれさこそは君が悲しかるらめ」（傍線部カ）の和歌の大意をわかりやすく説明せよ。　解答欄：一三・四㎝×一行

※　㈢・㈣は文科のみの出題。

二〇一五年度　文理共通

第二問

次の文章は、平安後期の物語『夜の寝覚』の一節である。女君は、不本意にも男君（大納言）と一夜の契りを結んで懐妊したが、男君は女君の素性を誤解したまま、女君の姉（大納言の上）と結婚してしまった。その後、女君は出産し、妹が夫の子を生んだことを知った姉との間に深刻な溝が生じてしまう。いたたまれなくなった女君は、広沢の地（平安京の西で、嵐山にも近い）に隠棲《いんせい》する父入道のもとに身を寄せ、何とか連絡を取ろうとする男君をかたくなに拒絶し、ひっそりと暮らしている。以下を読んで、後の設問に答えよ。

さすがに姨捨山《をばすてやま》の月は、夜更《ふ》くるままに澄みまさるを、めづらしく、つくづく見いだしたまひて、ながめいりたまふ。

　ア ありしにもあらずうき世にすむ月の影こそ見しにかはらざりけれ

そのままに手ふれたまはざりける箏《さう》の琴《こと》ひきよせたまひて、かき鳴らしたまふに、所からあはれまさり、松風もいと吹きあはせたるに、そそのかされて、ものあはれに思《おぼ》さるるままに、聞く人あらじと思せば心やすく、手のかぎり弾《ひ》きたまひたるに、入道殿の、仏の御前におはしけるに、聞きたまひて、「あはれに、言ふにもあまる御琴の音《ね》かな」と、うつくしきに、聞きあまりて、イ行ひさしてわたりたまひたれば、弾きやみたまひぬるを、「なほあそばせ。念仏しはべるに、『極楽の迎へちかきか』と、心ときめきせられて、たづねまうで来つるぞや」とて、少将に和琴《わごん》たまはせ、琴かき合はせなどしたまひて遊びたまふ程に、はかなく夜もあけぬ。かやうに心なぐさめつつ、あかし暮らしたまふ。

つねよりも時雨《しぐれ》あかしたるつとめて、大納言殿より、

　ウ つらけれど思ひやるかな山里の夜半《よは》のしぐれの音《おと》はいかにと

雪かき暮らしたる日、思ひいでなきふるさとの空さへ、とぢたる心地して、さすがに心ぼそければ、端《はし》ちかくゐざりいで

て、白き御衣《ぞ》どもあまた、エなかなかいろいろならむよりもをかしく、なつかしげに着なしたまひて、ながめ暮らしたまふ。ひととせ、かやうなりしに、大納言の上と端ちかくて、雪山つくらせて見しほどなど、思しいづるに、つねよりも落つる涙を、らうたげに拭《のご》ひかくして、

「思ひいではあらしの山になぐさまでオ雪ふるさとはなほぞこひしき

我をば、かくも思しいでじかし」と、推《お》しはかりごとにさへ止《とど》めがたきを、対《たい》の君カいと心ぐるしく見たてまつりて、「くるしく、いままでながめさせたまふかな。御前に人々参りたまへ」など、キよろづ思ひいれず顔にもてなし、なぐさめたてまつる。

〔注〕
○姨捨山――俗世を離れた広沢の地を、月の名所である長野県の姨捨山にたとえた表現。「我が心なぐさめかねつ更級《さらしな》や姨捨山に照る月を見て」（古今和歌集）を踏まえる。
○そのままに――久しく、そのままで。
○少将――女君の乳母の娘。
○対の君――女君の母親代わりの女性。

設　問

㈠　傍線部ア・イ・カを現代語訳せよ。

解答欄：各一二・七㎝×一行

㈡　「つらけれど思ひやるかな」（傍線部ウ）を、必要な言葉を補って現代語訳せよ。

解答欄：一三・四㎝×一行

㈢　「なかなかいろいろならむよりもをかしく」（傍線部エ）とはどういうことか、説明せよ。

解答欄：一三・四㎝×一行

㈣　「雪ふるさとはなほぞこひしき」（傍線部オ）とあるが、それはなぜか、説明せよ。

解答欄：一三・四㎝×一行

㈤　「よろづ思ひいれず顔にもてなし」（傍線部キ）とは対の君のどのような態度か、説明せよ。

解答欄：一三・四㎝×一行

※　㈡・㈤は文科のみの出題。

二〇一四年度　文理共通

第二問

次の文章は、井原西鶴の『世間胸算用』の一節である。これを読んで、後の設問に答えよ。

分限《ぶんげん》になりける者は、その生まれつき格別なり。ある人の息子《むすこ》、九歳より十二の歳の暮れまで、手習《てならひ》につかはしけるに、その間《あひだ》の筆の軸《ぢく》を集め、そのほか人の捨てたるをも取りためて、ほどなく十三の春、我が手細工《てざいく》にして軸簾《ぢくすだれ》をこしらへ、一つを一匁《もんめ》五分《ふん》づつの、三つまで売り払ひ、はじめて銀四匁五分まうけしこと、我が子ながらただものにあらずと、親の身にしては嬉《うれ》しさのあまりに、手習の師匠に語りければ、師の坊、このことをよしとは誉《ほ》めたまはず。「我《われ》、この年まで、数百人《すひやくにん》子供を預かりて、指南《しなん》いたして見およびしに、その方《はう》の一子《いつし》のごとく、ア気のはたらき過ぎたる子供の、末に分限に世を暮らしたるためしなし。また、乞食《こじき》するほどの身代《しんだい》にもならぬもの、中分《ちうぶん》より下の渡世《とせい》をするものなり。かかることには、さまざまの子細あることなり。そなたの子ばかりを、かしこきやうに思《おぼ》しめすな。それよりは、イ手まはしのかしこき子供あり。我が当番の日はいふにおよばず、人の番の日も、箒《はうき》取りどり座敷掃《は》きて、あまたの子供が毎日つかひ捨てたる反《ほう》古《ぐ》のまろめたるを、一枚一枚皺《しわ》のばして、日ごとに屏風屋《びやうぶや》へ売りて帰るもあり。これは、筆の軸を簾の思ひつきよりは、当分《たうぶん》の用に立つことながら、これもよろしからず。またある子は、紙の余慶持ち来たりて、紙つかひ過ごして不自由なる子供に、一日一倍ましの利にてこれを貸し、年中に積もりての徳、何ほどといふ限りもなし。ウこれらは皆、それぞれの親のせちがしこき気を見習ひ、自然と出《いづ》るおのれおのれが知恵にはあらず。その中にもひとりの子は、父母の朝夕《てうせき》仰《おほ》せられしは、『ほかのことなく、手習を精に入れよ。成人してのその身のためになること』との言葉、エ反古にはなりがたしと、明け暮れ読み書きに油断なく、後には兄弟子《あにでし》どもにすぐれて能書になりぬ。オこの心からは、ゆくすゑ分限になる所見えたり。その子細は、一筋《ひとすぢ》に家業かせぐ故《ゆゑ》なり。惣《そう》じて親よりし続きたる家職のほかに、商売を替へてし続きたるはまれなり。手習子《てならひご》ども、おのれが役目の手を書くことはほかになし、若年《じやくねん》の時よりすすどく、無用の欲心なり。それゆゑ、第一の、手は書かざることのあさまし。その子なれども、さやうの心入れ、よき事とはいひがたし。とかく少年の時は、花をむしり、紙鳥《いか》をのぼし、知恵付時《ちゑづきどき》に身を持ちかためたるこそ、道の常なれ。七十になる者の申せしこと、ゆくすゑを見給へ」と言ひ置かれし。

〔注〕○分限――裕福なこと。金持ち。
○一匁五分――一匁は約三・七五グラム。五分はその半分。ここは銀貨の重さを表している。
○屛風屋へ売りて――屛風の下張り用の紙として売る。
○当分の用に立つ――すぐに役に立つ。
○紙の余慶――余分の紙。
○すすどく――鋭く抜け目がなく。
○紙鳥――凧《たこ》。

設　問

㈠　傍線部ア・エ・カを現代語訳せよ。　解答欄：各一二・七㎝×一行

㈡　「手まはしのかしこき子供」（傍線部イ）とは、どのような子供のことか。　解答欄：一三・四㎝×一行

㈢　手習の師匠は、「これらは皆、それぞれの親のせちがしこき気を見習ひ、自然と出るおのれおのれが知恵にはあらず」（傍線部ウ）と言っているが、これは軸簾を思いついた子の父親のどのような考えを戒めたものか。　解答欄：一三・四㎝×一行

㈣　手習の師匠が、手習に専念した子供について、「この心からは、ゆくすゑ分限になる所見えたり」（傍線部オ）と評したのはなぜか。　解答欄：一三・四㎝×一行

㈤　「とかく少年の時は、花をむしり、紙鳥をのぼし、知恵付時に身を持ちかためたるこそ、道の常なれ」（傍線部キ）という手習の師匠の言葉の要点を簡約にのべよ。　解答欄：一三・四㎝×一行

※　㈢・㈤は文科のみの出題。

二〇一三年度　文理共通

第二問

次の文章は、近世に成立した平仮名本『吾妻鏡』の一節である。源平の合戦の後、源頼朝《よりとも》（二位殿）は、異母弟の義経《よしつね》（九郎殿）に謀反の疑いを掛け、討伐の命を出す。義経は、郎党や愛妾《あいしょう》の静《しずか》御前を引き連れて各地を転々としたが、静とは大和国吉野で別れる。その後、静は捕らえられ、鎌倉に送られる。義経の行方も分からないまま、文治二年（一一八六）四月八日、鎌倉・鶴岡八幡宮《つるがおかはちまんぐう》に参詣した頼朝とその妻・北条政子（御台所《みだいどころ》）は、歌舞の名手であった静に神前で舞を披露するよう求める。静は再三固辞したが、遂に扇を手に取って舞い始める。以下を読んで、後の設問に答えよ。

静《しづか》、まづ歌を吟じていはく、

　吉野山みねのしら雪踏み分けて入りにし人の跡ぞこひしき

また別に曲を歌うて後、和歌を吟ず。その歌に、

　しづやしづしづのをだまき繰り返し昔を今になすよしもがな

かやうに歌ひしかば、社壇《しやだん》も鳴り動くばかりに、ア上下いづれも興をもよほしけるところに、二位殿のたまふは、「今、八幡の宝前にて我が芸をいたすに、もつとも関東の万歳《ばんぜい》を祝《いは》ふべきに、人の聞きをもはばからず、反逆《ほんぎやく》の義経を慕《した》ひ、別の曲を歌ふ事、はなはだもつて奇怪《きくわい》なり」とて、イ御気色《きしよく》かはらせ給《たま》へば、御台所はきこしめし、「あまりに御怒《いか》りをうつさせ給ふな。我が身において思ひあたる事あり。君すでに流人とならせ給ひて、伊豆の国におはしまししころ、われらと御ちぎりあさからずといへども、平家繁昌《はんじやう》の折ふしなれば、父《ちち》北条殿も、さすが時をおそれ給ひて、ウひそかにこれを、とどめ給ふ。しかれどもなほ君に心をかよはして、エくらき夜すがら降る雨をだにいとはず、かかぐる裳裾《もすそ》も露ばかりの隙《ひま》より、君のおはします御閨《ねや》のうちにしのび入り候《さぶら》ひしが、その後君は石橋山の戦場におもむかせ給ふ時、ひとり伊豆の山にのこりゐて、

オ御命いかがあらんことを思ひくらせば、日になに程か、夜にいく度《たび》か、たましひを消し候ひし。そのなげきにくらべ候へば、今の静が心もさぞあるらむと思はれ、いたはしく候ふ。かれもし多年《たねん》九郎殿に相《あひ》なれしよしみをわすれ候ふ程ならば、カ貞女のこころざしにてあるべからず。今の静が歌の体《てい》、外には露ばかりの思ひをよせて、内には霧ふかき憤《いきどほ》りをふくむ。もつとも御あはれみありて、まげて御賞翫《しやうくわん》候へ」と、のたまへば、二位殿きこしめされ、ともに御涙《なみだ》をもよほしたる有様にて、キ御腹立《ふくりふ》をやめられける。しばらくして、簾中《れんちう》より卯の花がさねの御衣を静にこそは下されけれ。

〔注〕○吉野山～――「み吉野の山のしら雪踏み分けて入りにし人のおとづれもせぬ」（古今和歌集）を本歌とする。

○しづやしづ～――「いにしへのしづのをだまき繰り返し昔を今になすよしもがな」（伊勢物語）を本歌とする。「しづ（倭文）」は古代の織物の一種で、ここでは静の名を掛ける。「をだまき（苧環）」は、紡いだ麻糸を中を空洞にして玉状に巻いたもの。

○社壇――神を祭ってある建物。社殿。

○怒りをうつす――怒りの感情を顔に出す。

○流人――平治の乱の後、頼朝の父義朝《よしとも》は処刑、頼朝は十四歳で伊豆国に配流された。

○石橋山――神奈川県小田原市。治承四年（一一八〇）の石橋山の合戦の地。頼朝は平家方に大敗する。

○伊豆の山――静岡県熱海市の伊《い》豆《ず》山《さん》神社。流人であった頼朝と政子の逢瀬の場。

○卯の花がさね――襲《かさね》の色目の名。表は白で、裏は青。初夏（四月）に着用する。

設問

㈠　傍線部ア・エ・オを現代語訳せよ。　解答欄：各一二・七㎝×一行

㈡　「御気色かはらせ給へば」（傍線部イ）とあるが、なぜそうなったのか、説明せよ。　解答欄：一三・四㎝×一行

㈢　「ひそかにこれを、とどめ給ふ」（傍線部ウ）とあるが、具体的には何をとどめたのか、説明せよ。　解答欄：一三・四㎝×一行

㈣　「貞女のこころざし」（傍線部カ）とは、ここではどのような心のさまをいうのか、説明せよ。　解答欄：一三・四㎝×一行

㈤　「御腹立をやめられける」（傍線部キ）とあるが、政子の話のどのような所に心が動かされたのか、説明せよ。　解答欄：一三・四㎝×一行

※　㈡・㈣は文科のみの出題。

二〇一二年度　文理共通

第二問

次の文章は、『俊頼髄脳』の一節で、冒頭の「岩橋《いはばし》の」という和歌についての解説である。これを読んで、後の設問に答えよ。

岩橋《いはばし》の夜の契《ちぎ》りも絶えぬべし明くるわびしき葛城《かづらき》の神

この歌は、葛城の山、吉野山とのはざまの、はるかなる程をめぐれば、ア事のわづらひのあれば、役《えん》の行者《ぎやうじや》といへる修行者の、この山の峰よりかの吉野山の峰に橋を渡したらば、事のわづらひなく人は通ひなむとて、その所におはする一言主《ひとことぬし》と申す神に祈り申しけるやうは、「神の神通《じんづう》は、仏に劣ることなし。イ凡夫《ぼんぶ》のえせぬ事をするを、神力《じんりき》とせり。願はくは、この葛城の山のいただきより、かの吉野山のいただきまで、岩をもちて橋を渡し給へ。この願ひをかたじけなくも受け給はば、ウたふるにしたがひて法施《ほふせ》をたてまつらむ」と申しければ、空《そら》に声ありて、「我この事を受けつ。あひかまへて渡すべし。ただし、エ我がかたち醜くして、見る人おぢ恐《おそ》りをなす。夜な夜な渡さむ」とのたまへり。「願はくは、すみやかに渡し給へ」とて、心経《しんぎやう》をよみて祈り申ししに、オその夜のうちに少し渡して、昼渡さず。役の行者それを見ておほきに怒《いか》りて、「しからば護法《ごほふ》、この神を縛《しば》り給へ」と申す。護法たちまちに、葛《かづら》をもちて神を縛りつ。その神はおほきなる巌《いはほ》にて見え給へば、葛のまつはれて、掛け袋などに物を入れたるやうに、カひまはざまもなくまつはれて、今におはすなり。

〔注〕○葛城の山――大阪府と奈良県との境にある金剛山。
○吉野山――奈良県中部の山系。
○役の行者――奈良時代の山岳呪術者。葛城山に住んで修行し、吉野の金峰山・大峰などを開いた。
○一言主と申す神――葛城山に住む女神。

○法施――仏や神などに対し経を読み法文を唱えること。
○心経――般若心経。
○護法――仏法守護のために使役される鬼神。
○掛け袋――紐をつけて首に掛ける袋。

設　問

㈠　傍線部ア・イ・ウを現代語訳せよ。　解答欄：各一二・七㎝×一行

㈡　「我がかたち醜くして、見る人おぢ恐りをなす」（傍線部エ）とあるが、どういうことか、わかりやすく説明せよ。　解答欄：一三・四㎝×一行

㈢　「その夜のうちに少し渡して、昼渡さず」（傍線部オ）とあるが、一言主の神はなぜそのようにしたのか、説明せよ。　解答欄：一三・四㎝×一行

㈣　「ひまはざまもなくまつはれて、今におはすなり」（傍線部カ）とあるが、どのような状況を示しているのか、主語を補って簡潔に説明せよ。　解答欄：一三・四㎝×一行

㈤　冒頭の和歌は、ある女房が詠んだものだが、この和歌は、通ってきた男性に対して、どういうことを告げようとしているか、わかりやすく説明せよ。　解答欄：一三・四㎝×一行

※　㈢・㈣は文科のみの出題。

二〇一一年度　文理共通

第二問

次の文章は『十訓抄』第六「忠直を存すべき事」の序文の一節である。これを読んで、後の設問に答えよ。

孔子のたまへることあり、ア「ひとへに君に随《したが》ひ奉る、忠にあらず。ひとへに親に随ふ、孝にあらず。あらそふべき時あらそひ、随ふべき時随ふ、これを忠とす、これを孝とす」。

しかれば、主君にてもあれ、父母、親類にてもあれ、知音、朋友にてもあれ、悪しからむことをば、必ずいさむべきと思へども、イ世の末にこのことかなはず。人の習ひにて、ウ思ひ立ちぬることをいさむるは、心づきなくて、言ひあはする人の、心にかなふやうにもおぼゆれば、天道はあはれとも思《おぼ》すらめども、主人の悪しきことをいさむるものは、顧みを蒙《かうむ》ること、ありがたし。さて、することの悪しきさまにもなりて、しづかに思ひ出づる時は、エその人のよく言ひつるものをと思ひあはすれども、また心の引くかたにつきて、思ひたることのある時は、むつかしく、またいさめむずらむとて、オこのことを聞かせじと思ふなり。これはいみじく愚かなることなれども、みな人の習ひなれば、腹黒からず、また心づきなからぬほどにはからふべきなり。

すべて、人の腹立ちたる時、強《こは》く制すればいよいよ怒る。さかりなる火に少水をかけむは、その益なかるべし。しかれば、カ機嫌をはばかつて、やはらかにいさむべし。君もし愚かなりとも、賢臣あひ助けば、その国乱るべからず。親もしおごれりとも、孝子つつしんで随はば、その家全くあるべし。重き物なれども、船に乗せつれば、沈まざるがごとし。上下はかはれども、ほどほどにつけて、キ頼めらむ人のためには、ゆめゆめうしろめたなく、腹黒き心のあるまじきなり。陰《かげ》にては、また冥《みやう》加《が》を思ふべきゆゑなり。

〔注〕○冥加――神仏が人知れず加護を与えること。

設　問

㈠　傍線部ア・ウ・カを現代語訳せよ。　解答欄：各一二・九㎝×一行

㈡　「世の末にこのことかなはず」（傍線部イ）を「このこと」の内容がよくわかるように現代語訳せよ。　解答欄：一三・六㎝×一行

㈢　「その人のよく言ひつるものをと思ひあはすれども」（傍線部エ）を、内容がよくわかるように言葉を補って現代語訳せよ。　解答欄：一三・六㎝×一行

㈣　「このことを聞かせじと思ふなり」（傍線部オ）とあるが、それはなぜか、説明せよ。　解答欄：一三・六㎝×一行

㈤　「頼めらむ人のためには、ゆめゆめうしろめたなく、腹黒き心のあるまじきなり」（傍線部キ）とは、どういうことか説明せよ。　解答欄：一三・六㎝×一行

※　㈡・㈤は文科のみの出題。

二〇一〇年度　文理共通

第二問

次の文章を読んで、後の設問に答えよ。

白河院の御時、天下殺生禁断せられければ、国土に魚鳥のたぐひ絶えにけり。そのころ、貧しかりける僧の、年老いたる母を持ちたるありけり。その母、魚なければ物を食はざりけり。たまたま求め得たる食ひ物も食はずして、やや日数ふるままに、老いの力いよいよ弱りて、今は頼むかたなく見えけり。僧、悲しみの心深くして、尋ね求むれども得がたし。思ひあまりて、つやつや魚捕る術《すべ》も知らねども、みづから川の辺にのぞみて、衣に玉襷《たまだすき》して、魚をうかがひて、はえといふ小さき魚を一つ、二つ捕りて持ちたりけり。禁制重きころなりければ、官人《くわんにん》見あひて、からめ捕りて、院の御所へゐて参りぬ。

まづ子細を問はる。「殺生禁制、世に隠れなし。いかでかそのよしを知らざらん。いはんや、法師のかたちとして、その衣を着ながらこの犯しをなすこと、ひとかたならぬ科《とが》、逃るるところなし」と仰せ含めらるるに、僧、涙を流して申すやう、「天下にこの制重きこと、皆うけたまはるところなり。たとひ制なくとも、法師の身にてこの振る舞ひ、さらにあるべきにあらず。ただし、我、年老いたる母を持てり。ただ我一人のほか、頼める者なし。齢《よはひ》たけ身衰へて、朝夕の食ひ物たやすからず。我また家貧しく財《たから》持たねば、心のごとくに養ふに力堪へず。中にも、魚なければ物を食はず。このごろ、天下の制によりて、魚鳥のたぐひ、いよいよ得がたきによりて、身の力すでに弱りたり。これを助けんために、心のおきどころなくて、魚捕る術も知らざれども、思ひのあまりに川の端にのぞめり。罪をおこなはれんこと、案のうちにはべり。ただし、この捕るところの魚、今は放つとも生きがたし。身のいとまを聴《ゆ》りがたくは、この魚を母のもとへ遣はして、今一度あざやかなる味を進めて、心やすくうけたまはりおきて、いかにもまかりならん」と申す。これを聞く人々、涙を流さずといふことなし。

院聞こしめして、孝養《けうやう》の志あさからぬをあはれみ感ぜさせたまひて、さまざまの物どもを馬車に積みて賜はせて、許されにけり。乏《とも》しきことあらば、かさねて申すべきよしをぞ仰せられける。

（『古今著聞集』）

〔注〕　○白河院――白河上皇（一〇五三～一一二九）。譲位後、堀河・鳥羽天皇の二代にわたり院政を行う。
○殺生禁断――仏教の五戒の一つである不殺生戒を徹底するため、法令で漁や狩りを禁止すること。
○はえ――コイ科の淡水魚。

設　問

㈠　傍線部エ・オ・カを現代語訳せよ。　解答欄：各一二・七㎝×一行

㈡　「頼むかたなく見えけり」（傍線部ア）とあるが、どういうことか説明せよ。　解答欄：一三・四㎝×一行

㈢　「いかでかそのよしを知らざらん」（傍線部イ）を、「そのよし」の内容がわかるように現代語訳せよ。　解答欄：一三・四㎝×一行

㈣　「ひとかたならぬ科」（傍線部ウ）とは、どういうことか説明せよ。　解答欄：一三・四㎝×一行

㈤　「心やすくうけたまはりおきて、いかにもまかりならん」（傍線部キ）を、内容がよくわかるように現代語訳せよ。　解答欄：一三・四㎝×一行

※　㈢・㈤は文科のみの出題。

二〇〇九年度　文理共通

第二問

次の文章は、左大将邸で催された饗宴《きょうえん》で、源仲頼（少将）が、左大将の愛娘《まなむすめ》、あて宮（九の君）をかいま見た場面である。これを読んで後の設問に答えよ。

かくて、いとおもしろく遊びののしる。仲頼、屛風《びやうぶ》ふたつがはさまより、御簾《みす》のうちを見入るれば、母屋《もや》の東面《ひむがしおもて》に、こなたかなたの君たち、数を尽くしておはしまさふ。いづれとなく、あたりさへ輝くやうに見ゆるに、魂《たましひ》も消え惑ひてものおぼえず、あやしくきよらなる顔かたちかなと、ここちそらなり。なほ見れば、あるよりもいみじくめでたく、あたり光り輝くやうなる中に、天女くだりたるやうなる人あり。仲頼、これはこの世の中に名立《なだ》たる九の君なるべし、と思ひよりて見るに、せむ方なし。限りなくめでたく見えし君たち、このいま見ゆるにあはすれば、こよなく見ゆ。仲頼、いかにせむと思ひ惑ふに、今宮ともろともに母宮の御方へおはする御うしろで、姿つき、たとへむ方なし。火影《ほかげ》にさへこれはかく見ゆるぞ。少将思ふにねたきこと限りなし。われ何せむにこの御簾のうちを見つらむ。かかる人を見て、ただにてやみなむや。いかさまにせむ。生けるにも死ぬるにもあらぬここちして、例の遊び、はたまして心に入れてしゐたり。夜ふけて、上達部《かむだちめ》、親王《みこ》たちもものかづき給《たま》ひて、いちの舎人《とねり》までものかづき、禄《ろく》なんどしてみな立ち給ひぬ。

仲頼、帰るそらもなくて、家に帰りて五六日、かしらももたげで思ひふせるに、いとせむ方なくわびしきこと限りなし。になくめでたしと思ひし妻《め》も、ものともおぼえず、かたときも見ねば恋ひしく悲しく思ひしも、前に向かひゐたれども、目にも立たず。身のならむことも、すべて何ごとも何ごとも、よろづのこと、さらに思ほえであるときに、「などか常に似ず、まめだちたる御けしきなる」といふ。少将、「御ためにはかくまめにこそ。あだなれとやおぼす」などいふけしき、常に似ぬときに、女、「いでや、あだごとはあだにぞ聞きし松山や目に見す見すも越ゆる波かな」

といふときに、カ少将思ひ乱るる心にも、なほあはれにおぼえければ、

「浦風の藻《も》を吹きかくる松山もあだし波こそ名をば立つらし

あがほとけ」といひて泣くをも、キわれによりて泣くにはあらずと思ひて、親の方へ往《い》ぬ。

（『うつほ物語』）

〔注〕○こなたかなたの君たち――左大将家の女君たち。

○今宮――仁寿殿の女御（あて宮の姉）腹の皇女。左大将の孫にあたる。

○母宮――あて宮の母。

○あだごとはあだにぞ聞きし――あなたの浮気心は、いい加減な噂《うわさ》と聞いていました。

○松山――陸奥国《みちのくに》の歌枕《うたまくら》。本文の二首の歌は、ともに、『古今和歌集』の「君をおきてあだし心をわが持たば末の松山波も越えなむ（もし、あなた以外の人に、私が浮気心を持ったとしたら、あの末の松山を波も越えてしまうでしょう。そんなことは決してありません）」を踏まえる。

○あだし波こそ名をば立つらし――いい加減な波が、根も葉もない評判を立てているようです。

設問

㈠　傍線部ア・ウ・オを現代語訳せよ。　解答欄：各一二・六㎝×一行

㈡　「こよなく見ゆ」（傍線部イ）について、必要な言葉を補って現代語訳せよ。　解答欄：一三・三㎝×一行

㈢　「かしらももたげで思ひふせる」（傍線部エ）とあるが、どのような様子を述べたものか説明せよ。　解答欄：一三・三㎝×一行

㈣　「思ひ乱るる心にも、なほあはれにおぼえければ」（傍線部カ）を、状況がわかるように現代語訳せよ。　解答欄：一三・三㎝×一行

㈤　「われによりて泣くにはあらずと思ひて」（傍線部キ）を、必要な言葉を補って現代語訳せよ。　解答欄：一三・三㎝×一行

※　㈡・㈣は文科のみの出題。

二〇〇八年度　文理共通

第二問

次の文章を読んで、後の設問に答えよ。

今は昔、たよりなかりける女の、清水《きよみづ》にあながちに参るありけり。参りたる年月積りたりけれど、アつゆばかりその験《しるし》とおぼゆることなく、いとどたよりなくなりまさりて、果ては、年来《としごろ》ありけるところをも、そのこととなくあくがれて、寄りつく所もなかりけるままには、泣く泣く観音を恨みたてまつりて、「いみじき前《さき》の世の報いなりといふとも、ただ少しのたより賜《たま》はり候《さぶら》はん」といりもみ申して、御前《まへ》にうつぶしたりける夜《よ》の夢に、「御前より」とて、「かくあながちに申すは、いとほしくおぼしめせど、少しにても、あるべきたよりのなければ、その事をおぼしめし嘆くなり。これを賜はれ」とて、御《み》帳《ちやう》の帷《かたびら》をいとよくうちたたみて、前に打ち置かると見て、夢さめて、御燈明《みあかし》の光に見れば、夢に賜はると見つる御帳の帷、ただ見つるさまにたたまれてあるを見るに、「さは、これよりほかに、賜《た》ぶべき物なきにこそあんなれ」と思ふに、イ身のほど思ひ知られて、悲しくて申すやう、「ウこれ、さらに賜はらじ。少しのたよりも候はば、錦《にしき》をも、御帳の帷には、縫ひてまゐらせんとこそ思ひ候ふに、この御帳ばかりを賜はりて、まかり出づべきやう候はず。返しまゐらせ候ひなん」と口説《くど》き申して、犬防《いぬふせ》ぎの内にさし入れて置きつ。さて、またまどろみ入《い》りたるに、また夢に、「など、さかしうはあるぞ。ただ賜《た》ばん物をば賜《たま》はらで、かく返しまゐらするは、エあやしき事なり」とて、また賜はると見る。さて、醒《さ》めたるに、また同じやうに、なほ前にあれば、泣く泣く、また返しまゐらせつ。かやうにしつつ、三度《みたび》返したてまつるに、三度ながら返し賜びて、はての度は、この度返したてまつらば、無礼《むらい》なるべきよしを戒められければ、「オかかりとも知らざらん僧は、御帳の帷を放ちたるとや疑はんずらん」と思ふも苦しければ、まだ夜深《よぶか》く、懐にさし入れて、まかり出でにけり。「これをば、如何《いか》にすべきならん」と思ひて、引き広げて見て、「着るべき衣《きぬ》もなし。さは、これを衣にして着ん」と思ふ心つきぬ。それを衣や袴《はかま》にして着てける後、見と見る男にまれ、女にまれ、あはれにいとほしきものに思はれて、すずろなる人の手より物を多く得てけり。大事なる人の愁《うれ》へをも、その衣を着て、知らぬやんごとなき所にも、まゐりて申させければ、カかならず成りけり。かやうにしつつ、人の手より物を得、よき男にも思はれて、キ楽しくてぞありける。さればその衣をば収めて、かならずせんと思ふ事の折りにぞ、取り出でて着てける。かならず叶《かな》ひけり。

（『古本説話集』）

〔注〕
○清水――京都の清水寺。本尊は十一面観音。
○いりもみ申して――執拗《しつよう》にお願い申し上げて。
○御帳の帷――本尊を納めた厨子《ずし》の前に隔てとして垂らす絹製の布。
○犬防ぎ――仏堂の内陣と外陣を仕切る低い格子のついたて。
○人の愁へ――訴訟。

設　問

(一) 傍線部ア・ウ・エを現代語訳せよ。　解答欄：各一二・六㎝×一行

(二) 「身のほど思ひ知られて」（傍線部イ）を、「身のほど」の内容がわかるように現代語訳せよ。　解答欄：一三・三㎝×一行

(三) 「かかりとも知らざらん僧」（傍線部オ）を、「かかり」の内容がわかるように現代語訳せよ。　解答欄：一三・三㎝×一行

(四) 「かならず成りけり」（傍線部カ）とあるが、何がどうであったというのか、簡潔に説明せよ。　解答欄：一三・三㎝×一行

(五) 「楽しくてぞありける」（傍線部キ）とあるが、「楽しくて」とはどのような状態のことか、簡潔に説明せよ。　解答欄：一三・三㎝×一行

※　(二)・(四)は文科のみの出題。

二〇〇七年度　文理共通

第二問

次の文章は、堀河院をめぐる二つの説話である。これを読んで後の設問に答えよ。

堀河院は、末代の賢王なり。なかにも、天下の雑務を、ことに御意に入れさせ給ひたりけり。職事《しきじ》の奏したる申し文をみな召し取りて、御夜居《よゐ》に、文こまかに御覧じて、所々に挿《はさ》み紙をして、「このこと尋ぬべし」、「このこと重ねて問ふべし」など、御手づから書きつけて、次の日、職事の参りたるに賜《たま》はせけり。ア一遍こまかに聞こしめすことだにありがたきに、重ねて御覧じて、イさまでの御沙汰ありけん、いとやんごとなきことなり。すべて、人の公事《くじ》つとむるほどなどをも、ウ御意に入れて御覧じ定めけるにや、追儺《ついな》の出仕に故障申したる公卿《くぎやう》、元三《ぐわんさん》の小朝拝《こてうはい》に参りたるをば、ことごとく追ひ入れられけり。「去夜《きぞ》まで所労あらんものの、いかでか一夜のうちになほるべき。いつはれることなり」と仰せられけり。白河院はこれを聞こしめして、エ「聞くとも聞かじ」とぞ仰せられける。あまりのことなりと思《おぼ》しめしけるにや。

堀河院、位の御時、坊門左大弁為隆《ためたか》、職事にて、大神宮《だいじんぐう》の訴へを申し入れけるに、主上御笛を吹かせ給ひて、御返事もなかりければ、為隆、白河院に参りて、「内裏《うち》には御物《もの》の気《け》おこらせおはしましたり。御祈りはじまるべし」と申しけり。院おどろかせ給ひて、内侍《ないし》に問はせ給ひければ、オ「さること、夢にも侍らず」と申しけり。あやしみて為隆に御尋ねありければ、「そのことに侍り。一日、大神宮の訴へを奏聞し侍りしに、御笛をあそばして勅答なかりき。これ御物の気などにあらずは、あるべきことにあらずと思ひて、申し侍りしなり」と申しければ、院より内裏へそのよし申させ給ひけり。御返事には、カ「さること侍りき。ただのことにはあらず。笛に秘曲を伝へて、その曲を千遍吹きし時、為隆参りてことを奏しき。今二、三遍になりたれば、吹き果てて言はんと思ひしほどに、キ尋ねしかば、まかり出《い》でにき。それをさ申しける、いとはづかしきことなり」とぞ申させ給ひける。

（『続古事談』）

〔注〕○堀河院――堀河天皇（一〇七九～一一〇七）。白河天皇の皇子。
○職事――蔵人。天皇に近侍し、政務にかかわる雑事をつとめる。
○公事――朝廷の儀式。
○追儺――大晦日の夜、悪鬼を追い払う宮中の行事。
○小朝拝――元日、公卿・殿上人が天皇に拝礼する儀式。
○白河院――白河上皇（一〇五三～一一二九）。堀河天皇に譲位した後も、政務に深くかかわった。
○為隆――藤原為隆（一〇七〇～一一三〇）。
○大神宮――伊勢神宮。
○内侍――天皇に近侍する女官。

設　問

㈠　傍線部ア・ウを現代語訳せよ。

解答欄：各一二・七㎝×一行

㈡　「さまでの御沙汰ありけん」（傍線部イ）について、必要なことばを補って現代語訳せよ。

解答欄：一三・四㎝×一行

㈢　「『聞くとも聞かじ』とぞ仰せられける」（傍線部エ）とあるが、ここには白河院の、だれに対する、どのような気持ちが表れているか、説明せよ。

解答欄：一三・四㎝×一行

㈣　傍線部オ「さること」、傍線部カ「さること」は、それぞれ何を指すか、説明せよ。

解答欄：各一二・七㎝×一行

㈤　「尋ねしかば、まかり出でにき」（傍線部キ）を、だれの行為かがわかるように、ことばを補って現代語訳せよ。

解答欄：一三・四㎝×一行

※　㈡・㈣カは文科のみの出題。

第二問

二〇〇六年度　文理共通

次の文章は、物語の一節である。「男」には、同居する「女」（もとからの妻）があったが、よそに新しい妻をもうけた。その新しい妻を家に迎えることになり、「男」は「女」に、しばらくどこかに居てほしいと頼んだ。以下は、「女」が家を出て行く場面である。これを読んで後の設問に答えよ。

「今宵《こよひ》なむものへ渡らむと思ふに、車しばし」

となむ言ひやりたれば、男、「あはれ、いづちとか思ふらむ。行かむさまをだに見む」と思ひて、いまここへ忍びて来ぬ。

女、待つとて端《はし》にゐたり。月のあかきに、ア泣くことかぎりなし。

我が身かくかけはなれむと思ひきや月だに宿をすみはつる世に

と言ひて泣くほどに来れば、さりげなくて、イうちそばむきてゐたり。

「ウ車は、牛たがひて、馬なむはべる」

と言へば、

「ただ近き所なれば、車は所せし。さらば、その馬にても。夜のふけぬさきに」

と急げば、いとあはれと思へど、かしこ(注)には皆、あしたにと思ひためれば、のがるべうもなければ、エ心ぐるしう思ひ思ひ、馬引き出ださせて、簀子《すのこ》に寄せたれば、乗らむとて立ち出でたるを見れば、月のいとあかきかげに、ありさまいとささやかにて、髪はつややかにて、いとうつくしげにて、丈《たけ》ばかりなり。

男、手づから乗せて、ここかしこひきつくろふに、オいみじく心憂けれど、念じてものも言はず。馬に乗りたる姿、かしらつきいみじくをかしげなるを、あはれと思ひて、カ「送りに我も参らむ」と言ふ。

キ「ただここもとなる所なれば、あへなむ。馬はただいま返したてまつらむ。そのほどはここにおはせ。見ぐるしき所なれば、人に見すべき所にもはべらず」

と言へば、「さもあらむ」と思ひて、とまりて、尻《しり》うちかけてゐたり。

この人は、供に人多くはなくて、昔より見なれたる小舎人童《ことねりわらは》ひとりを具して往《い》ぬ。男の見つるほどこそ隠して念じつれ、門《かど》引き出づるより、いみじく泣きて行く。

（『堤中納言物語』）

〔注〕　○かしこには――新しい妻のところでは。

設　問

㈠　傍線部イ・ウ・キを現代語訳せよ。　解答欄：各一三・九㎝×一行

㈡　「泣くことかぎりなし」（傍線部ア）とあるが、「女」の気持ちについて、和歌を参考にして簡潔に説明せよ。　解答欄：一三・六㎝×二行

㈢　「心ぐるしう思ひ思ひ」（傍線部エ）について、だれの、どのような気持ちを言うのか、簡潔に説明せよ。　解答欄：一三・六㎝×一行

㈣　「いみじく心憂けれど、念じてものも言はず」（傍線部オ）を、必要なことばを補って現代語訳せよ。　解答欄：一三・六㎝×一行

㈤　「送りに我も参らむ」（傍線部カ）には、「男」のどういう気持ちがこめられているか、説明せよ。　解答欄：一三・六㎝×一行

※　㈡・㈤は文科のみの出題。

二〇〇五年度 文理共通

第二問

次の文章は、ある事情で身を隠して行方知れずになった姫君の一行（姫君・侍従・尼君）を、長谷寺の観音の霊夢に導かれた男君（中将）が、住吉社で捜しあてる場面である。これを読んで後の設問に答えよ。

　さらぬだにも、旅の空は悲しきに、夕波千鳥、あはれに鳴きわたり、岸の松風、ものさびしき空にたぐひて琴の音《ね》ほのかに聞こえけり。この声、律に調べて、盤渉調《ばんしきでう》に澄みわたり、これを聞き給《たま》ひけん心、いへばおろかなり。「あな、ゆゆし。ア人のしわざには、よも」など思ひながら、その音に誘はれて、何となく立ち寄りて聞き給へば、釣殿の西面《にしおもて》に、若き声、ひとり、ふたりが程、聞こえてけり。琴かき鳴らす人あり。「冬は、をささしくも侍《はべ》りき。このごろは、松風、波の音もなつかしくぞ。都にては、かかる所も見ざりしものを。あはれあはれ、イ心ありし人々に見せまほしきよ」とうち語らひて、「秋の夕《ゆふべ》は常よりも、旅の空こそあはれなれ」など、をかしき声してうちながむるを、侍従に聞きなして、「あな、あさまし」と胸うち騒ぎて、ウ「聞きなしにや」とて聞き給へば、

　エ尋ぬべき人もなぎさの住の江にたれまつ風の絶えず吹くらん

と、うちながむるを聞けば、姫君なり。

「あな、ゆゆし。仏の御験《しるし》は、あらたにこそ」とうれしくて、簀《す》の子に立ち寄りて、うち叩《たた》けば、「いかなる人にや」とて、侍従、透垣《すいがい》の隙《ひま》よりのぞけば、簀の子に寄り掛かり居給へる御姿、夜目にもしるしの見えければ、「あな、あさましや、少将殿のおはします。いかが申すべき」と言へば、姫君も、「あはれにも、オおぼしたるにこそ。さりながら、人聞き見苦しかりなん。我はなしと聞こえよ」とあれば、侍従、出《い》であひて、「いかに、あやしき所までおはしたるぞ。あな、ゆゆし。その後、姫君うしなひ奉りて、慰めがたさに、かくまで迷ひありき侍るになん。見奉るに、いよいよ古《いにしへ》の恋しく」など言ひすさ

びて、あはれなるままに、涙のかきくれて、物もおぼえぬに、中将も、いとどもよほすここちぞし給ふ。「侍従の、君のことをばしのび来しものを、うらめしくも、のたまふものかな」と、「御声まで聞きつるものを」とて、浄衣《じやうえ》の御袖《そで》を顔に押しあて給ひて、「うれしさもつらさも、なかばにこそ」とのたまへば、侍従、ことわりにおぼえて、「さるにても、御休みさぶらへ。都のこともゆかしきに」とて、尼君に言ひあはすれば、「ありがたきことにこそ。たれもたれも、もののあはれを知り給へかし。まづ、これへ入《い》らせ給ふべきよし、聞こえ奉れ」と言へば、侍従、「なれなれしく、なめげに侍れども、そのゆかりなる声に。旅は、さのみこそさぶらへ。立ち入らせ給へ」とて、袖をひかへて入れけり。

（『住吉物語』）

〔注〕○律——邦楽の旋法の一つ。秋の調べとされる。
○盤渉調——律の調子の一種。
○をさをさし——ここでは「ろくになじめない」の意。
○少将殿——姫君たちは、この年の正月に、男君が少将から中将に昇進したことをまだ知らないため、こう呼んだ。
○浄衣——潔斎のために男君が着用していた白い装束。
○そのゆかりなる声に——「姫君のゆかりである私の声をお尋ね下さったのですから」の意。

設問

㈠　傍線部ア・イ・オを、必要な言葉を補って現代語訳せよ。　解答欄：各一二・七㎝×一行

㈡　傍線部ウについて、何を何と「聞きなし」たと思ったのか、簡潔に記せ。　解答欄：一三・四㎝×一行

㈢　傍線部エの歌「尋ぬべき人もなぎさの住の江にたれまつ風の絶えず吹くらん」を、掛詞に注意して現代語訳せよ。　解答欄：一三・四㎝×二行

㈣　傍線部カ「うれしさもつらさも、なかばにこそ」とあるが、なぜそのように感じたのか、簡潔に説明せよ。　解答欄：一三・四㎝×一行

㈤　傍線部キについて、「さのみ」の「さ」の内容がわかるように言葉を補って現代語訳せよ。　解答欄：一三・四㎝×一行

※　㈠オ・㈢は文科のみの出題。

二〇〇四年度　文理共通

第二問

次の文章は、尾張藩名古屋城内に仕える女性が、七年ぶりに江戸の実家に帰る場面である。これを読んで後の設問に答えよ。

こゆるぎの磯《いそ》ちかき苫屋《とまや》の内にも、雛遊《ひひな》びするをとめどもは、桃、山吹の花など、(ア)こちたきまで瓶《かめ》にさし、けふの日の暮るるを惜しと思へるさまなり。野に出《い》でてははこなど摘むもあるは、けふの餅《もちひ》のためなるべし。

七とせのむかし、この所を過ぎけるは九月九日にて、別れ来し親はらからのことなど思ひ出でて悲しかりしに、けふは一《ひと》二日《ふたひ》のうちに逢《あ》ひみんことを思へば、うれしきあまり、心さへときめきして、それとなく(イ)うち笑みがちなるを、かたへなる人らは、ものぐるほしきにやなども思ふらんよ。明日は府にまゐれば、公私《おほやけわたくし》の用意ありとて、男のかぎり、みな戸塚の宿にといそぐままに、ひとりのどかにも行きがたくて、同じさまにやどりにつきぬ。

三日の夜より雨ふりいでて、つとめてもなほやまず。金川《かながは》、河崎、品川などいふ駅々《うまやうまや》もただ過ぎに過ぎきて、芝にまゐる。ここより大路のさま、(ウ)たかき賤《いや》しき袖《そで》をつらね、馬、車たてぬきに行きかひ、はえばえしく賑《にぎ》はへるけしき、七とせのねぶり一ときにさめし心地して、(エ)うれしさいはんかたなし。その夜は御館《みたち》にありて、三月五日といふに、ふるき家居にはかへりぬ。

いふかひなけれど、親族《しぞく》のかぎり、近きはをば、いとこなど待ちあつまりて、とりどりに何事をいふも、まづおぼえず。をさなき妹のひとりありしも、(オ)いつかねびまさりて、髪などあげたれば、わが方には見わすれたるを、(カ)かれよりうち出でんもつつましくやありけん、をばの後ろにかくれて、なま恨めしと思へるけしきに見おこせたるまま、(キ)なほ心得ずして、「そこにものし給《たま》ふは、いづれよりの客人《まらうど》にかおはす。ゆゆしげなることには侍《はべ》れど、(ク)過ぎ行き侍りし母のおもかげに、あさましきまで似かよひ給ふめるは」と問へば、かれはうつぶしになりて、つらもたげず。をばも鼻せまりてものいひやらず。

みな「は」と笑ふにぞ、はじめて心づきぬ。

（『庚子道の記』）

〔注〕○こゆるぎの磯――神奈川県大磯町付近の海辺。歌枕。
○ははこ――ゴギョウのこと。まぜて草餅を作る。
○府――江戸。
○戸塚の宿――東海道五番目の宿場。日本橋より一日分の行程。
○金川・河崎・品川――それぞれ東海道三番目・二番目・一番目の宿場。
○芝――現東京都港区。飯倉神明宮・増上寺などがある。
○御館――尾張藩の江戸藩邸。

設　問

(一) 傍線部ア・オ・カ・クを現代語訳せよ。　解答欄：各一二・九㎝×一行

(二) 傍線部イについて、「うち笑みがち」なのはなぜか、簡潔に説明せよ。　解答欄：一三・六㎝×一行

(三) 傍線部ウは、どういう光景を述べたものか、簡潔に説明せよ。　解答欄：一三・六㎝×二行

(四) 傍線部エ「うれしさいはんかたなし」とあるが、なぜうれしいのか、簡潔に説明せよ。　解答欄：一三・六㎝×一行

(五) 傍線部キ「なほ心得ずして」とあるが、何を「心得」なかったのか、説明せよ。　解答欄：一三・六㎝×一行

※　(一)ク・(三)は文科のみの出題。

二〇〇三年度　文理共通

第二問

次の文章は、北国の山寺に一人籠《こ》もって修行する法師が、雪に閉じこめられ、飢えに苦しんで観音菩薩に救いを求めている場面から始まっている。これを読んで、後の設問に答えよ。

「などか助け給はざらん。高き位を求め、重き宝を求めばこそあらめ、ただ今日食べて、命生くばかりの物を求めて賜《た》べ」と申すほどに、乾《いぬゐ》の隅の荒《あば》れたるに、狼《おほかみ》に追はれたる鹿入り来て、倒れて死ぬ。ここにこの法師、ア「観音の賜びたるなんめり」と、「食ひやせまし」と思へども、「年ごろ仏を頼みて行ふこと、やうやう年積もりにたり。イいかでかこれをにはかに食はん。聞けば、生き物みな前《さき》の世の父母なり。われ物欲《ほ》しといひながら、親の肉《しし》を屠《ほふ》りて食らはん。物の肉を食ふ人は、仏(注)の種《たね》を絶ちて、地獄に入る道なり。よろづの鳥獣《けだもの》も、見ては逃げ走り、怖《お》ぢ騒ぐ。菩薩も遠ざかり給ふべし」と思へども、この世の人の悲しきことは、後の罪もおぼえず、ただ今生きたるほどの堪へがたさに堪へかねて、刀を抜きて、左右の股《もも》の肉を切り取りて、鍋《なべ》に入れて煮《に》食ひつ。その味はひの甘《うま》きこと限りなし。

さて、物の欲しさも失《う》せぬ。力も付きて人心地おぼゆ。ウ「あさましきわざをもしつるかな」と思ひて、泣く泣くゐたるほどに、人々あまた来る音す。聞けば、「この寺に籠もりたりし聖《ひじり》はいかになり給ひにけん。人通ひたる跡もなし。エ参り物もあらじ。人気《け》なきは、もし死に給ひにけるか」と、口々に言ふ音す。「この肉を食ひたる跡をいかでひき隠さん」など思へど、すべき方なし。「まだ食ひ残して鍋にあるも見苦し」など思ふほどに、人々入り来ぬ。

オ「いかにしてか日ごろおはしつる」など、廻《めぐ》りを見れば、鍋に檜《ひのき》の切れを入れて煮食ひたり。「これは、食ひ物なしといひながら、木をいかなる人か食ふ」と言ひて、いみじくあはれがるに、人々仏(注)を見奉れば、左右の股を新しく彫《ゑ》り取りたり。「これは、この聖の食ひたるなり」とて、「カいとあさましきわざし給へる聖かな。同じ木を切り食ふものならば、キ柱をも割り食ひてんものを。など仏を損《そこ》なひ給ひけん」と言ふ。驚きて、この聖見奉れば、人々言ふがごとし。「さは、ありつる鹿は仏の験じ給へるにこそありけれ」と思ひて、ありつるやうを人々に語れば、あはれがり悲しみあひたりけるほどに、法師、泣く泣く仏の御前に参りて申す。「もし仏のし給へることならば、もとの様にならせ給ひね」と返す返す申しければ、人々見る前に、もとの様になり満ちにけり。

（『古本説話集』）

〔注〕○仏の種を絶ちて——成仏する可能性を絶って。
○仏——ここでは観音菩薩像のこと。

設　問

㈠　傍線部ア・イ・エ・オ・キを現代語訳せよ。
解答欄：各一二・七㎝×一行

㈡　傍線部ウおよびカの「あさましきわざ」は、それぞれどのような内容を指すか、簡潔に記せ。
解答欄：各一二・七㎝×一行

㈢　傍線部クについて、具体的な内容がわかるように現代語訳せよ。
解答欄：一三・四㎝×一・五行

※　㈠ア・エ・キは文科のみの出題。

二〇〇二年度　文理共通　第二問

次の文章は、千人の后をもつ大王が、一人の后（菩薩女御）に愛情を傾け、その后が懐妊したという話に続く場面である。これを読んで、後の設問に答えよ。

九百九十九人の后たち、第一より第七に当たる宮に集まり、いかがせんとぞ歎《なげ》き合はせられける。ただこの王子の果報[注1]のほどを知らんとて、ある相人《さうにん》を召して、この王子のことを問はれけり。「菩薩女御の孕《はら》みたまへるは、王子か姫宮か。また[ア]果報のほどを相し申せ。不審におぼゆる」とありければ、相人、文書を開き申しけるは、「孕みたまへる御子は王子にておはしますが、御命は八千五百歳なり。国土安穏にして、この時、万民みな自在快楽《けらく》の王者にあるべし」とぞ占ひ申しける。后たち相人に仰せられけるは、「この王子の御事をば、大王の御前にて我らが言ふままに相し申せ。禄《ろく》は望みにしたがふべし。この王子は、生じたまひては七箇日といはば、九足八面の鬼となりて、身より火を出《い》だし、都をはじめとして、一天をみな焼失すべし。この鬼は三色にして、身長は六十丈に倍すべし。大王食はれたまふべし」。また言はく、「鬼波国《きばこく》より九十九億の鬼王来りて、大風起こし、大水出だして、一天をばみな海と成すべしと申せ」とて、おのおのの分々にしたがひて、禄を相人に賜ふ。あるいは金五百両、あるいは千両なり。しかのみならず、綾錦《あやにしき》の類は莫大なり。相人は喜びて、「承りぬ」とて答へ申しける。后たちは、「あなかしこ、あなかしこ」とぞ口秘《ひ》しめしたまひける。相人、「[イ]いかでか違へたてまつるべき」と申し立つ。

中一日ありて、后たち、大王の御前に参りて、申し合はせられけるは、「后の御懐妊のこと、王子とも姫宮ともいぶかし。早く承らん。[ウ]相人を召して聞こしめすべし。余りにおぼゆるものかな」。時にしかるべしとおぼしめして、件《くだん》の相人を召す。后たち、仰せられける菩薩女御の御産のことを、何の子ぞと申せと言ひながら、[エ]約束を違へんずらんと、おのおのの心内はひとへに鬼のごとし。相人は雑書(注2)を開きて目録を見たてまつるに、王子の御果報めでたきこと申すに及ばず、この后の御年齢はいかばかりと申すに、三百六十歳とおぼえたり。やがて相人は目録にまかせて見れば、涙もさらに留まらず。(オ)これほどめでたくおはします君を、あらぬ様に申さんことの心憂さよとは思へども、前の約束のごとく占ひ申しけり。大王はこのことを聞こしめし、「親となり、子となること、(カ)たまたまもありがたし。(注3)この世一つならぬこと。今日までに子といふ者いまだ見ず。いかなる鬼とも生まれ来らば来れ。親と子と知られ、(キ)一日も見て後にともかくもならんことは苦しからじ」とて、御用ゐもなかりけり。

（『神道集《しんとうしゅう》』）

〔注〕（1）この王子――これから生まれてくる子のこと。
（2）雑書――運勢・吉凶などを記した書。
（3）この世一つならぬこと――この世だけではない、深い因縁があることなのだ。

設　問

㈠ 傍線部ア・イを現代語訳せよ。

解答欄：各一二・七㎝×一行

㈡ 傍線部ウ「相人を召して聞こしめすべし」について、何を「聞こしめす」というのか、内容がわかるように現代語訳せよ。

解答欄：一三・四㎝×一・五行

㈢ 傍線部エ「約束」の内容を簡潔に記せ。

解答欄：一三・四㎝×一行

㈣ 傍線部オ・カ・キを現代語訳せよ。

※㈢・㈣オは文科のみの出題。

解答欄オ：一二・七㎝×一・五行
カ：六・〇㎝×一行
キ：一二・七㎝×一行

二〇〇一年度　文科

第二問

次の文章を読んで、後の設問に答えよ。

かくて四条の大納言殿は、内《うち》の大殿《おほとの》の上の御事の後《のち》は、よろづ倦《うん》じはて給ひて、つくづくと御おこなひにて過ぐさせ給ふ。法師と同じさまなる御有様なれど、「これ思へばあいなきことなり。一日《ひとひ》にても出家の功徳、世に勝《すぐ》れめでたかんなるものを、今しばしあらば、御匣殿《みくしげどの》の御事など出《い》で来て、いとど見捨てがたく、わりなき御絆《ほだし》にこそおはせめ。さらば、このほどこそよきほどなれ」と思《おぼ》しとりて、人知れずさるべき文《ふみ》ども見したため、御庄《みしやう》の司《つかさ》ども召して、あるべき事どものたまはせなどして、なほ今年と思すに、女御の、なほ人知れずあはれに心細く思されて、「人の心はいみじういふかひなきものにこそあれ。などておぼゆべからむ」と、いと我ながらもくちをしう思さるべし。何ごとかはあると思しまはしつつ、人知れず御心ひとつを思しまどはすも、いみじうあはれなり。この御本意《ほい》ありといふことは、女御殿も知らせ給へれど、いつといふことは知らせ給はず。

かかるほどに、椎《しひ》を人の持てまゐりたれば、女御殿の御方へ奉らせ給ひける。御箱の蓋《ふた》を返し奉らせ給ふとて、女御殿、

ありながら別れむよりはなかなかになくなりにたるこの身ともがな

と聞こえ給ひければ、大納言殿の御返し、

奥山の椎が本《もと》をし尋ね来《こ》ばとまるこの身を知らざらめやは

女御殿、いとあはれと思さる。

（『栄花物語』）

〔注〕○四条の大納言殿——藤原公任《きんとう》（九六六～一〇四一）。

○内の大殿の上の御事――藤原教通《のりみち》の室であった公任の娘の死を指す。
○御匣殿の御事――公任の孫娘生子が東宮妃となる事。
○さるべき文ども見したため――出家を決意して領地の地券などの
　処置をして。
○御庄の司――公任の所有する荘園の管理人。
○女御・女御殿――公任の姉妹で、花山院女御の諟子。
○椎――シイの木の実。

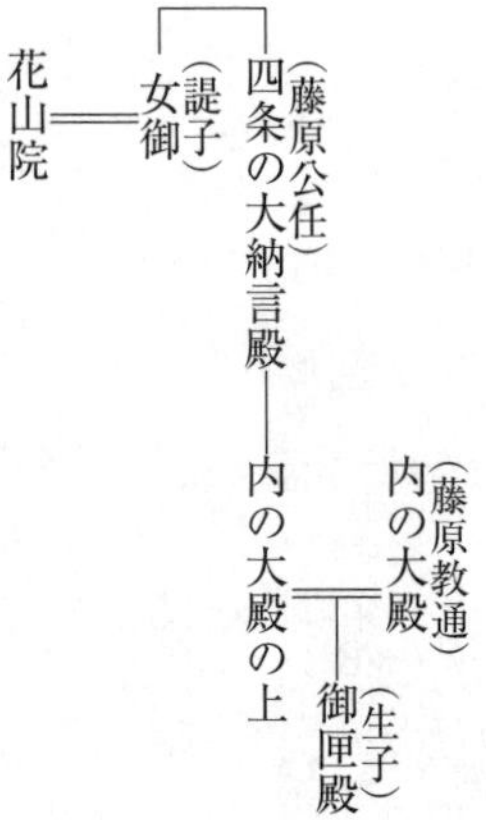

設問

(一)「これ」(傍線部ア)はどういうことを指しているか、説明せよ。

解答欄：一三・六㎝×一行

(二)傍線部イ・ウを現代語訳せよ。

解答欄：各一二・九㎝×一行

(三)「いと我ながらもくちをしう」(傍線部エ)とあるが、何が「くちをし」いのか、簡潔に説明せよ。

解答欄：一三・六㎝×一・五行

(四)傍線部オについて、具体的な内容がよくわかるように現代語訳せよ。

解答欄：一三・六㎝×一行

(五)傍線部カの歌について、一首の大意を述べよ。

解答欄：一三・六㎝×一・五行

二〇〇一年度　理科

第二問

次の文章を読んで、後の設問に答えよ。

九条民部卿顕頼《あきより》のもとに、あるなま公達《きんだち》、年は高くて、近衛司《このゑづかさ》を心がけ給ひて、ある者して、「よきさまに奏し給へ」など言ひ入れ給へるを、主《あるじ》うち聞きて、「年は高く、今はあるらむ。アなんでふ、近衛司望まるるやらむ。出家うちして、かたかたに居給ひたれかし」とうちつぶやきながら、「細かに承りぬ。イついで侍るに、奏し侍るべし。このほど、いたはることありてなむ。かくて聞き侍る、いと便《びん》なく侍りと聞こえよ」とあるを、この侍《さぶらひ》、さし出づるままに、「申せと候ふ。年高くなり給ひぬらむ。なんでふ、近衛司望み給ふ。かたかたに出家うちして、居給ひたれかし。さりながら、細かに承りぬ。ついで侍るに奏すべしと候ふ」と言ふ。

この人、「しかしかさま侍り。思ひ知らぬにはなけれども、前世の宿執《しゆくしふ》にや、ウこのことさりがたく心にかかり侍れば、本《ほ》意遂《いと》げてのちは、エやがて出家して、籠《こも》り侍るべきなり。隔てなく仰せ給ふ、いとど本意に侍り」とあるを、そのままにまた聞こゆ。主、手をはたと打ち、「いかに聞こえつるぞ」と言へば、「しかしか、仰せのままになむ」といふに、すべていふはかりなし。

この使《つかひ》にて、「いかなる国王、大臣の御事をも、内々おろかなる心の及ぶところ、さこそうち申すことなれ。それを、オこの不覚人、ことごとくに申し侍りける。カあさましと聞こゆるもおろかに侍り。すみやかに参りて、御所望のこと申して、聞かせ奉らむ」とて、そののち少将になり給ひにけり。まことに、言はれけるやうに、出家していまそかりける。

（『十訓抄』）

〔注〕○九条民部卿顕頼――藤原顕頼（一〇九四～一一四八）。

○近衛司――近衛府の武官。長官は大将、次官は中将・少将。
○かたかたに――片隅に。　○しかしかさま侍り――おっしゃる通りです。

設問

㈠　傍線部ア・イ・エ・カを現代語訳せよ。　解答欄：各一二・九㎝×一行

㈡　傍線部ウを、具体的な内容がよくわかるように現代語訳せよ。　解答欄：一三・六㎝×一行

㈢　傍線部オについて、顕頼がこの侍を「不覚人」と呼んだのはどういう理由からか、簡潔に説明せよ。　解答欄：一三・六㎝×一行

二〇〇〇年度　文理共通

第二問

次の文章は、唐土へ出立する息子成尋《じょうじん》阿闍梨《あじゃり》を思う母のものである。作者は成尋のもとにいたが、門出の直前にそこから仁和寺へと移された。そのことを嘆き、作者は成尋に別れを悲しむ歌を送った。その翌朝、成尋から手紙をもらったところから、この文章は始まる。結局成尋は、母に会わずに出発してしまった。これを読んで、後の設問に答えよ。

その朝《あした》、文《ふみ》おこせ給へる。つらけれど急ぎ見れば、「夜のほど何事か。昨日の御文見て、よもすがら涙もとまらず侍りつる」とあり。見るに、文字もたしかに見えず。涙のひまもなく過ぎ暮らす。

からうじて起き上がりて見れば、仁和寺の前に、梅の木にこぼるるばかり咲きたり。居る所など、みなし置かれたり。ア心もなきやうにて、いづ方《かた》西なども覚えず。目も霧《き》りわたり、夢の心地《ここち》して暮らしたるまたの朝、京より人来て、「今宵《こよひ》の夜中ばかり出《い》で給ひぬ」と言ふ。起き上がられで、言はん方なく悲し。

またの朝に文あり。目も見あけられねど、見れば、「参らんと思ひ侍れど、イ夜中ばかりに詣《ま》で来つれば、返す返す静心《しづごころ》なく」とあり。目もくれて心地も惑《まど》ふやうなるに、送りの人々集まりて慰むるに、ゆゆしう覚ゆ。「やがて八幡《やはた》と申す所にて船に乗り給ひぬ」と聞くにも、おぼつかなさ言ふ方なき。

　　船出する淀《よど》の御神《みかみ》もウ浅からぬ心を汲《く》みて守りやらなむ

と泣く泣く覚ゆる。

エ「あさましう、見じと思ひ給ひける心かな。あさましう」と、心憂きことのみ思ひ過ぐししかば、またオ「この人のまことにせんと思ひ給はんことたがへじ」など思ひしことの、阿闍梨《あざり》に従ひて、カかかることもいみじげに泣き妨げずなりにし、この日ごろの過ぐるままにくやしく、「手を控《ひか》へても、居てぞあるべかりける」とくやしく、涙のみ目に満ちて物も見えねば、

しひて行く船路《ふなぢ》を惜しむ別れ路《ぢ》に涙もえこそとどめざりけれ

（『成尋阿闍梨母集』）

〔注〕 ○八幡——京都府南西部の地名。淀川に面し、石清水《いわしみず》（男山《おとこやま》）八幡宮《はちまんぐう》がある。

設 問

(一) 傍線部ア・ウ・エ・オを、わかりやすく現代語訳せよ。

解答欄：各一三㎝×一行

(二) 傍線部イを、事情がよくわかるように現代語訳せよ。

解答欄：一三・七㎝×一・五行

(三) 傍線部カはどのような作者の心情を述べたものか、説明せよ。

解答欄：一三・七㎝×一・五行

※ (一)オ・(二)は文科のみの出題。

一九九九年度　文理共通

第　三　問

次の文章を読んで、後の設問に答えよ。

ある夜、雪いたう降りて、表の人音ふけゆくままに、衾《ふすま》引きかづきて臥《ふ》したり。あかつき近うなつて、障子ひそまりあけ、盗人の入り来る。娘おどろいて、「助けよや人々。よや、よや」とうち泣く。野坡《やば》起き上がりて、盗人に向かひ、「わが庵《いほ》は青氈《せいせん》だもなし。されど、飯《めし》一釜、よき茶一斤《きん》は持ち得たり。柴《しば》折りくべ、暖まりて、ア人の知らざるを宝にかへ、明け方を待たでいなば、我にも罪なかるべし」と、談話常のごとくなれば、盗人もうちやはらいで、イ「まことに表より見つるとは、貧福、金と瓦《かはら》のごとし。さらばもてなしにあづからん」と、覆面《ふくめん》のまま並びゐて、数々の物語す。中に年老いたる盗人、机の上をかきさがし、句の書けるものをうち広げたるに、

草庵の急火をのがれ出《い》でて
わが庵の桜もわびし煙《けぶ》りさき　野坡

といふ句を見つけ、「この火いつのことぞや」。野坡がいはく、「しかじかのころなり」。盗人手を打ちて、ウ「御坊にこの発句させたるくせものは、近きころ刑せられし。火につけ水につけ発句して遊び給《たま》はば、今宵《こよひ》のあらましも句にならん。願はくは今聞かん」。野坡がいはく、エ「苦楽をなぐさむを風人といふ。今宵のこと、ことにをかし。されど、オありのままに句に作らば、我は盗人の中宿なり。ただ何ごとも知らぬなめり」と、かくいふことを書きて与ふ。

垣くぐるカ雀《すずめ》ならなく雪のあと

（『芭蕉翁頭陀物語』）

〔注〕○野坡——芭蕉の門人の志太《しだ》野坡。　○青氈——家の宝物。　○一斤——「斤」はお茶などの重量の単位。

設問

(一) 傍線部ア・イ・ウ・エを、わかりやすく現代語訳せよ。

解答欄：各一二・九cm×一行

(二) 「ありのままに句に作らば、我は盗人の中宿なり」（傍線部オ）とあるが、野坡はどういうことを心配しているのか、説明せよ。

解答欄：一三・七cm×一行

(三) 傍線部カは何をぼかして言ったものか、簡潔に答えよ。

解答欄：六・八cm×一行

一九九九年度　文科　第六問

次の文章を読んで、後の設問に答えよ。

右大将道綱の母

嘆きつつひとり寝《ぬ》る夜のあくる間はいかに久しきものとかは知る

『拾遺集』恋四、「入道摂政まかりたりけるに、門をおそく開けければ、立ちわづらひぬと言ひ入れて侍《はべ》りければ、詠みて出《い》だしける」とあり。今宵もやとわびながら、独りうち寝る夜な夜なの明けゆくほどは、いかばかり久しきものとか知り給《たま》へる、となり。ア門開くる間をだに、しかのたまふ御心にひきあてておぼしやり給へと、イこのごろ夜がれがちなる下の恨みを、ことのついでにうち出でたるなり。『蜻蛉《かげろふ》日記』に、この門たたき給へることを、つひに開けずして帰しまゐらせて、明くるあした、こなたより詠みてつかはせしやうに書けるは、ひがごとなり。ウ「ひとり寝る夜のあくる間は」といひ、「いかに久しき」といへるは、門開くるあひだのおそきを、わび給ひしにくらべたるなり。つひに開けずしてやみたらんには、何にあたりてか、「あくる間は」とも、「久しき」とも詠み出づべき。

（『百首異見』）

〔注〕○入道摂政——藤原兼家（九二九—九九〇）。道綱の母の夫。

○『蜻蛉日記』——道綱の母の日記。

設　問

(一) 「門開くる間をだに、しかのたまふ」(傍線部ア) を、「しか」の内容が明らかになるように現代語訳せよ。　解答欄：一三・六㎝×一行

(二) 「このごろ……うち出でたるなり」(傍線部イ) とはどういうことか、簡潔に説明せよ。　解答欄：一三・六㎝×一行

(三) 「『ひとり寝る夜のあくる間は』といひ……くらべたるなり」(傍線部ウ) とあるが、この解釈にしたがって、「嘆きつつ……」の歌を現代語訳せよ。　解答欄：一三・六㎝×二行

漢文篇

二〇二三年度　文理共通

第三問

次の文章は唐の太宗、李世民(在位六二六～六四九)が語った言葉である。これを読んで、後の設問に答えよ。ただし、設問の都合で送り仮名を省いたところがある。

朕聞ク晋ノ武帝自リレ平ゲシレ呉ヲ已後、務メ在リ二驕《けう》奢《しや》ニ一、不三復タ留メ二心ヲ治政ニ一。何《か》曽《そう》退キレ朝ヨリ、謂ヒテ二其ノ子劭《せう》ニ一曰ハク、「吾毎ニレ見ユル二主上ニ一、不レ論ゼ二経国ノ遠図ヲ一、但ダ説ク二平生ノ常語ヲ一。此非ザル下貽《のこ》ス二厥《そ》ノ子孫ニ一者ニ上也。[a]爾《なんぢ》身猶可二以免一。」指サシテ二諸孫ヲ一曰ハク、「此等《ら》必ズ遇ヒテレ乱ニ死セント。」及ビ二孫ノ綏《すい》ニ一、果シテ為ル二淫刑ノ所トレ戮《ころ》ス一。[b]前史美レ之、以テ為スレ明カナリト二於先見ニ一。

朕意ハ不レ然ラ。謂《おもへ》ラク曽之不忠ハ、其ノ罪大ナリ矣。夫レ為リテハ二人臣ト一、当ニシ下進ミテハ思ヒレ竭《つ》クサンコトヲレ誠ヲ、退キテハ思ヒレ補ハンコトヲレ過チヲ、将二順シ其ノ美ヲ一、匡《きやう》中救《きう》ス其ノ悪ヲ上。所二以共ニ為スレ治ヲ也。

曽位極メ㆓台司ヲ㆒、名器崇重ナリ。当ニシ㆓c直㆑辞正《せい》諫《かん》シ、論ジテ㆑道ヲd佐㆑時。今乃チ退キテハ有リ㆓e後言㆒、進ミテハ無シ㆓廷《てい》諍《さう》㆒。以テ為スハ㆓明智㆒ト、不㆓亦タ謬《あやま》リナラ㆒乎。f顛《たふ》レテ而不ンバ㆑扶《たす》ケ、安クンゾ用ヰンヤ㆓彼ノ相ヲ㆒。

（『貞観政要』による）

〔注〕
○晋武帝――司馬炎（二三六～二九〇）、魏から禅譲を受けて晋を建てた。　○呉――国の名。
○驕奢――おごってぜいたくであること。
○何曽――魏と晋に仕えた人物（一九九～二七八）。子に劭、孫に綏がいる。
○淫刑――不当な刑罰。　○将順――助け従う。　○匡救――正し救う。
○台司――最高位の官職。　○名器――名は爵位、器は爵位にふさわしい車や衣服。
○廷諍――朝廷で強く意見を言うこと。　○相――補助する者。

設問

(一) 傍線部b・c・dを平易な現代語に訳せ。　解答欄：各六・〇㎝×一行

(二) 「爾身猶可㆓以免㆒」（傍線部a）を、「爾」の指す対象を明らかにして、平易な現代語に訳せ。　解答欄：一三・四㎝×一行

(三) 「後言」（傍線部e）とあるが、これは誰のどのような発言を指すか、簡潔に説明せよ。　解答欄：一三・四㎝×一・五行

(四)「顚而不レ扶、安用二彼相一」(傍線部f)とあるが、何を言おうとしているのか、本文の趣旨を踏まえてわかりやすく説明せよ。

解答欄：一三・四㎝×一・五行

※　(三)は文科のみの出題。

二〇二二年度 文理共通

第三問

次の文章を読んで、後の設問に答えよ。ただし、設問の都合で送り仮名を省いたところがある。

宋人《ニ》有《リ》二取《ル》レ道《ヲ》者一。其《ノ》馬不レ進《マ》、到《ころシテ》而投《ズ》二之《ヲ》鸂《けい》水《ニ》一。又《タ》復《タ》取《ルモ》レ道《ヲ》、其《ノ》馬不レ進《マ》、又《タ》到《シテ》而投《ズ》二之《ヲ》鸂水《ニ》一。如《キ》レ此《クノ》者《こと》三《タビアリ》。雖《モ》三造父之所二以《ト》威《スル》一レ馬《ヲ》、不レ過《ギ》レ此《ニ》矣。不レ得《シテ》二造父之道《ヲ》一而徒《ダ》得《ルモ》二其《ノ》威《ヲ》一、無《シ》レ益二於御《ニ》一。

人主之不肖《ナル》者有《リ》レ似《タル》二於此《ニ》一。不レ得《シテ》二其《ノ》道《ヲ》一而徒《ダ》多《クス》二其《ノ》威《ヲ》一。威愈《いよいよ》多《クシテ》、民愈不レ用《ヰラレ》。亡国之主、多《シ》下以《テ》二多威《ヲ》一使《フコト》中其《ノ》民《ヲ》上矣。故《ニ》威不レ可レ無レ有、而不レ足二専《ラ》恃《たのムニ》一。譬《たとフレバ》レ之《ヲ》若《シ》二塩之於《ケルガ》レ味《ニ》一。凡《ソ》塩之用《ハ》、有《リ》レ所レ託《スル》也。不《レバ》レ適《セ》則《チ》敗《リテ》レ託《ヲ》而不レ可《カラ》レ食《ラフ》。威《モ》亦《タ》然《リ》。必《ズ》有《リテ》レ所レ託《スル》、然《ル》後《ニ》可《シ》レ行《フ》。悪《クニカ》乎託《スル》。託《ス》二於愛利《ニ》一。愛利之心諭《さとラレテ》、威乃《チ》可《シ》レ行《フ》。威太《はなはダ》甚《ダシケレバ》則《チ》愛利

之心息《やム》。愛利之心息《ミテ》、而徒《ダ》疾《はげシク》行《ヘバ》レ威《ヲ》、身必《ズ》咎《とがアリ》矣。此殷《ト》夏之所ニ以絶《ユル》一也。(f)

（『呂氏春秋』による）

〔注〕○濁水――川の名。　○造父――人名、昔の車馬を御する名人。
○殷夏――ともに中国古代の王朝。

設問

(一) 傍線部a・c・dを現代語訳せよ。

解答欄：各六・〇㎝×一行

(二) 「人主之不肖者有レ似ニ於此一」（傍線部b）を、「此」の指す内容を明らかにして、平易な現代語に訳せ。

解答欄：一三・四㎝×一・五行

(三) 「譬レ之若ニ塩之於一レ味」（傍線部e）とあるが、たとえの内容をわかりやすく説明せよ。

解答欄：一三・四㎝×一・五行

(四) 「此殷夏之所ニ以絶一也」（傍線部f）とあるが、なぜなのか、本文の趣旨を踏まえて簡潔に説明せよ。

解答欄：一三・四㎝×一行

※ (二)は文科のみの出題。

二〇二一年度 文理共通

第三問

次の文章を読んで、後の設問に答えよ。ただし、設問の都合で送り仮名を省いたところがある。

凡為《たル》下者、a為上所信、然後言有所取。為上者、為下所信、然後令有所下。事不欲速。欲速則不行也。庸愚之主b必無斯憂。唯聡明之主恃《たのム》其材者、或至一旦行之、不有所顧。夫知善而欲速成者、小人之事也。君子則不然。一言一行、其所及大遠。c与其見効於一時、寧取成於子孫。是謂知大体也。

下民之愚、承弊之日久、則安於其弊、以為d無便於此。加之《しかのみならず》狡《かう》猾《くわつナル》者心知其弊、而口不言、因以自恣《ほしいままニス》之。今e欲矯其弊、則愚者狃《なレテ》其所習、而不肯《がへんぜ》之。狡者乃乗其機、陷《くらハスニ》之以不利。於是《ニ》乎擾《ぜう》乱《らんシテ》不レ成《ラ》矣。大抵維二持《シ》数百世之後《ヲ》一、置《ク》二国家《ヲ》於泰山之安《キニ》一者《ハ》、如《シ》レ無《キガ》二近効一。f以《テ》三其《ノ》無《キヲ》二近効一、行《フ》二之《ヲ》於未《ダ》レ信《ゼ》之民《ニ》一、所二以不《ル》一レ服《セ》也。

（井上金峨『霞城講義』による）

〔注〕　○大体――政治の大要。　○啗――はたらきかけ、誘導する。

○泰山之安――名山として有名な泰山のように安定していること。

設問

㈠ 傍線部a・d・eを現代語訳せよ。

解答欄：各六・〇㎝×一行

㈡ 「庸愚之主必無二斯憂一」（傍線部b）とあるが、なぜなのか、簡潔に説明せよ。

解答欄：一三・四㎝×一行

㈢ 「与三其見二効於一時一、寧取二成於子孫一」（傍線部c）を、平易な現代語に訳せ。

解答欄：一三・四㎝×一行

㈣ 「以三其無二近効一、行二之於未レ信之民一、所ヨ以不レ服也」（傍線部f）とはどういうことか、わかりやすく説明せよ。

解答欄：一三・四㎝×一・五行

※ ㈡は文科のみの出題。

二〇二〇年度　文理共通

第三問

次の文章を読んで、後の設問に答えよ。ただし、設問の都合で送り仮名を省いたところがある。

于《う》公《ハ》為《リ》二県《ノ》獄史、郡《ノ》決曹一。[a]決《スルコト》レ獄《ヲ》平《ラカニシテ》、羅《かかル》二文法《ニ》一者《モ》、于公《ノ》所《ハ》レ決《スル》皆不レ恨《ミ》。

東海《ニ》有《リ》二孝婦一、少《わかクシテ》寡《トナリ》、亡《シ》レ子。養《フコト》レ姑《しうとめヲ》甚《ダ》謹《ム》。[b]姑欲レ嫁レ之、終不レ肯。姑謂《ヒテ》二隣人《ニ》一曰《ハク》、「孝婦[c]事レ我勤苦《ス》。哀《レム》二其《ノ》亡《クシテ》レ子守《ルヲ》レ寡《ヲ》。我老《イテ》、久《シク》累《わづらハス》二丁壮《ヲ》一、奈何《セント》」。其《ノ》後姑自《ラ》経《くびレテ》死《ス》。姑《ノ》女《むすめ》告《グルニ》レ吏《ニ》、「婦殺《スト》二我《ガ》母《ヲ》一」。吏捕《ラフ》二孝婦《ヲ》一。孝婦辞《ス》レ不《ト》レ殺《サ》レ姑《ヲ》。吏験治《スルニ》、孝婦自《ラ》誣《しヒテ》服《ス》。具獄上《たてまつラル》レ府《ニ》。于公以《お》為《もへラク》此《ノ》婦養《フコト》レ姑《ヲ》十余年、[d]以レ孝聞、必《ズ》不《ル》レ殺《サ》也《ト》。太守不レ聴《カ》、[e]于公争《フモ》レ之《ヲ》、弗レ能《ハ》レ得《ル》。乃《チ》抱《キ》二其《ノ》具獄《ヲ》一、哭《こくシ》二於府上《ニ》一、因《リテ》辞《シテ》レ疾《ト》去《ル》。太守竟《つひニ》論《ジテ》殺《ス》二孝婦《ヲ》一。

郡中枯《こ》旱《かんスルコト》三年。後《ノ》太守至《リ》、卜《ぼく》二筮《ぜいス》其《ノ》故《ヲ》一。于公曰《ハク》、「孝婦不《ルニ》レ当《タラ》レ死《ニ》、前《ノ》太守彊《しヒテ》断《ズ》レ之《ヲ》。咎《とが》党《もシクハ》在《ル》レ是《ニ》乎《ト》」。於《イテ》レ是《ニ》太守殺《シ》レ牛《ヲ》、自《ラ》祭《リ》二孝婦《ノ》冢《つかヲ》一、因《リテ》表《ス》二其《ノ》墓《ニ》一。天立《たちどころニ》大《イニ》雨《フリ》、歳孰《じゅくス》。[f]郡中以《テ》レ此《ヲ》大《イニ》敬二重《ス》于公《ヲ》一。

（『漢書』による）

〔注〕○獄史、決曹――裁判をつかさどる役人。　○文法――法律。　○東海――郡の名。　○丁壮――若者。
○験治――取り調べる。　○具獄――裁判に関わる文書一式。　○府――郡の役所。
○太守――郡の長官。　○枯旱――ひでり。　○表――墓標を立てる。　○孰――熟と同じ。

設問

㈠　傍線部a・c・dを現代語訳せよ。

解答欄：各六・〇㎝×一行

㈡　「姑欲レ嫁レ之、終不レ肯」（傍線部b）を、人物関係がわかるように平易な現代語に訳せ。

解答欄：一三・四㎝×一行

㈢　「于公争レ之、弗レ能レ得」（傍線部e）とはどういうことか、わかりやすく説明せよ。

解答欄：一三・四㎝×一行

㈣　「郡中以レ此大敬二重于公一」（傍線部f）において、于公はなぜ尊敬されたのか、簡潔に説明せよ。

解答欄：一三・四㎝×一・五行

※　㈢は文科のみの出題。

二〇一九年度 文理共通

第三問

次の文章を読んで、後の設問に答えよ。ただし、設問の都合で送り仮名を省いたところがある。

学校《ハ》所二以養《フ》レ士《ヲ》也。然《レドモ》古之聖王、其《ノ》意[a]不二僅此一也。必《ズ》使下治《ムル》二天下《ヲ》一之具《ヲシテ》皆出《デ》中於学校《ヨリ》上、而後《ニ》設《クル》二学校《ヲ》一之意始《メテ》備《ハル》。天子之所レ是《トスル》未《ダ》二必《ズシモ》是《ナラ》一、天子之所レ非《トスル》未《ダ》二必《ズシモ》非《ナラ》一。天子亦遂《ニ》[b]不三敢自為二非是一、而《シテ》公《ニス》二其《ノ》非是《ヲ》於学校《ニ》一。是《ノ》故《ニ》養《フハ》レ士《ヲ》為《ルモ》二学校之一事一、而学校不二僅為レ養レ士而設一也。

三代以下、天下之是非一《ニ》出《ヅ》二於朝廷《ヨリ》一。天子栄《トスレバ》レ之《ヲ》則《チ》群趨《はしリテ》以《テ》為《シ》レ是《ト》、天子辱《トスレバ》レ之《ヲ》則《チ》群擿《なげうチテ》以《テ》為《ス》レ非《ト》。而《シテ》其《ノ》所謂学校《ナル》者《ハ》、科挙《モテ》囂《がう》争《さうシ》、富貴《モテ》熏《くん》心《しんス》。亦遂《ニ》[c]以《テ》二朝廷之勢利《ヲ》一一二変《ス》其《ノ》本領《ヲ》一。而《シテ》士之有《ル》二才能学術一者、且《ツ》往往《ニシテ》自《ラ》抜《キンデ》二於[d]草野之間一、於《イテ》二学校《ニ》一初《メヨリ》[e]無レ与也。究《きう》竟《きやう》養《フノ》レ士《ヲ》一事[f]亦失レ之矣。

（黄宗羲『明夷待訪録』による）

〔注〕 ○三代以下――夏・殷・周という理想の治世が終わった後の時代。

○囂争——騒ぎ争う。
○熏心——心をこがす。

設問

(一)　傍線部a・d・eの意味を現代語で記せ。

解答欄：各六・〇㎝×一行

(二)　「不㆔敢自為㆓非是㆒」（傍線部b）を平易な現代語に訳せ。

解答欄：一三・四㎝×一行

(三)　「以㆓朝廷之勢利㆒一㆓変其本領㆒」（傍線部c）とはどういうことか、わかりやすく説明せよ。

解答欄：一三・四㎝×一行

(四)　「亦失㆑之矣」（傍線部f）とあるが、なぜ「亦」と言っているのか、本文の趣旨を踏まえて説明せよ。

解答欄：一三・四㎝×一・五行

※　(三)は文科のみの出題。

二〇一八年度　文理共通

第三問

次の文章は、宋の王安石が人材登用などについて皇帝に進言した上書の一節である。これを読んで、後の設問に答えよ。ただし、設問の都合で送り仮名を省いたところがある。

先王之為《をさムルヤ》二天下《ヲ》一、不《シテ》レ患《へ》二人之不《ルヲ》一レ為《なサ》而患《へ》二人之不《ルヲ》一レ能《ハ》、不《シテ》レ患《へ》二人之不《ルヲ》一レ能《ハ》而[a]患《フ》二己之不《ルヲ》一レ勉《メ》。

何《ヲカ》謂《フ》下不《シテ》レ患《へ》二人之不《ルヲ》一レ為《サ》而患《フト》中人之不《ルヲ》上レ能《ハ》。人之情《ノ》所《ノ》レ願《フ》レ得《ルヲ》者《ハ》、善行・美名・[b]尊爵・厚利也。而《シテ》先王能《ク》操《とリ》レ之《ヲ》以《テ》臨《ム》二天下之士《ニ》一。天下之士、有《レバ》二能《ク》遵《したがヒテ》レ之《ニ》以《テ》治《ムル》者《一》、則《チ》悉《ク》以《テ》二其《ノ》所《ノ》レ願《フ》レ得《ルヲ》者《ヲ》一以《テ》与《フ》レ之《ニ》。士不《レバ》レ能《ハ》則《チ》[c]已《ム》矣。苟《シクモ》能《クスレバ》、則《チ》[d]孰《たれカ》肯《ヘテ》舎《すテテ》二其《ノ》所《ヲ》レ願《フ》レ得《ルヲ》而不《ランヤ》二自《ラ》勉《メテ》以《テ》為《ラ》レ才《ト》。故《ニ》曰《ハク》、不《シテ》レ患《へ》二人之不《ルヲ》一レ為《サ》、患《フト》二人之不《ルヲ》一レ能《ハ》。

何《ヲカ》謂《フ》下不《シテ》レ患《へ》二人之不《ルヲ》一レ能《ハ》而患《フト》中己之不《ルヲ》上レ勉《メ》。先王之法、[e]所二以待《ツ》レ人者尽矣。自《リハ》レ非《ザル》二下愚《ニシテ》不《ル》レ可《カラ》レ移《ル》之才《ニ》一、未《ダ》《ル》レ有《ラ》二不《ル》レ能《ハ》レ赴《ク》者《一》也。然《リ》而《シテ》[f]不《レバ》下謀《ルニ》レ之《ヲ》以《テ》二至誠惻《そく》怛《だつ》之心《ヲ》一力行《シテ》而先《ンゼ》上レ之《ニ》、未《ダ》《ル》レ有《ラ》下能《ク》以《テ》二至誠惻怛之心《ヲ》一力行《シテ》而応《ズル》レ之《ニ》者《上》也。故《ニ》曰《ハク》、不《シテ》レ患《へ》二人之不《ルヲ》一レ能《ハ》而患《フト》㆓己之不《ルヲ》㆒㆑勉《メ》。

（『新刻臨川王介甫先生文集』による）

〔注〕○先王——古代の帝王。
○下愚不㆑可㆑移之才——『論語』陽貨篇に「上知と下愚とは移らず（きわめて賢明な者ときわめて愚かな者は、何によっても変わらない）」とあるのにもとづく。
○惻怛——あわれむ、同情する。

設問

㈠　傍線部ａ・ｂ・ｃの意味を現代語で記せ。
解答欄：各六・〇㎝×一行

㈡　「孰肯舎㆓其所㆒㆑願㆑得而不㆓自勉以為㆒㆑才」（傍線部ｄ）とは、誰がどうするはずだということか、わかりやすく説明せよ。
解答欄：一三・四㎝×一・五行

㈢　「所㆓以待㆑人者尽矣」（傍線部ｅ）を平易な現代語に訳せ。
解答欄：一三・四㎝×一行

㈣　「不㆘謀㆑之以㆓至誠惻怛之心㆒力行而先㆖之、未㆑有㆘能以㆓至誠惻怛之心㆒力行而応㆑之者㆖也」（傍線部ｆ）とは、誰がどうすべきだということか、わかりやすく説明せよ。
解答欄：一三・四㎝×一・五行

※　㈡は文科のみの出題。

二〇一七年度　文理共通　第三問

次の文章を読んで、後の設問に答えよ。ただし、設問の都合で送り仮名を省いたところがある。

斉奄家《ニ》畜《やしなヒ》二一猫《ヲ》一、自奇《トシ》レ之《ヲ》、号《シテ》二於人《ニ》一曰《フ》二虎猫《ト》一。客説《ときテ》レ之《ニ》曰《ハク》、「虎誠《ニ》猛《ナルモ》、不レ如《カ》二龍之神《ナルニ》一也。請《フ》更《ヘ》レ名《ヲ》曰《ハンコトヲ》二「龍猫《ト》」一」。又客説《キテ》レ之《ニ》曰《ハク》、「龍固《もとヨリ》a神二於虎一也。龍昇《ルニ》レ天《ニ》b須《ツ》二浮雲《ニ》一。雲其尚《キ》二於龍《ヨリ》一乎。c不《ト》レ如《カ》二名《ヅケテ》曰《フニ》レ雲《ト》」。又客説《キテ》レ之《ニ》曰《ハク》、「雲靄《うんあい》蔽《おほフモ》レ天《ヲ》、風倏《たちまチニシテ》散《ズ》レ之《ヲ》。雲固《ヨリ》不《ル》レ敵《かなハ》レ風《ニ》也。請《フ》更《ヘ》レ名《ヲ》曰《ハンコトヲ》レ「風《ト》」。又客説《キテ》レ之《ニ》曰《ハク》、「大風飆《へう》起《きスルモ》、維屛《ただふせグニ》以《テセバ》レ牆《しやうヲ》、斯《すなはチ》足《レリ》レ蔽《フニ》矣。風其《レ》如《レ》牆《ヲ》何《セン》。d名《ヅケテ》レ之《ニ》曰《ハバ》二牆猫《ト》一可《ナリト》」。又客説《キテ》レ之《ニ》曰《ハク》、「維《こレ》牆雖《モ》レ固《ナリト》、維《レ》鼠穴《うがタバ》レ之《ニ》、牆斯《チ》圮《くづル》矣。e牆又如《レ》鼠《ヲ》何《セン》。即名《ヅケテ》曰《ハバ》二鼠猫《ト》一可也《ト》」。

f東里《ノ》丈人嗤《わらヒテ》レ之《ヲ》曰《ハク》、「噫《あ》嘻《あ》、捕《フル》レ鼠《ヲ》者《ハ》故《もとヨリ》猫也。猫即《チ》猫《ナル》耳。胡為《ゾ》自《ラ》失《ハン》二本真《ヲ》一哉《ト》」。

（劉元卿『賢奕編』による）

〔注〕○斉奄——人名。　○靄——もや。　○飆起——風が猛威をふるうこと。
○牆——塀。　○圮——くずれること。　○東里——地名。

○丈人——老人の尊称。　○嗤——嘲笑すること。

設問

(一) 傍線部a・b・cを現代語訳せよ。

解答欄：各六・〇㎝×一行

(二) 「名㆑之曰㆓牆猫㆒可」（傍線部d）と客が言ったのはなぜか、簡潔に説明せよ。

解答欄：一三・四㎝×一行

(三) 「牆又如㆑鼠何」（傍線部e）を平易な現代語に訳せ。

解答欄：一三・四㎝×一行

(四) 「東里丈人」（傍線部f）の主張をわかりやすく説明せよ。

解答欄：一三・四㎝×一行

※　(二)は文科のみの出題。

二〇一六年度　文理共通　第三問

次の詩は、北宋の蘇軾（一〇三七～一一〇一）が朝廷を誹謗《ひぼう》した罪で黄州（湖北省）に流されていた時期に作ったものである。これを読んで、後の設問に答えよ。

寓居定《ぢやう》恵《ゑ》院《ゐん》之東、雑花満《ツ》レ山《ニ》、有《リ》二海《かい》棠《だう》一株一、土人《ハ》不《ル》レ知《ラ》レ貴《キヲ》也

江城地《ハ》瘴《しやうニシテ》蕃《しげシ》二草木一　只《ダ》有《リ》二名花《ノ》苦《はなはダ》幽独《ナル》一

嫣《えん》然《ぜんトシテ》一笑《ス》竹籬《りノ》間　桃李漫《みツルモ》レ山《ニ》総《すべテ》粗俗

也《まタ》知《ル》造物有《ルヲ》二深意一　故《ことさらニ》遣《ム》三佳人《ヲシテ》在《ラ》二[a]空谷《ニ》一

自然《ノ》富貴出《ヅ》二天姿《ヨリ》一　不レ待《タ》三金盤《モテ》薦《ムルヲ》二華屋《ニ》一

[b]朱唇得《テ》レ酒《ヲ》暈《うん》生《ズ》レ臉《ほほニ》　翠《すい》袖《しう》巻《キテ》レ紗《さヲ》紅映《ズ》レ肉《ニ》

林深《ク》霧暗《クシテ》暁光遅《ク》　日暖《カク》風軽《クシテ》春睡足《ル》

雨中有《リ》レ涙亦《タ》凄惨　月下無《ク》レ人更《ニ》清淑

先生食飽《キテ》[c]無《シ》二一事一　散歩逍《せう》遥《えうシテ》自《ラ》捫《なヅ》レ腹《ヲ》

不レ問ハ三人家ト与《と》ヲ二僧舎一　拄《つ》キレ杖ヲ敲《たた》キレ門ヲ看ル二修竹ヲ一

忽チ逢ヒ三絶艶《えん》ノ照ラスニ二衰朽ヲ一　嘆息無言揩《ぬぐ》フ二病目ヲ一

d陋《ろう》邦何《いづ》レノ処ニカ得タル二此ノ花ヲ一　無《む》乃《しろ》好《かう》事《ず》ノ移セルカ二西蜀《しょく》ヨリ一

寸根千里不レ易カラレ致シ　銜《ふく》ミテレ子ヲ飛来セルハ定メシ鴻鵠《こうこく》ナラン

天涯流落倶ニ可レ念《おも》フ　e為《ため》ニ飲ミ二一樽《そん》ヲ一歌フ二此ノ曲ヲ一

明朝酒醒《さ》メテ還《ま》タ独リ来ラバ　雪落チテ紛紛f那ゾ忍ビンレ触ルルニ

〔注〕
○定恵院――黄州にあった寺。　○海棠――バラ科の木。春に濃淡のある紅色の花を咲かせる。
○土人――土地の人。　○江城――黄州が長江に面した町であることを言う。　○瘴――湿気が多いこと。
○嫣然――にっこりするさま。　○華屋――きらびやかな宮殿。　○紗――薄絹。
○西蜀――現在の四川省。海棠の原産地とされていた。　○鴻鵠――大きな渡り鳥。
○紛紛――乱れ落ちるさま。

設問

㈠　傍線部a・c・fを現代語訳せよ。

解答欄：a・c各六・〇㎝×一行、f一二・七㎝×一行

㈡　「朱唇得レ酒暈生レ臉」（傍線部b）とあるが、何をどのように表現したものか、説明せよ。

解答欄：一三・四㎝×一行

㈢　「陋邦何処得二此花一」（傍線部d）について、作者はどのような考えに至ったか、説明せよ。

解答欄：一三・四㎝×一行

㈣　「為飲二一樽一歌二此曲一」（傍線部e）とあるが、なぜそうするのか、説明せよ。

解答欄：一三・四㎝×一・五行

※　㈠a・㈢は文科のみの出題。

二〇一五年度　文理共通

第三問

次の文章は、清代の文人書画家、高鳳翰（一六八三〜一七四九）についての逸話である。これを読んで、後の設問に答えよ。ただし、設問の都合で訓点を省いたところがある。

高西園嘗《テ》夢《ム》三一客《ノ》来《リ》謁《シ》、名刺《ニ》為《スヲ》二司馬相如《ト》一。驚《キ》怪《ミテ》而寤《さムルモ》、a莫《シ》レ悟《ル》二何《ノ》祥《ナルカヲ》一。越《ユルコト》数日、無《クシテ》レ意得《タリ》二司馬相如《ノ》一玉印《ヲ》一。古沢斑駁《ばく》、篆《てん》法精妙、真《ニ》昆吾刀《ノ》刻也。恒《ニ》佩《おビテ》レ之《ヲ》不レ去《ラ》レ身《ヨリ》、非《ザレバ》二至《ツテ》親昵《ぢつナル》者《ニ》一、b能一見。官《タリシ》二塩場《ニ》一時、徳州《ノ》盧丈為《リ》二両淮運使一、聞《キ》レ有《ルヲ》二是《ノ》印一、燕見《セシ》時、偶索《もとム》レ観《ンコトヲ》レ之《ヲ》。西園離《レ》レ席《ヲ》半《バ》跪《ひざまづキ》、正《シ》レ色《ヲ》啓《シテ》曰《ハク》、「鳳翰一生結《ビ》レ客《ヲ》、所《ハ》レ有《スル》皆可《シ》下与《ニ》二朋友一共《ニス》上、c其《ノ》不《ル》レ可《カラ》レ共《ニス》者《ハ》、惟《ダ》二物《ノミ》、此《ノ》印及《ビ》山妻也《ト》」。盧丈笑《ヒ》遣《リテ》レ之《ヲ》曰《ハク》、d「誰《カ》奪《フ》二爾《ノ》物《ヲ》一者《ゾ》、何《ノ》痴《カ》乃《チ》爾《セント》耶」。

西園画品絶高、晩《ニ》得《テ》二末疾《ヲ》一、右臂《ひ》偏枯《スルモ》、乃《チ》以《テ》二左臂《ヲ》一揮毫《がうス》。雖《モ》二生硬倔《くつ》強《ナリト》一、乃《チ》弥《いよいよ》有《リ》二別趣一。詩格《モ》亦《タ》脱灑《しやタリ》。雖《モ》レ托《スト》二跡《ヲ》微官《ニ》一、蹉《さ》跎《たトシテ》以《テ》歿《ぼつス》。在《リテモ》二近時士大夫《ノ》間《ニ》一、e猶《ホ》能《ク》追《フ》二前輩《ノ》風流《ヲ》一也。

（『閲微草堂筆記』による）

〔注〕　○高西園――高鳳翰のこと。　○司馬相如――前漢の文章家（前一七九～前一一七）。
○昆吾刀――昆吾国で作られたという古代の名刀。　○塩場――製塩場。
○徳州盧丈――徳州は今の山東省済南の州名。盧丈は人名。
○両淮運使――両淮は今の江蘇省北部のこと。運使は官名、ここでは塩運使のこと。
○燕――宴。　○山妻――自分の妻を謙遜した呼称。　○末疾――四肢の疾患。
○揮毫――毛筆で文字や画を描くこと。　○蹉跎――志を得ないこと。

設問

(一)「莫レ悟二何祥一」（傍線部ａ）について、その直前に高西園が経験したことを明らかにしてわかりやすく説明せよ。

解答欄：一三・四㎝×一・五行

(二) 空欄[b]にあてはまる文字を文中から抜き出せ。

(三)「其不レ可レ共者」（傍線部ｃ）とあるが、具体的には何を指すか述べよ。

解答欄：一三・四㎝×一行

(四)「誰奪二爾物一者、何痴乃爾耶」（傍線部ｄ）をわかりやすく現代語訳せよ。

解答欄：一三・四㎝×一・五行

(五)「猶能追二前輩風流一也」（傍線部ｅ）を主語を補ってわかりやすく現代語訳せよ。

解答欄：一三・四㎝×一・五行

※　第二段落（「西園画…風流也。」）は文科のみの出題。
(五)は文科のみの出題。

二〇一四年度　文理共通

第三問

次の文章は、唐の太宗と長孫皇后についての逸話である。これを読んで、後の設問に答えよ。ただし、設問の都合で返り点および送り仮名を省いたところがある。

長楽《ちやうらく》公主将ニ二出降セント一。上以テ二公主ハ皇后ノ所レナルヲ生ム、特ニ愛シレ之ヲ、勅シテ二有司ニ一資送スルコト倍セシム二於永嘉《えいか》長公主ニ一。魏徴諫メテ曰ク、「昔漢ノ明帝欲シテレ封ゼント二皇子ヲ一曰ク、『我ガ子豈ニ得ンヤト下与二先帝ノ子一比《なら》ブヲ上』。皆令ムレ半《なかば》セ二楚・淮陽《わいやう》ニ一。今資二─送スルコト公主ニ一倍スルハ二於長主ニ一、a得ンヤレ無キヲレ異ナルコト二於明帝之意ニ一乎」。上然リトシ二其ノ言ヲ一、入リテ告グ二皇后ニ一。后嘆ジテ曰ク、「妾亟《しばしば》聞クモ三陛下ノ称二─重スルヲ魏徴ヲ一、不レ知ラ二其ノ故ヲ一。今b観テ下其ノ引キテ二礼義ヲ一以テ抑フルヲ中人主之情ヲ上、乃チ知ル二真ノ社稷之臣タルヲ一也。妾与二陛下一結髪シテ為リ二夫婦ト一、曲《つぶさ》ニ承クルモ二恩礼ヲ一、毎《ごと》ニレ言フ必ズ先ニ候《うかが》ヒ二顔色ヲ一、不三敢ヘテ軽シク犯サ二威厳ヲ一。c況《ま》シテ以テ二人臣之疎遠ナルヲ一、乃チ能ク抗言スルコト如シレ是クノ。陛下不トレ可カラレ不ルレ従ハ」。因リテ請フ下遣シテ二中使ヲ一齎《もたら》シテ二銭絹ヲ一以テ賜フヲ上レ徴ニ。

上嘗テ罷《かへ》リレ朝ヨリ、怒リテ曰ク、「d会《かなら》ズ須ラクシトレ殺ス二此ノ田舎翁ヲ一」。后問フレ為スカヲレ誰ト。上曰ク、「魏徴毎ニ廷辱《はづかし》ムトレ我ヲ」。后退キテ、具ヘテ二朝服ヲ一立ツ二于庭ニ一。上驚キテ問フ二其ノ故ヲ一。后曰ク、「妾聞クナラク主明ナレバ臣直ナリト。今魏徴ノ直ナルハ、由ル二陛下之明《ナルニ》一故也。e妾敢不賀」。上乃《チ》悦《ブ》。

（『資治通鑑』による）

〔注〕 ○長楽公主――太宗李世民（在位六二六～六四九）の娘。　○出降――降嫁すること。
○有司――官吏、役人。　○資送――送別のとき金銭や財貨を与えること。
○永嘉長公主――高祖李淵（在位六一八～六二六）の娘。　○魏徴――唐初の政治家（五八〇～六四三）。
○楚・淮陽――楚王劉英と淮陽王劉延のこと。いずれも後漢の光武帝の子、明帝の異母兄弟。
○結髪――結婚すること。　○中使――天子が派遣した使者。
○朝服――儀式の際に身につける礼服。

設問

㈠　「得レ無レ異二於明帝之意一乎」（傍線部a）を、明帝の意が明らかになるように平易な現代語に訳せ。

解答欄：一三・四㎝×二行

㈡　「今観下其引二礼義一以抑中人主之情上、乃知二真社稷之臣一也」（傍線部b）を平易な現代語に訳せ。

解答欄：一三・四㎝×二行

㈢　「況以二人臣之疎遠一、乃能抗言如レ是」（傍線部c）を平易な現代語に訳せ。

解答欄：一三・四㎝×一・五行

㈣　太宗が怒って「会須レ殺二此田舎翁一」（傍線部d）と言ったのはなぜか、簡潔に説明せよ。

解答欄：一三・四㎝×一行

㈤　長孫皇后はどのようなことについて「妾敢不賀」（傍線部e）と言ったのか、簡潔に説明せよ。

解答欄：一三・四㎝×一・五行

※　㈡は文科のみの出題。

二〇一三年度　文理共通

第三問

次の文章を読んで後の設問に答えよ。ただし、設問の都合で送り仮名を省いたところがある。

温達《ハ》、高句麗平岡王《ノ》時《ノ》人也。破衫《さむ》弊履《シテ》、往二来《ス》於市井《ノ》間一《ニ》。時人目《シテ》レ之《ヲ》為二愚温達一《ト》。平岡王《ノ》少女児好《ク》啼《なク》。王戯《レテ》曰《ク》、「汝常《ニ》啼《キテ》聒《かまびすシ》二我《ガ》耳一《ニ》。当《ニ》《シト》レ帰《とつガシム》二之《ヲ》愚温達一《ニ》」。王毎《ニ》言《フ》レ之《ヲ》。及《ビ》二女年二八一《ニ》、王欲《ス》レ下二嫁《セシメント》於高氏一《ニ》。公主対《ヘテ》曰《ク》、「大王常《ニ》語《つグ》三汝必《ズ》為《レト》二温達之婦一《ト》。今何故《ニ》改《ムル》二前言一《ヲ》乎。a匹夫猶不レ欲二食言一、況至尊乎。故曰《ク》『王者《ニ》無《シト》二戯言一』。今大王之命謬《あやまレリ》矣。妾不《ト》二敢《テ》祇《つつしミテ》承《ケ》一」。王怒《リテ》曰《ク》、b「宜《シク》《シト》レ従《フ》二汝《ノ》所《ニ》レ適《ク》矣」。於《テ》レ是《ニ》公主出《デ》レ宮《ヲ》独《リ》行《キテ》、至《ル》二温達之家一《ニ》。見《まみエ》二盲《タル》老母一《ニ》、拝《シテ》問《フ》二其《ノ》子《ノ》所《ヲ》レ在《ル》。老母対《ヘテ》曰《ク》、「惟《レ》我《ガ》息不レ忍《ビ》レ飢《ウルニ》、取《ル》二楡《ゆ》皮《ヲ》於山林一《ニ》。久《シクシテ》而未《ダ》《ト》レ還《ラ》」。公主出《デ》行《キテ》至《リ》二山下一《ニ》、見《ル》下温達《ノ》負《ヒテ》二楡皮《ヲ》一而来《ルヲ》上。c公主与レ之言《フ》レ懐《ヲ》。温達悖《ぼつ》然《トシテ》曰《ク》、「此非《ズ》二幼女子《ノ》所《ニ》一レ宜《ク》《キ》レ行《フ》、必《ズ》非《ザル》レ人《ニ》也《ト》」。遂《ニ》行《キテ》不レ顧《ミ》。公主明朝更《ニ》入《リ》、与二母子一備《つぶさニ》言《フ》レ之《ヲ》。温達依違《シテ》未《ダ》レ決《セ》。其《ノ》母曰《ク》、d「吾息至陋、不レ足レ為二貴人匹一。吾《ガ》家至《ツテ》窶《まづシク》、固《ヨリ》不《ト》レ宜《シカラ》二貴人《ノ》居一《ニ》」。公主対《ヘテ》曰《ク》、「古人言《フ》『一斗《ノ》粟猶《ホ》可《ク》レ舂《つク》、一尺《ノ》布猶《ホ》可《シ》レ縫《トフ》』、則《チ》e苟《クモ》為《レバ》二同心一、何《ゾ》必《ズシモ》富貴《ニシテ》然《ル》後《ニ》可《ケン》レ共《ニスト》乎」。乃《チ》売《リテ》二金釧《せんヲ》一、買《二》得《ス》田宅牛馬器物《ヲ》一。

（『三国史記』による）

〔注〕○温達――？～五九〇年。後に高句麗の将軍となる。

○平岡王――別名、平原王。高句麗第二十五代の王。在位は五五九～五九〇年。　○破衫――破れた上着。

○公主――王の娘。　○楡皮――ニレの樹皮。　○悖然――怒って急に顔色を変えるさま。

○依違――ぐずぐずすること。　○一斗粟猶可舂、一尺布猶可縫――出典は『史記』淮南衡山列伝。

○釧――うでわ。

設問

㈠「匹夫猶不レ欲二食言一、況至尊乎」（傍線部a）を平易な現代語に訳せ。

解答欄：一三・四㎝×二行

㈡「宜レ従二汝所一レ適矣」（傍線部b）とはどういうことか、簡潔に説明せよ。

解答欄：一三・四㎝×一行

㈢「公主与レ之言レ懐」（傍線部c）とはどういうことか、具体的に説明せよ。

解答欄：一三・四㎝×一行

㈣「吾息至陋、不レ足レ為二貴人匹一」（傍線部d）を平易な現代語に訳せ。

解答欄：一三・四㎝×一・五行

㈤「苟為二同心一、何必富貴然後可レ共乎」（傍線部e）とはどういうことか、わかりやすく説明せよ。

解答欄：一三・四㎝×一・五行

※　㈣は文科のみの出題。

二〇一二年度　文理共通

第三問

次の文章は、斉の君主景公と、それに仕えた晏嬰《あんえい》との対話である。これを読んで後の設問に答えよ。

公曰《ハク》、「唯《ダ》拠《ト》与《と》レ我和《スル》夫《かなト》」。晏子対《ヘテ》曰《ハク》、「拠《モ》亦同《スル》也。焉《クンゾ》得《ンヤト》レ為《スヲ》レ和《ト》」。公曰《ハク》、「和《ト》与レ同異《ナルカト》乎」。対《ヘテ》曰《ハク》、「異《ナリ》。和《ハ》如《シ》レ羹《かうノ》焉。水火醯《けい》醢《かい》塩梅以《テ》烹《にテ》二魚肉《ヲ》一、燀《たクニ》レ之《ヲ》以《テス》レ薪《ヲ》。宰夫和《シ》レ之《ヲ》、斉《ととのフルニ》レ之《ヲ》以《テシ》レ味《ヲ》、a 済《まシテ》二其《ノ》不《ルヲ》レ及《バ》、以《テ》洩《ヘラス》二其《ノ》過《グルヲ》一。君子食《ラヒテ》レ之《ヲ》、以《テ》平《ラカニス》二其《ノ》心《ヲ》一。君臣《モ》亦然《リ》。b 君《ノ》所《ニシテ》レ謂《フ》レ可《ト》而有《ラバ》レ否焉、臣献《ジテ》二其《ノ》否《ヲ》一、以《テ》成《ス》二其《ノ》可《ヲ》一。君《ノ》所《ニシテ》レ謂《フ》レ否《ト》而有《ラバ》レ可焉、臣献《ジテ》二其《ノ》可《ヲ》一、以《テ》去《ル》二其《ノ》否《ヲ》一。是《ヲ》以《テ》、政平《ラカニシテ》而不レ干《をかサ》、民無《シ》二争《フ》心一。先王之済《ととのへ》二五味《ヲ》一、和《スルヤ》二五声《ヲ》一也、以《テ》平《ラカニシテ》二其《ノ》心《ヲ》一、成《ス》二其《ノ》政《ヲ》一也。声《モ》亦如《シ》レ味《ノ》。君子聴《キ》レ之《ヲ》、以《テ》平《ラカニス》二其《ノ》心《ヲ》一。今拠《ハ》不レ然《ラ》。君《ノ》所《ハ》レ謂《フ》レ可《ト》、拠《モ》亦曰《ヒ》レ可《ト》、君《ノ》所《ハ》レ謂《フ》レ否《ト》、拠《モ》亦曰《フ》レ否《ト》。c 若《シ》二以《テ》レ水《ヲ》済《まスガ》レ水《ヲ》。誰《カ》能《ク》食《ラハン》レ之《ヲ》。若《シ》二琴《きん》瑟《しつ》之専《ナルガ》一一。誰《カ》能《ク》聴《カン》レ之《ヲ》。d 同之不《ルヤ》レ可《ナラ》也如《シト》レ是《クノ》」。

（『春秋左氏伝』昭公二十年による）

〔注〕○拠——梁《りょう》丘拠。景公に仕えた。　○羹——あつもの。具の多い吸い物。
○醯醢塩梅——酢・塩辛・塩・梅などの調味料。　○宰夫——料理人。　○献——提起・進言する。

○不干——道理にそむかない。　○先王——上古の優れた君主。
○五味——酸・苦・甘・辛・鹹《かん》（しおからい）の五種の味覚。　○五声——宮《きゅう》・商《しょう》・角《かく》・徴《ち》・羽《う》の五種の音階。
○琴瑟之専一——琴と瑟の音色に違いがないこと。

設問

㈠ 「済㆓其不㆒㆑及、以洩㆓其過㆒」（傍線部ａ）とはどういうことか。簡潔に説明せよ。

解答欄：一三・四㎝×一行

㈡ 「君所㆑謂㆑可而有㆑否焉、臣献㆓其否㆒、以成㆓其可㆒」（傍線部ｂ）は君臣関係を述べたものである。

(ア) これを、わかりやすく現代語訳せよ。「可」「否」も訳すこと。

解答欄：一二・七㎝×一・五行

(イ) この君臣関係からどのような政治が期待されているか。これについて述べた箇所を文中から抜き出せ。訓点・送り仮名は省いてよい。

解答欄：六・〇㎝×一行

㈢ 「若㆓以㆑水済㆒㆑水。誰能食㆑之」（傍線部ｃ）をわかりやすく現代語訳せよ。

解答欄：一三・四㎝×一行

㈣ 「同之不㆑可」（傍線部ｄ）とあるが、晏子は拠のどのような態度をとらえてこう述べているか。簡潔に説明せよ。

解答欄：一三・四㎝×一行

※ ㈢は文科のみの出題。

二〇一一年度　文理共通

第三問

次の詩は白居易の七言古詩である。これを読んで、後の設問に答えよ。ただし、設問の都合で送り仮名を省いたところがある。

放ツ二旅雁《がん》ヲ一

元和十年冬ノ作

九江十年冬大イニ雪フリ　江水ハ生ジレ氷ヲ樹枝ハ折ル
百鳥無クシテレ食東西ニ飛ビ　中ニ有リテ二旅雁一声最モ飢エタリ
[a]中ニ啄《つい》ばミテレ草ヲ[b]上ニ宿リ　翅《はね》ハ冷エテ騰《のぼ》レドモレ空ニ飛動スルコト遅シ
江童持シテレ網ヲ捕《とら》ヘ将《もち》チ去リ　手携入レ市c生売レ之
我ハ本《もと》北人ニシテ今ハ譴《けん》謫《たく》セラル　人ト鳥ト雖モレ殊ナルトd同ジク是レ客ナリ
見ルハ二此ノ客鳥ヲ一傷マシム二客人ヲ一　e贖《あがな》ヒレ汝ヲ放チテレ汝ヲ飛ビテ入ラシムレ雲ニ
雁ヨ雁ヨ汝ハ飛ビテ向カフ二何処ニカ一　第一ニ莫カレ二飛ビテ西北ニ去ルコト一
淮《わい》西ニ有リレ賊討ツモレ未ダレ平ラカナラ　百万ノ甲兵久シク屯《とん》聚《しゅ》ス

官軍ト賊軍相ヒ守リテ老《つか》レ　食尽キ兵窮マリテ将ニレ及バントレ汝ニ f

健児ハ飢餓シテ射テレ汝ヲ喫《くら》ヒ　抜キテ二汝ノ翅《し》翎《れい》ヲ一為サン二箭《せん》羽ト一

〔注〕○元和十年――西暦八一五年。この年、白居易は江州司馬の職に左遷された。

○九江――江州のこと。今の江西省九江市。

○江童――川べりの土地に住む子ども。

○譴謫――罪をとがめて左遷すること。

○第一――禁止の意を強める語。決して。

○淮西――今の河南省南部。淮河の上流域。

○賊――国家に反逆する者。

○兵窮――兵器が底をつくこと。

○健児――兵士。

○箭羽――矢につける羽。

設問

㈠ 空欄[a]と空欄[b]にあてはまる文字を、第一句から第四句の中から選んで記せ。なお「[a]中啄㆑草[b]上宿」の句は、「花有㆓清香㆒月有㆑陰」の句のように、前四字と後三字が対応関係にある。

㈡ 「生売㆑之」（傍線部c）を、「之」が指すものを明らかにして、平易な現代語に訳せ。

解答欄：一三・六㎝×一行

㈢ 「同是客」（傍線部d）とは作者のどのような心情を表しているか、わかりやすく説明せよ。

解答欄：一三・六㎝×一行

㈣ 「贖㆑汝放㆑汝飛入㆑雲」（傍線部e）とはどういうことか、簡潔に説明せよ。

解答欄：一三・六㎝×一行

㈤ 「将㆑及㆑汝」（傍線部f）とはどういうことか、具体的に説明せよ。

解答欄：一三・六㎝×一・五行

※ ㈠は文科のみの出題。

二〇一〇年度　文理共通

第三問

次の文章を読んで、後の設問に答えよ。ただし、設問の都合で送り仮名を省いたところがある。

一巨商姓段者《ナル》、蓄《やしなフ》二一鸚《あう》鵡《むノ》甚《ダ》慧《ナルヲ》一。能《ク》誦《しようシ》二李白《ノ》宮詞《ヲ》一、毎《ごとニ》二客至《ル》一則《チ》呼《ビ》レ茶《ヲ》、問《フ》二客人《ノ》安否寒暄《くわんヲ》一。主人惜《ミ》レ之《ヲ》、加《フ》二意《ヲ》籠豢《ろうくわんニ》一。一旦段生以《テ》レ事《ヲ》繫《つなガル》レ獄《ニ》。半年《ニシテ》方《はじメテ》釈《ゆるサレテ》到《リ》レ家《ニ》、就《キテ》レ籠《ニ》与《ニ》語《リテ》曰《ク》、「鸚《あう》哥《か》、我自《リ》二獄中一半年不レ能《ハ》レ出《ヅル》、日夕惟《た》只《だ》憶《フノミ》レ汝《ヲ》。家人餧飲、無レ失レ時否」。鸚哥語《リテ》曰《ク》、「汝在《ルコト》レ禁《ニ》数月《ニシテ》不レ堪《たへ》《ルハ》、不レ異《ナラ》《ト》二鸚哥《ノ》籠閉《セラレテ》歳《とし》久《シキニ》一」。其《ノ》商大《イニ》感泣《シ》、乃《チ》特《ニ》具《ヘ》二車馬《ヲ》一、携《シテ》至《リ》二秦隴《ろうニ》一、掲《ゲテ》レ籠《ヲ》泣《キテ》放《ツ》。其《ノ》鸚哥整《ヘ》レ羽《ヲ》徘《はい》徊《くわいシ》、似《タリ》レ不レ忍《ビ》《ルニ》レ去《ルニ》。後《ニ》聞《クナラク》止《二》巣《シ》於官道《ノ》隴樹之末《ニ》一、凡《ソ》呉商《ノ》駆《リテ》レ車《ヲ》入《ル》レ秦《ニ》者《アレバ》、鳴《キテ》二於巣外《ニ》一曰《ク》、「客還《また》見《ルヤ》二我《ガ》段二郎《ノ》安否《ヲ》一。若《シ》見《まみユル》時《アレバ》、為《ニ》レ我道《ヘ》三鸚哥甚《ダ》憶《フト》二二郎《ヲ》一」。

（『玉壺清話』による）

〔注〕○宮詞――宮女の愁いをうたう詩。　○安否寒暄――日常の様子や天候の寒暖。　○豢――餌《えさ》。
○段生――生は男性の姓につける呼称。　○鸚哥――鸚鵡。　○餧《ゐ》――餌をやること。　○禁――監獄。
○秦隴――秦も隴も中国西部の地名。現在の陜《せん》西省および甘粛省周辺。

○隴樹——丘の上の木。この隴は丘の意。
○呉——中国東南部の地名。現在の江蘇省周辺。段という姓の商人はこの地方に住んでいた。
○段二郎——二郎は排行（兄弟および従兄弟《いとこ》の中での長幼の序）にもとづいた呼称。

設問

(一)「主人惜レ之、加二意籠豢一」（傍線部a）とはどういうことか。わかりやすく説明せよ。

解答欄：一三・四㎝×一行

(二)「家人餧飲、無レ失レ時否」（傍線部b）を、平易な現代語に訳せ。

解答欄：一三・四㎝×一行

(三)「其商大感泣」（傍線部c）とあるが、なぜか。わかりやすく説明せよ。

解答欄：一三・四㎝×一・五行

(四)「若見時」（傍線部d）とは、誰《だれ》が誰に会う時か。具体的に説明せよ。

解答欄：一三・四㎝×一行

(五)「為レ我道三鸚哥甚憶二二郎一」（傍線部e）を、平易な現代語に訳せ。

解答欄：一三・四㎝×一行

※(二)は文科のみの出題。

二〇〇九年度　文理共通

第三問

次の文章は、室町時代の禅僧、万里集九《ばんりしゅうく》が作った七言絶句と自作の説明文である。これを読んであとの問いに答えよ。

宋《そう》之神《しん》廟《べう》謂趙《てう》鉄面曰、「卿《けい》入蜀《しよく》、以一琴一亀自随、為政簡易也」。一日余友人、袖《しう》小画軸来、見需賛語。不知為何図。a掛壁間逾月、坐臥質《ただ》焉。梅則花中御史、表趙抃《べん》之為鉄面御史。屋頭長松之屈蟠《ばん》、而有大雅風声者《は》、b豈非一張琴邪。一亀亦浮游水上。c神廟之片言、頗与絵事合符。名《なづ》之曰「趙抃一亀図」、則可乎。

莫怪床頭不置 d　長松毎日送遺音

主人鉄面有何楽　e唯使一亀知此心

（『梅花無尽蔵』）

〔注〕　○神廟——北宋の神宗皇帝（在位一〇六七～一〇八五）。　○趙鉄面——趙抃が剛直だったためについたあだな。

○蜀——地名。今の四川省のあたり。　○余——筆者である万里集九。

○賛語——画面に書きそえる詩やことば。

○御史——官僚の不正行為を糾《ただ》す官職。　○屈蟠——くねくねと曲がる。
○張——弓・琴など弦を張った物を数えることば。　○遺音——音が消えたあとで残る響き。

設問

(一) 「掛二壁間一逾レ月、坐臥質レ焉」（傍線部a）とあるが、なぜそうしたのか、説明せよ。
解答欄：一三・三㎝×一行

(二) 「豈非二一張琴一邪」（傍線部b）をわかりやすく現代語訳せよ。
解答欄：一三・三㎝×一行

(三) 「神廟之片言、頗与二絵事一合レ符」（傍線部c）とあるが、ここで「絵事ノ」が指しているものを文中から抜き出して三つあげよ。
解答欄：各一・四㎝

(四) 空欄[d]にあてはまる文字を、文中から抜き出せ。

(五) 「此心」（傍線部e）とは誰《だれ》のどのような心か。この詩の趣旨をふまえて簡潔に説明せよ。
解答欄：一三・三㎝×一・五行

※　(五)は文科のみの出題。

二〇〇八年度 文理共通

第三問

次の文章を読んで、後の設問に答えよ。

周鉄《しうてつ》厓《がい》屢《しばしば》試《うクルモ》二秋闈《ゐヲ》一不レ售《うカラ》。一日自《リ》二他処一帰《リ》、夜泊《ム》二船《ヲ》村落《ノ》間《ニ》一。望二-見《スルニ》臨《ム》レ水《ニ》一家《ヲ》一、楼窓《ノ》外《ニ》有《リ》二碧火《ノ》如《キ》レ環《ナルガ》一。舟人見《テ》而駭《おどろキテ》曰《ク》、「縊《い》鬼求《ムルニ》レ代《ヲ》、多《ク》作《なス》二此《ノ》状《ヲ》一。此《ノ》家必《ズ》有《ラン》下将《ニ》《ル》二縊《くびくくリテ》死《ナント》一者上。[a]慎《ンデ》勿《レ》レ声《スル》、鬼為《レバ》二人《ノ》所《ト》レ覚《ル》、且《ニ》《ト》レ移《サント》二禍《ヲ》於人《ニ》一。」周奮然《トシテ》曰《ク》、「見《テ》二人《ノ》死《ナントスルヲ》一而不《ルハ》レ救《ハ》、非《ザル》レ夫《ニ》也《ト》。」登《リ》レ岸《ニ》、叩《キテ》レ門《ヲ》大呼《ス》。其《ノ》家出《テ》問《ヒ》、告《グルニ》以《テスレバ》レ故《ヲ》、[b]大《イニ》驚《ク》。蓋《シ》姑婦勃谿《けいシ》、婦泣涕《シテ》登《ル》レ楼《ニ》。聞《キ》二周《ノ》言《ヲ》一、亟《すみヤカニ》共《ニ》登《リ》レ楼《ニ》、排《ひらキテたつヲ》レ闥而入《ルニ》、婦手《ニ》持《チテ》レ帯《ヲ》立《チ》二牀前《ニ》一、神已《ニ》痴《タリ》矣。呼《ブコト》レ之《ヲ》踰《ゆ》時《ニシテ》始《メテ》覚《メ》、[c]挙家共《ニ》勧二-慰《スレバ》之《ヲ》一、乃《チ》已《ム》。周次日抵《いたル》レ家《ニ》。夢《ニ》一老人謂《ヒテ》レ之《ニ》曰《ク》、「子勇《ナリ》二於為《スニ》レ善《ヲ》、宜《シク》《シト》レ食《うク》二其《ノ》報《ヲ》一。」周曰《ク》、「他《ハ》不二敢《ヘテ》望《マ》一、敢《ヘテ》問《フ》我於《イテ》二科名《ニ》一何如《ト》。」老人笑《ヒテ》而示《スニ》以《テス》レ掌《ヲ》。掌中《ニ》有《リ》二[d]「何可成《ノ》」三字一。寤《めざメテ》而歎《ジテ》曰《ク》、「科名無《カラント》レ望矣。」其《ノ》明年、竟《ニ》登《ル》二賢書《ニ》一。是《ノ》科《ノ》主試者《ハ》為《たレバ》二何公一、[e]始《メテ》悟《ル》二夢語之巧合《ヲ》一也。

（兪樾『右台仙館筆記』による）

〔注〕○秋闈――秋に各省で行われる科挙。　○求ㇾ代――亡魂が冥界から人間界へ戻るため、交代する者を求める。

○姑婦――しゅうとめと嫁。　○勃谿――けんか。　○闉――小門。　○踰時――ほどなくして。

○科名――科挙に合格すること。　○登二賢書一――秋闈に合格する。　○主試者――試験の総責任者。

○何公――「何」という姓の人物に対する敬称。

設　問

(一)「慎　勿ㇾ声」（傍線部a）とあるが、なぜか、わかりやすく説明せよ。　解答欄：一三・三㎝×一・五行

(二)「大　驚」（傍線部b）とあるが、なぜか、わかりやすく説明せよ。　解答欄：一三・三㎝×一・五行

(三)「挙　家　共　勧二慰　之一、乃　已」（傍線部c）を、必要な言葉を補って、平易な現代語に訳せ。　解答欄：一三・三㎝×一行

(四)「何　可　成」（傍線部d）を、周鉄厓の最初の解釈に沿って、平仮名のみで書き下せ。　解答欄：六・六㎝×一行

(五)「始　悟二夢　語　之　巧　合一」（傍線部e）とあるが、どういうことか、具体的に説明せよ。　解答欄：一三・三㎝×二行

※　(二)は文科のみの出題。

二〇〇七年度 文理共通

第三問

次の文章を読んで、後の設問に答えよ。

木《ぼく》八《はつ》剌《らつ》、字《ハ》西瑛《えい》、西域《ノ》人《ナリ》。一日、a方《あたリテ》下与レ妻対飯《シ》、妻以《テ》二小金鎞《へいヲ》一刺《シ》二臠《れんヲ》肉一、将《ニ》《ルニ》入《レント》レ口《ニ》、門外《ニ》有《リ》二客《ノ》至《ル》一。西瑛出《テ》粛《すすム》レ客《ヲ》。妻不レ及《バ》レ啖《くらフニ》、且《ク》置《キ》二器中《ニ》一起《チテ》去《ゆキ》治《ム》レ茶《ヲ》。比《およビ》レ回《ルニ》、無《シ》下覓《もとムル》二金鎞《ヲ》一処《上》。時《ニ》一小婢在《リテ》レ側《ニ》執作《ス》。b意《おもヒ》二其《ノ》窃《ひそカニ》取《ルヲ》一、拷問《スルコト》万端《ナレド》、終《ニ》無《ク》二認《ムルノ》辞一、竟《ニ》至《ル》レ殞《おとスニ》レ命《ヲ》。歳余《アリテ》、召《キテ》二匠者《ヲ》一整《ヘ》レ屋《ヲ》掃《フニ》二瓦瓴《れいノ》積垢《こうヲ》一、忽《チ》一物落《チテ》二石上《ニ》一有《リ》レ声。取《リテ》視《ルニ》レ之《ヲ》、乃《チ》向《さきニ》所《ノ》レ失《ヒシ》金鎞也。与《ニ》二朽骨一塊一同《ともニ》墜《ツ》。c原《たづヌルニ》二其《ノ》所以《ヲ》一、必《ズ》是《レ》猫来《リテ》偸《ぬすミ》レ肉《ヲ》、故《ニ》帯《ビテ》而去《ル》。 d

偶《たまたま》不レ及《バ》レ見《ルニ》、而《シテ》含《ミテ》レ冤《えんヲ》以《テ》死《ス》。哀《シイ》哉。世之事如《キ》レ此《ノ》者甚《ダ》多《シ》。姑《しばらク》書《シ》レ焉《ニ》、以《テ》為《ス》二後人《ノ》鑑《ト》一也。

（『輟耕録』による）

〔注〕 ○鎞――かんざし。 ○臠肉――小さく切った肉。 ○粛レ客――客を家の中へ迎え入れる。

○執作――家事の雑用をする。 ○匠者――大工。 ○瓦瓴――かわら。 ○垢――ちり。

設問

(一) 「方下与レ妻対飯、妻以二小金鎞一刺二臠肉一、将上入レ口、門外有二客至一」（傍線部a）を、平易な現代語に訳せ。

解答欄：一三・四㎝×二行

(二) 「意二其窃取一」（傍線部b）とあるが、誰がどのようなことを思ったのか、具体的に説明せよ。

解答欄：一三・四㎝×一行

(三) 「原二其所以一、必是猫来偸レ肉、故帯而去」（傍線部c）を、「其」の内容を補って、平易な現代語に訳せ。

解答欄：一三・四㎝×二行

(四) 空欄 d にあてはまる「含レ冤以死」の主語を、本文中より抜き出して記せ。

(五) 筆者がこの文章を記した意図をわかりやすく説明せよ。

解答欄：一三・四㎝×一・五行

※ (二)は文科のみの出題。

二〇〇六年度　文理共通

第三問

次の文章を読んで、後の設問に答えよ。ただし、設問の都合で送り仮名を省いたところがある。

余《ガ》友劉伯時、嘗《テ》見《ユ》㆓淮西《ノ》士人楊勔《べんニ》㆒。自《ラ》言《ヘラク》中年《ニシテ》得㆓異疾《ヲ》㆒、[a]毎《ニ》発㆓言応答《スル》㆒、腹中輒《チ》有《リ》㆓小声《ノ》効《ならフ》㆒㆑之《ニ》。数年《ノ》間、其《ノ》声浸《やうやく》大《ナリ》。有《リテ》㆓道士㆒見《テ》而驚《キテ》曰《ク》、「此《レ》応声虫也。久《シク》不《レバ》㆑治《セ》、延《ひキテ》及《バン》㆓妻子《ニ》㆒。[b]宜《シク》《シ》㆑読《ム》㆓本草《ヲ》㆒。遇《ハバ》㆓虫《ノ》所《ノ》㆑不《ル》㆑応《ぜ》者《ニ》㆒当《ニ》《シト》㆓取《リテ》服《ス》㆒㆑之《ヲ》。」[c]如《クス》㆑言《ノ》。読《ミテ》至《レバ》㆓雷丸《ニ》㆒、虫忽《チ》無《シ》㆑声。乃《チ》頓《ニ》餌《セバ》㆓数粒《ヲ》㆒遂《ニ》愈《ユ》。余始《メ》未《ダ》㆓以《テ》為《サ》㆒㆑信《ト》。其《ノ》後至《リ》㆓長汀《ニ》㆒、遇《フ》㆓一丐《かい》者《ニ》㆒。亦《タ》有《リ》㆓是《ノ》疾㆒。[d]環而観者甚衆。因《リテ》教《ヘテ》㆑之《ニ》使《メントス》㆑服《セ》㆓雷丸《ヲ》㆒。[e]丐者謝《シテ》曰《ク》、「某貧《ニシテ》無《シ》㆓他技㆒。所㆔以《ノ》求《ムル》㆓衣食《ヲ》於人《ニ》㆒者《ハ》、唯《ダ》借《ル》㆑此《ヲ》耳《ト》。」

（『続墨客揮犀』による）

〔注〕○淮西——淮水の西方。いまの河南省南部。　○本草——薬材の名称・効能などを記した書物。
○長汀——いまの福建省長汀県。　○丐者——ものごい。

設問

㈠ 「毎二発言応答一、腹中輒有二小声効レ之」（傍線部ａ）を、平易な現代語に訳せ。

解答欄：一三・六㎝×二行

㈡ 「宜レ読二本草一。遇二虫所レ不レ応者一当二取服レ之」（傍線部ｂ）とは、どういうことを言っているのか、わかりやすく説明せよ。

解答欄：一三・六㎝×二行

㈢ 空欄[c]にあてはまる、「如レ言」の主語を、文中から抜き出せ。

㈣ 「環而観者甚衆」（傍線部ｄ）とは、どのような様子か、そうなったわけも含めて、具体的に説明せよ。

解答欄：一三・六㎝×二行

㈤ 「丐者謝」（傍線部ｅ）とあるが、「丐者」はなぜ「謝」したのか、「謝」の意味を明らかにして、わかりやすく説明せよ。

解答欄：一三・六㎝×二・五行

※ ㈣は文科のみの出題。

二〇〇五年度 文科

第三問

次の文章を読んで、後の設問に答えよ。ただし、設問の都合で送り仮名を省いたところがある。

「好ムレ名ヲ之人、能ク譲ルモ二千乗之国一ヲ、a苟クモ非レバ二其ノ人一ニ、簞《たん》食《し》豆《とう》羹《かう》モ見ルト二於色一ニ。」此レ真ニ孟子ノ通二‐達スル世故ニ一語也。余嘗テ見ルニ下慷《かう》慨《がい》之士ノ揮二‐斥シテ千金一ヲ、毫モ不ルニ二吝《りん》惜《せき》セ一於テ二一二金ノ出納一ニ、或イハ不ルレ免レ二斷《ぎん》斷《ぎん》タルヲ一者ヲ上、事過グル之後、在リテレ己ニル未ダ三嘗テ不ンバアラ二失笑セ一也。五《ご》茸《じよう》ノ葉桐山為《たり》二河間ノ通判一、治二‐餉《しやう》ス宣府ニ一。当タリ二更代ノ日ニ一、積資余ス二三千金ヲ一。桐山悉《ことごと》ク置キテ不レ問ハ。主《つかさど》ル者遣メ三一吏ヲシテ持シテ至ラ二中途ニ一、b以テ二成例ヲ一請フ。桐山曰ク、「不ルハレ受ケレ羨ヲ、即チ吾ガ例也ト。」命ジテc帰レ之。d晩ニ居ルニ二春申ノ故里ニ一、饘《せん》粥《じゆく》不レ継ガ。一日梅雨ノ中、童子張リテレ網ヲ失ス二一大魚ヲ一。桐山為《ため》ニ呀《が》嘆《たん》ス。其ノ妻聞キテレ之ヲ曰ク、「三千金スラe却レ之、一魚能ク値ヒセント二幾何ニ一。」桐山モ亦タ撫《ぶ》シテレ掌ヲ大笑ス。雖モレ然リト、f居レバ二今之世ニ一、桐山可ケンレ不ルレ謂ハレ賢ト乎。

（『庸間斎筆記』による）

〔注〕○千乗之国——兵車千台を出すことのできる国。大国のこと。

○簞食豆羹——竹の器に盛った飯と木の器に容れた汁。わずかな食物のこと。 ○斷斷——言い争うさま。

○五茸——地名。今の上海市松江付近。　○葉桐山——人名。
○河間——地名。河間府のこと。今の河北省河間県。　○通判——府の副長官。
○治餉——軍用の資金や物資を管轄すること。
○宣府——地名。北方の軍事拠点であった宣府鎮のこと。今の河北省宣化県。
○羨——余剰金。地方官が官費から蓄財したもの。　○春申——地名。今の上海市付近。　○饘粥——かゆ。

設問

(一)「苟非㆓其人㆒、箪食豆羹見㆓於色㆒」(傍線部a)とあるが、どういうことか、わかりやすく説明せよ。
解答欄：一三・四㎝×二行

(二)「以㆓成例㆒請」(傍線部b)を、「請」の内容がわかるように、平易な現代語に訳せ。
解答欄：一三・四㎝×一行

(三)「帰㆑之」(傍線部c)および「却㆑之」(傍線部e)について、「之」はそれぞれ何を指すか、文中の語で答えよ。

(四)「晩居㆓春申故里㆒、饘粥不㆑継」(傍線部d)を、「饘粥不㆑継」がどういうありさまを示すのかがわかるように、平易な現代語に訳せ。
解答欄：一三・四㎝×一・五行

(五)「居㆓今之世㆒、桐山可㆑不㆑謂㆑賢乎」(傍線部f)とあるが、なぜそう思ったのか、全文の趣旨をふまえて、説明せよ。
解答欄：一三・四㎝×二行

二〇〇五年度　理科

第三問

次の文章を読んで、後の設問に答えよ。ただし、設問の都合で送り仮名を省いたところがある。

君能ク納レルトモ諫《かん》ヲ、不レンバ能レハ使二ムル臣ヲシテ必ズ諫《いさ》メ一、非二ズ真ニ能ク納レルル諫ヲ之君一ニ。夫レ君之大ハ、天也、其ノ尊ハ、神也、其ノ威ハ、雷《らい》霆《てい》也。人之不レル能三ハ抗レシ天ニ触レレ神ニ忤《さから》二フ雷霆一ニ亦タ明ラカナリ矣。聖人知二ル其ノ然一ルヲ。故ニ立レテテ賞ヲ以テ勧レム之ヲ。伝ニ曰ク、「興王ハ賞二スト諫臣一ヲ。」是也。猶ホ a懼《おそ》三ル其ノ選《せん》耎《ぜん》阿《あ》諛《ゆ》シテ使二ムルヲ一日モ不一レラ得レ聞二クヲ其ノ過一ヲ。故ニ制レシテ刑ヲ以テ威《おど》レス之ヲ。b書曰、「臣下不レ正、其刑墨。」是也。人之情、非二ズンバ病レミ風ヲ喪《うしな》一レフ心ヲ、未レ有二避レA而就レB者一。何ヲ苦シンデ而不レラン諫メ哉。賞ト与レ刑ヲ不レンバ設ケ、則チ人之情、又何ヲ苦シンデ而抗レシ天ニ触レレ神ニ忤二ハン雷霆一ニ哉。c自レリハ非二ザル性忠義ニシテ不レ悦レバ賞ヲ不一レルニ畏レレ罪ヲ、誰カ欲二スル以レテ言ヲ博一レセント死ヲ者アラン。人君又安ンゾ能ク尽《ことごと》ク得テ二性忠義ナル者ヲ一而任《にん》レゼン之ニ。

（『嘉祐集』による）

〔注〕○雷霆――かみなり。　○忤――逆らう。　○伝――『国語』のこと。　○興王――国を興隆させた王。
○選耎――びくびくと恐れるさま。　○阿諛――おもねる。　○書――『書経』のこと。　○墨――入れ墨。
○病レ風――精神を病んでいること。

設問

㈠　「懼三其選耎阿諛使二一日不レ得レ聞二其過一」（傍線部ａ）とあるが、どういうことか、二つの「其」がそれぞれ何を指すかわかるように、説明せよ。

解答欄：一三・五㎝×二行

㈡　「書曰、『臣下不レ正、其刑墨。』是也」（傍線部ｂ）を、平易な現代語に訳せ。

解答欄：一三・五㎝×一・五行

㈢　本文中の空欄［Ａ］・空欄［Ｂ］に入る最も適当な一字を、それぞれ文中から抜き出せ。

㈣　「自レ非二性忠義不レ悦レ賞不レ畏レ罪、誰欲二以レ言博レ死者」（傍線部ｃ）を、平易な現代語に訳せ。

解答欄：一三・五㎝×二行

二〇〇四年度　文科

第三問

次の文章を読んで、後の設問に答えよ。

孝宗ノ時辞レスルノ朝ニ法甚ダ厳ニシテ、雖三モ蜀《しょく》人ノ守二ルト蜀ノ郡一ヲ、不レ遠二シトセ万里一ヲ来見ス。有リ三蜀守ノ当二ニキモノ朝辞一ス、素《もと》ヨリ不レ能レ文《よく》セヲ、以テ為レス憂ヒト。其ノ家素ヨリ事《つか》フ二梓《し》潼《とう》神《しん》一ニ。夜夢《ゆめ》ムルニ神謂レヒテ之ニ曰ク、「両辺山木合シ、終日子規啼《な》クト。」覚メテ莫レシ暁《さと》ル二其ノ故一ヲ。会レシテ朝ニ対《こた》フルニ、上《しやう》問フラク、「卿《けい》ハ従《より》二峡中一来タルか、風景如何ト。」守即チ以テ二前《さき》ノ両語一ヲ対フ。上首肯スルコト再三ナリ。翌日謂二ヒテ宰相ノ趙雄一ニ曰ク、「昨《きのふ》有リ二蜀人ノ対フル者一。朕問フ二ニ峡中ノ風景一ヲ、彼誦二シテ杜詩一ヲ以テ対フ。三峡之景、宛《あたか》モ在リ二目中一ニ。可レキ謂二フ善ク言レフモノト詩ヲ也。可レシト与二フ寺《じ》丞《じよう》・寺簿一ヲ。」雄退レキテ朝ヲ召シテ問レヒテ之ニ曰ク、「君何ヲ以テ能ク爾ルト。」守不二敢ヘテ隠サ一。雄曰ク、「吾固ヨリ疑二ヘリ君ノ不レルヲ能レハ及レブ此ニ。若シ留レマレバ中ニ、上再ビ問ヒ、敗《やぶ》レン矣。不レト若二カ帰レリ蜀ニ赴一レクニ郡ニ。」他日上復タ問二フニ其ノ人一ヲ、雄対ヘテ曰ク、「臣嘗テ以テ二聖意一ヲ語《つ》レグルモ之ニ、彼不レ願レハ留マルヲ。」上嘆ジテ曰ク、「恬《てん》退《たい》ナルコト乃チ爾ル、尤モ可レシ嘉《よみ》ス。可レシト予《あた》二フ憲節使一ヲ。」

（『西湖遊覧志余』による）

〔注〕　○孝宗――南宋の皇帝（在位一一六三―一一八九）。
　　　○辞レ朝――地方官が任地に赴任するときに、皇帝に拝謁して辞令を受けること。「朝辞」も同じ。

○梓潼神——蜀（今の四川省）を中心に信仰されていた神。　○子規——ほととぎす。
○杜詩——杜甫の詩。　○三峡——長江上流の峡谷。四川省と湖北省の境に位置する。
○寺丞・寺簿——中央政府の役職。　○趙雄——孝宗治世下の宰相。
○憲節使——皇帝の命を受けて地方行政の監察をおこなう官職。

設問

(一)「君何以能爾」を、「爾」の内容がわかるように、平易な現代語に訳せ。
解答欄：一三・六㎝×一・五行

(二)「守不㆓敢隠㆒」とあるが、何を隠さなかったのか。簡潔に述べよ。
解答欄：一三・六㎝×一行

(三)「不㆑若㆓帰㆑蜀赴㆑郡㆒」とあるが、なぜか。その理由をわかりやすく述べよ。
解答欄：一三・六㎝×二行

(四)「聖意」の内容にあたる部分を文中から抜き出して答えよ。返り点・送り仮名・句読点は省くこと。

(五)「尤可㆑嘉」とあるが、孝宗はどのように考えてそう判断したのか。わかりやすく説明せよ。
解答欄：一三・六㎝×二行

第三問

二〇〇四年度 理科

次の文章は、北宋の蘇軾（一〇三六―一一〇一）が書いたものである。これを読んで、後の設問に答えよ。

欧陽文忠公嘗言、「有患疾者。医問其得疾之由。曰、『乗船遇風、驚而得之。』医取多年柁《だ》牙《が》為柁工手汗所漬処、刮《けづ》末、雑《まじ》丹《たん》砂《さ》・茯《ふく》神《しん》之流《たぐひ》。飲之而癒。」今、『本草注別薬性論』云、止汗、用麻黄根節及故竹扇為末服之。文忠因言、「医以意用薬多此比《たぐひ》。初似児戯、然或有験、殆未易致《ち》詰《きつ》也。」予因謂公、「以筆墨焼灰飲学者、当治昏惰耶《や》。推此而広之、則飲伯夷之盥《くわん》水《すい》、可以療貪、舐《な》樊《はん》噲《くわい》之盾、可以治怯矣。」公遂大笑。

（『東坡志林』による）

〔注〕○欧陽文忠公――宋の文人・欧陽脩（一〇〇七―七二）のこと。
○柁牙――柁は舵のこと。柁牙は舵を操作する際に握る部分。
○丹砂・茯神・麻黄――いずれも中国医学で用いられる薬材の名。
○『本草注別薬性論』――唐の甄権《しんけん》が著した中国医薬の書。 ○致詰――物事を見極めること。

○伯夷――周の武王による殷の討伐を道徳に反するとして、周の食べ物を口にせず、餓死したといわれる人物。
○盥水――手を洗った水。　○樊噲――項羽が劉邦の暗殺を謀った鴻門の会で、劉邦の命を救った武将。

設問

(一)「医 以レ意 用レ薬」とあるが、

(ア) これはどういうことか。わかりやすく説明せよ。

(イ) 文中に挙げられている「医 以レ意 用レ薬」の例から一つを選び、簡潔に要約して述べよ。

解答欄：各一二・九㎝×一行

(二)「初 似二児 戯一、然 或 有レ験、殆 未レ易二致 詰一也」を、何を「致詰」するかを明らかにして、平易な現代語に訳せ。

解答欄：一三・六㎝×二行

(三)「公 遂 大 笑」とあるが、「公」はなぜ「大笑」したのか。全文の趣旨をふまえて、簡潔に述べよ。

解答欄：一三・六㎝×二行

二〇〇三年度　文科

第三問

次の文章は、ある地方（亜徳那）の名士（責煖氏）に関するエピソードである。これを読んで、後の設問に答えよ。

敝郷之東、有大都邑、名曰亜《あ》徳《とく》那《だ》。其在昔時、興学勧教、人文甚盛。責《さく》煖《だん》氏者、当時大学之領《りやう》袖《しう》也。其人有徳有文。偶《たまたま》四方使者、因事来廷。国王知使者賢、甚敬之、則大饗《もてなス》之。是日所談、莫非高論。如雲如雨、各逞《たくましウス》才智。独責煖終席不言。将徹《をはラント》、使問之曰、「吾儕《ともがら》帰復命乎寡君、謂子如何。」曰、「無他、惟《ただ》曰亜徳那有老者、於大饗時能無言也。」祇《ただ》此一語、蘊《ふくむ》三奇矣。老者四体衰劣、独舌弥《いよいよ》強毅、当好言也。酒於言、如薪於火、即《たとひ》訥者於是中変而譁《かまびすシ》也。亜徳那、彼時賢者所出、佞者所出、則售《うる》言大市也。有三之一、難禁言、矧《いはンヤ》三兼之乎。故史氏不誌諸偉人高論、而特誌責煖氏之不言也。

（『畸人十篇』による）

設問

㈠「是日所レ談、莫レ非二高論一。如レ雲如レ雨、各逞二才智一。独責煖終席不レ言」を平易な現代語に訳せ。

解答欄：一三・四㎝×二行

㈡「無レ他、惟曰下亜徳那有二老者一、於二大饗時一能無上言也」を平易な現代語に訳せ。

解答欄：一三・四㎝×二行

㈢「祇此一語、蘊二三奇一矣」とあるが、

(ア)　これを平易な現代語に訳せ。

解答欄：一二・七㎝×一行

(イ)　「三奇」とはどういうことか。それぞれ簡潔に述べよ。

解答欄：一二・七㎝×二行

㈣「有二三之一一、難レ禁レ言、矧三兼レ之乎」を平易な現代語に訳せ。

解答欄：一三・四㎝×一・五行

二〇〇三年度　理科

第三問

次の文章を読んで、後の設問に答えよ。

秦襄《しやう》王《わう》病。百姓為之禱《いのル》。病愈《いエ》、殺牛塞《さい》禱《たうス》。郎中閻《えむ》遏《あつ》、公孫衍《えん》出見之。曰、「非社臘《らふ》之時也、奚《なんゾ》自殺牛而祠《まつルヤト》社。」怪而問之。百姓曰、「人主病、為之禱。今病愈、殺牛塞禱。」閻遏、公孫衍説《よろこビ》、見《まみエ》王、拜賀曰、「過堯舜《げうしゆん》矣。」王驚曰、「何謂《いヒゾヤト》也。」対《こたヘテ》曰、「堯舜其民未至為之禱也。今王病、而民以牛禱、病愈、殺牛塞禱。故臣竊《ひそカニ》以王為過堯舜也。」王因使人問之。「何里為之。」訾《しスルコト》其里正与伍老、屯《みな》二甲。閻遏、公孫衍媿《はヂテ》不敢言。王曰、「子何故不知於此。彼民之所以為我用者、非以吾愛之為我用者也。以吾勢之為我用者也。故遂絶愛道也。」

（『韓非子』外儲説右下による）

〔注〕　○塞禱——神の霊験に感謝する祭祀。　○郎中——侍従官。　○閻遏、公孫衍——ともに人名。
○社——土地神。　○臘——陰暦十二月に行う祭祀。　○訾——罰として金品を取り立てる。

○里正――里長。　○伍老――五人組の頭。　○甲――よろい。　○勢――権勢。

設問

(一)「過二堯舜一矣」とあるが、

(ア) この文の主語に当たる人名を記せ。

(イ) 話者はなぜそのように考えたのか。簡潔に説明せよ。

解答欄：一二・九㎝×二行

(二)「王因使二人問一レ之。『何里為レ之』」を、「為レ之」の内容を明らかにして、平易な現代語に訳せ。

解答欄：一三・六㎝×一・五行

(三)「絶二愛道一」とあるが、

(ア) 王がそうしたのはなぜか。簡潔に説明せよ。

解答欄：一二・九㎝×一・五行

(イ) 王は具体的には何をしたのか。簡潔に説明せよ。

解答欄：一二・九㎝×一・五行

二〇〇二年度 文科

第三問

次の文章を読んで、後の設問に答えよ。

或《ヒト》曰《ク》、「梅《ハ》以《テ》レ曲《ヲ》為《シ》レ美《ト》、直《ナレバ》則《チ》無《シ》レ姿。以《テ》レ欹《かたむクヲ》為《シ》レ美《ト》、正《ナレバ》則《チ》無《シト》レ景。」此《レ》文人画士、心《ニ》知《ルモ》二其《ノ》意《ヲ》一、未《ダ》《ル》レ可《カラ》三明詔大号《シテ》以《テ》縄《ス》二天下之梅《ヲ》一也。又不《ル》レ可《カラ》下以《テ》使《ム》中天下之民《ヲシテ》斫《きり》レ直《ヲ》鋤《のぞキ》レ正《ヲ》、以《テ》二殀《えうシ》レ梅《ヲ》病《マシムルヲ》一レ梅《ヲ》為《シテ》レ業《ト》、以《テ》求《メ》レ銭《ヲ》也。有《リテ》下以《テ》二文人画士《ノ》孤癖之隠《ヲ》一、明《ラカニ》告《グルモノ》中鬻《ひさグ》レ梅《ヲ》者《ニ》上、斫《リ》二其《ノ》正《ヲ》一、鋤《キ》二其《ノ》直《ヲ》一、遏《とどメテ》二其《ノ》生気《ヲ》一、以《テ》求《メシム》二重価《ヲ》一。而《シテ》天下之梅皆病《ム》。文人画士之禍《わざはひ》之烈《ナルコト》至《レル》レ此《ニ》哉。予購《あがなフ》二三百盆《ヲ》一、皆病《メル》者《ニシテ》、無《シ》二一《ノ》完《まつたキ》者一。既《ニ》泣《クコト》レ之《ヲ》三日、乃《チ》誓《フ》レ療《センコトヲ》レ之《ヲ》。毀《こぼチ》二其《ノ》盆《ヲ》一、悉《ことごとク》埋《メ》二於地《ニ》一、解《キ》二其《ノ》縛《いましめヲ》一、以《テ》二五年《ヲ》一為《シ》レ期《ト》、必《ズ》復《シ》レ之《ヲ》全《クセントス》レ之《ヲ》。予本《もとヨリ》非《ザレバ》二文人画士《ニ》一、甘《ンジテ》受《ケ》二詬《こう》厲《れいヲ》一、闢《ひらキテ》二病梅之館《ヲ》一以《テ》貯《フ》レ之《ヲ》。嗚《あ》呼《あ》。安《ンゾ》得《ン》乙使《メ》下予《ヲシテ》多《ク》二暇日《一》、又多《カラ》中閑田《上》、以《テ》広《ク》貯《ヘ》二天下之病梅《ヲ》一、窮《メテ》二予《ガ》生之光陰《ヲ》一以《テ》療《スルヲ》甲レ梅《ヲ》也《や》哉。

（龔自珍「病梅館記」による）

〔注〕 ○明詔大号——明らかに告示する。 ○縄——一つの基準に当てはめる。 ○殀レ梅——梅を若死にさせる。

○孤癖之隠――ひそかな愛好・奇癖。　○詬厲――非難。

設　問

㈠「梅以レ曲為レ美、直則無レ姿」を、平易な現代語に訳せ。

解答欄：一三・四㎝×一行

㈡「文人画士孤癖之隠」が「天下之梅皆病」という結果をもたらすのはなぜか。簡潔に説明せよ。

解答欄：一三・四㎝×一・五行

㈢「予購二三百盆一、皆病者、無二一完者一」を、平易な現代語に訳せ。

解答欄：一三・四㎝×一・五行

㈣「予本非二文人画士一、甘受二詬厲一」とあるが、筆者が甘受する「詬厲」とはどのようなものか。具体的に説明せよ。

解答欄：一三・四㎝×一・五行

㈤筆者が「病梅之館」を開く目的は何か。簡潔に説明せよ。

解答欄：一三・四㎝×一行

二〇〇二年度　理科

第三問

次の文章を読んで、後の設問に答えよ。ただし、設問の都合で送り仮名を省いたところがある。

応《おう》郴《ちん》為リ二汲《きふ》ノ令一。以テ二夏至ノ日ヲ一見《み》二主簿杜《と》宣《せん》ヲ一、賜フレ酒ヲ。時ニ北壁ノ上ニ有リレ懸クル二赤弩《ど》ヲ一、照《うつ》リ二於盃中ニ一、其ノ形如シレ蛇ノ。宣畏《おそ》レテ悪《にく》ムレ之ヲ。然不二敢不一レ飲。其ノ日便《すなは》チ得テ二胸腹ノ痛切ナルヲ一、妨二損シ飲食ヲ一、大イニ以テ羸《るい》露《ろ》ス。攻治スルコト万端ナルモ、不レ為サレ癒《い》ユルコトヲ。後、郴因リテレ事ニ過《よぎ》リテ至リ二宣ノ家ニ一、窺《うかが》ヒ視テ、問フ二其ノ変故ヲ一、云フ、「畏ル二此ノ蛇ヲ一。蛇入レリト二腹中ニ一。」郴還リ二聴事ニ一、思惟スルコト良《やや》久シクシテ、顧ミテ見ルニレ懸クルヲレ弩ヲ、「必ズ是レ也ト。」則チ使メ二鈴下ヲシテ徐《おもむろ》ニ扶《かつ》ギレ輦《かご》ヲ載セレ宣ヲ、於テ二故処ニ一設クレバレ酒ヲ、盃中ニ故《もと》ヨリ復《ま》タ有リレ蛇。因リテ謂フレ宣ニ、「此レ壁上ノ弩影ナル耳《のみ》、非ズトレ有ルニ二他怪一。」宣ノ意遂ニ解ケ、甚ダ夷《い》懌《えき》シ、由リレ是レ瘳《い》エ平ラグ。

（応劭『風俗通義』による）

〔注〕○応郴——後漢の人。　○汲令——汲県（河南省）の長官。

○主簿杜宣——主簿は県の長官の部下。杜宣は人名。　○弩——おおゆみ。　○羸露——衰弱。

○聴事——役所。　○鈴下——県の長官の護衛兵。　○夷懌——よろこぶ。

設　問

(一)「宣畏悪レ之。然不二敢不一レ飲」とあるが、

(ア) これを平易な現代語に訳せ。

解答欄：一二・九㎝×一・五行

(イ) 杜宣はなぜ「然不二敢不一レ飲」だったのか。簡潔に説明せよ。

解答欄：一二・九㎝×一行

(二)「得二胸腹痛切一、妨二-損飲食一、大以羸露」とあるが、そうなったのはなぜか。簡潔に説明せよ。

解答欄：一三・六㎝×一行

(三)「必是也」とはどういうことか。具体的に説明せよ。

解答欄：一三・六㎝×一・五行

(四)「由レ是瘳平」とあるが、それはなぜか。わかりやすく説明せよ。

解答欄：一三・六㎝×一・五行

二〇〇一年度 文科

第三問

次のAは唐の詩人李賀（七九一―八一七）の詩、Bはこの詩について明の曾益が書いた文章である。A、Bを合わせて読み、後の設問に答えよ。

A. 蘇小小ノ墓

幽蘭ノ露　如シ㆓啼《な》ケル眼ノ㆒
無ク㆔物トシテ結ブ㆓同心ヲ㆒　煙花ハ不レ堪ヘレ剪《き》ルニ
草ハ如クレ茵《いん》ノ　松ハ如シレ蓋《がい》ノ
風ハ為リレ裳ト　水ハ為ルレ珮《はい》ト
油《いう》壁《へき》車《しや》　久シク相待ツ
冷ヤカナル翠《すい》燭《しよく》　労《つか》ラス㆓光彩ヲ㆒
西陵ノ下　風雨晦《くら》シ

B.

幽蘭《ノ》露《トハ》、是《レ》墓蘭《ノ》露《ナリ》、是《レ》蘇小《ノ》墓《ナリ》。生時《ハ》解二結同心一《ヲ》、今《ハ》無二物《トシテ》可レ《キ》結《ブ》矣。煙花《ハ》已《ニ》自《ラ》不レ《ルナリ》堪レ《ヘ》剪《ルニ》也。時《ニ》則《チ》墓草《ハ》已《ニ》宿《としヘテ》而如レ《ク》茵《ノ》矣、墓松《ハ》則《チ》偃《おほヒテ》而如レ《シ》蓋《ノ》矣。奚《なにヲ》以《テ》想二象《セン》其《ノ》裳一《ヲ》、則《チ》有下《リ》風《ノ》環二《リテ》於前一《ニ》而為上《ル》裳《ト》、奚《ヲ》以《テ》髣二髴《セン》其《ノ》珮一《ヲ》、則《チ》有下《リ》水《ノ》鳴二《リテ》於左右一《ニ》而為上《ル》珮《ト》。壁車如レ《ク》故《ノ》、久《シク》相待《テドモ》而不レ来《タラ》。翠燭《ニ》寒生《ジ》、労二《ラス》光彩之自《ラ》照一《スヲ》。西陵之下、則《チ》維《これ》風雨之相吹《キ》、尚《なほ》何《ノ》影響之可レ《ケン》見《ル》哉。

（『李賀詩解』による）

〔注〕○幽――奥深くほのかなさま。　○蘇小小――五世紀の末頃、銭塘《せんとう》（今の浙江省杭州市）にいたという有名な歌姫。

○結同心――互いに変わらぬ愛情を誓うこと。物を贈って誓うこともある。解結同心は、その誓いが破れること。

○煙花――夕もやの中の花。　○茵――車の座席の敷物。　○蓋――車を覆う屋根。

○裳――スカート状の衣服。　○珮――腰につける玉飾り。触れ合って美しい音がする。

○油壁車――油や漆で壁を塗り装飾した車。蘇小小は外出するとき、これに乗ったといわれる。

○翠燭――青緑色を帯びたともしび。ここでは鬼火を指す。

○西陵――ここでは蘇小小の墓を指す。　○影響――影や物音、気配。

設問

㈠ 「幽蘭露、如啼眼」という二句を、「眼」は誰の眼かを明らかにして、平易な現代語に訳せ。 解答欄：一三・七㎝×一行

㈡ 「煙花不堪剪」とあるが、何のために「剪」るのかを明らかにして、平易な現代語に訳せ。 解答欄：一三・七㎝×一・五行

㈢ 「草如茵、松如蓋」という二句から、曾益は墓地のどんなありさまを読み取っているか。簡潔に述べよ。 解答欄：一三・七㎝×一・五行

㈣ 「奚以髣髴其珮、則有水鳴於左右而為珮」とあるが、「其」が何を指すかを明らかにして、平易な現代語に訳せ。 解答欄：一三・七㎝×一・五行

㈤ 「冷翠燭、労光彩」は、蘇小小のどんなありさまを暗示しているか。簡潔に述べよ。 解答欄：一三・七㎝×二行

㈥ Aの詩は、三言の句を多用している。この形式はこの詩の中で、どのような効果を上げているか。簡潔に述べよ。 解答欄：一三・七㎝×二行

二〇〇一年度　理科

第三問

次の問答体の文章を読んで、後の設問に答えよ。

或《ルヒト》問《ヒテ》曰《ク》、「堯舜《ハ》伝《ヘ》二之《ヲ》賢《ニ》一、禹《ハ》伝《フ》二之《ヲ》子《ニ》一、信《まことナル》乎《ト》。」曰《ク》、「然《リト》。」曰《ク》、「然《ラバ》則《チ》禹之賢《ハ》不《ル》レ及《バ》二於堯《ト》与《ニ》一レ舜也歟《ト》。」曰《ク》、「不レ然《ラ》。堯舜之伝《フルハ》レ賢《ニ》也、欲《スレバ》三天下之得《ンコトヲ》二其《ノ》所《ヲ》一也。禹之伝《フルハ》レ子《ニ》也、憂《フレバ》二後世争《フ》レ之《ヲ》之乱《ヲ》一也。堯舜之利《スルヤ》レ民《ヲ》也大《ナリ》、禹之慮《おもんぱかルヤ》レ民《ヲ》也深《シト》。」曰《ク》、「禹之慮《ルヤ》也則《チ》深《キモ》矣、伝《ヘテ》二之《ヲ》子《ニ》一而当《ラバ》レ不《ル》レ淑《よかラ》、則《チ》奈何《ト》。」曰《ク》、「伝《フレバ》二之《ヲ》[A]《ニ》一則《チ》争《フ》、未《ダ》《レバ》二前《ニ》定《マラ》一也。伝《フレバ》二之《ヲ》子《ニ》一則《チ》不レ争《ハ》、前《ニ》定《マレバ》也。前《ニ》定《マレバ》雖《モ》レ不《ト》レ当《ラ》レ賢《ニ》、猶《ホ》可《シ》二以《テ》守《ル》レ法《ヲ》。不《シテ》二前《ニ》定《マラ》一而不《レバ》レ遇《ハ》レ[B]《ニ》、則《チ》争《ヒ》且《ツ》乱《ル》。天之生《ズルヤ》二大聖《ヲ》一也不レ数《しばシバセ》、其《ノ》生《ズルモ》二大悪《ヲ》一也亦《タ》不レ数《シバセ》。伝《フルハ》二諸人《ニ》一、得《テ》二大聖《ヲ》一、然《シテ》後《ニ》人莫《シ》二敢《テ》争《フ》一。伝《フルハ》二諸子《ニ》一、得《テ》二大悪《ヲ》一、然《シテ》後《ニ》人受《クト》二其《ノ》乱《ヲ》一。」

（韓愈「対禹問」による）

〔注〕　○堯――中国古代の聖人君主で、王位を舜に禅譲したといわれる。
○舜――中国古代の聖人君主で、王位を禹に禅譲したといわれる。
○禹――中国古代の聖人君主で、夏王朝の創始者といわれる。

設問

(一)「堯舜之伝賢也、欲天下之得其所也」を、「伝賢」の内容を明らかにしつつ、平易な現代語に訳せ。 解答欄：一三・六㎝×一・五行

(二)「伝之子而当不淑、則奈何」を、「伝之子」の内容を明らかにしつつ、平易な現代語に訳せ。 解答欄：一三・六㎝×一行

(三)Aと Bに、それぞれ文章の趣旨に照らして最も適当と思われる漢字一字を入れよ。

(四)「前定雖不当賢、猶可以守法」を、「前定」の意味を明らかにしつつ、平易な現代語に訳せ。 解答欄：一三・六㎝×一・五行

(五)この文章の作者は、「伝人」と比べて「伝子」の長所がどこにあると考えているか。簡潔に説明せよ。 解答欄：一三・六㎝×二・五行

二〇〇〇年度　文科

第三問

次の文章を読んで、後の設問に答えよ。ただし、設問の都合で送り仮名を省いたところがある。

閩《びん》藩司《ノ》庫蔵弗レ飭《ととのハ》、大順語《つゲテ》二左使《ニ》一治《メシム》レ之《ヲ》。不レ聴《カ》。已《ニ》果《タシテ》大《イニ》亡《うしなヒ》二庫銀《ヲ》一、悉《ことごとク》逮《とらフ》二官吏邏《ら》卒五十人《ヲ》於獄《ニ》一。大順曰《ク》、「盗多《キモ》不レ過《ギ》二三人《ニ》一、而繫《ルニつなグ》二五十人《ヲ》一。即《もシ》盗在《ルモ》、是《レ》亦《タ》四十七人《ハ》冤《ゑんナリト》矣。」請《フ》二代《ハリテ》治《ムルヲ》レ獄《ヲ》。左使喜《ビテ》属《しよくス》二大順《ニ》一。大順悉《ク》遣《やリ》レ之《ヲ》、戒《メテ》曰《ク》、「第《ただ》往《ゆキテ》跡《ヅケ》レ盗《ヲ》、旬日《ニシテ》来《リ》言《ヘト》。」

福寧《ノ》人与二鉄工一隣居《ス》。夜聞《キ》二銷《せう》声《ヲ》一、窺《うかがフニ》レ之《ヲ》、所《ハ》レ銷《とカス》銀《ノ》元宝也。以《テ》詣《いたル》レ官《ニ》。工曰《ク》、「貸二諸某家一。」某家証《シテ》レ之《ヲ》曰《ク》、「然《リト》。」首《はじめナル》者以《テ》レ誣《ぶヲ》坐《ス》矣。大順曰《ク》、「鉄工《ハ》貧人游食、誰《カ》有《ラン》下以《テ》二五十金《ヲ》一貸《ス》者上。此《レハ》是《レ》盗《ナラント》也。」令《シテ》索《もとメテ》得レ之《ヲ》、一訊《じんスルニ》輒《すなはチ》輸《つゲテ》曰《ク》、「盗者《は》、吏舎《ノ》奴也。使《メ》三某《それがしヲシテ》開《ケ》二庫鐍《けつヲ》一酬《むくユル》レ我《ニ》耳《ト》。」捜《シテ》捕《へ》レ奴《ヲ》、具《つぶさニ》得《テ》レ贓《ざうヲ》、五十人皆釈《とカル》。

（何喬遠『閩書』による）

〔注〕　○閩藩司——福建（閩）の民政をつかさどる役所。長官は左右二名の布政使。

○弗飭――きちんとした安全管理がなされていない。 ○大順――右布政使の陶大順。
○左使――左布政使。この時、蔵の管理を担当。 ○邏卒――警備の兵士。 ○繋――逮捕する。
○属――ゆだねる。 ○福寧――福建省にある地名。 ○銷――金属をとかす。 ○銀元宝――官製の銀塊。
○誣――ありもしないことを事実のように言うこと。 ○坐――罪に問われる。
○游食――ぶらぶらと遊んで暮らす。 ○鐍――錠。 ○贓――隠していた盗品。

設問

㈠ 「即盗在、是亦四十七人冤矣」とはどういうことか。なぜ四十七人なのかがわかるように、簡潔に説明せよ。

解答欄：一三・七㎝×二行

㈡ 「旬日来言」を、誰に何を言うのかを明らかにして、平易な現代語に訳せ。

解答欄：一三・七㎝×一・五行

㈢ 「貸㆓諸某家㆒」を、平易な現代語に訳せ。

解答欄：一三・七㎝×一行

㈣ 「首者」とは誰か。文中の語で答えよ。

㈤ 「此是盗也」と陶大順が判断した理由を、簡潔に説明せよ。

解答欄：一三・七㎝×二行

㈥ この事件の主犯は誰か。文中の語で答えよ。

二〇〇〇年度　理科

第三問

次の文章を読んで、後の設問に答えよ。

孔子曰《ク》、「導《クニ》レ之以《テシ》レ政《ヲ》、斉《ととのフルニ》レ之以《テスレバ》レ刑《ヲ》、民免《レテ》而無《シ》レ恥。導《クニ》レ之以《テシ》レ徳《ヲ》、斉《フルニ》レ之以《テスレバ》レ礼《ヲ》、有《リテ》レ恥且《ツ》格《ただシト》。」老氏称《いはク》、「法令滋《ますます》章《あきらカニシテ》　盗賊多《ク》有《リト》。」太史公曰《ク》、「信《ナル》哉是《ノ》言也《ヤ》。法令者《ナルハ》、治之具《ニシテ》而非《ザル》下制二治《スル》清濁《ヲ》一之源《ニ》上也。昔天下之網嘗《テ》密《タリ》矣。然《ルニ》姦《かん》偽萌《ばう》起《シテ》、其《ノ》極《ルヤ》也、上下相《ヒ》遁《のがレ》、至《ル》二於不《ルニ》レ振《すくハ》一。当《リ》二是之時《ニ》一、吏治《ハ》若《シ》二救《フニ》レ火《ヲ》揚《グルガ》レ沸《クヲ》。非《ザレバ》二武健厳酷《ニ》一、悪《ンゾ》能《ク》勝《ヘテ》二其《ノ》任《ニ》一而愉快《ナラン》乎。言《フ》二道徳《ヲ》一者《ハ》溺《ル》二其《ノ》職《ニ》一矣。漢興《リ》、破《リテ》レ觚《こヲ》而為《シ》レ圜《ゑんト》、斲《けづリテ》レ雕《てうヲ》而為《シ》レ朴《ト》、網《ハ》漏《ラス》二於呑舟之魚《ヲ》一。而《シテ》吏治《ハ》烝烝《しようしようトシテ》不レ至《ラ》二於姦《ニ》一、黎《れい》民艾《がい》安《ス》。由《リテ》レ是《ニ》観《レバ》レ之《ヲ》、在《リテ》レ彼《ニ》不レ在《ラ》レ此《ニ》。

（司馬遷『史記』酷吏列伝による）

〔注〕○政——法律。　○老氏——老子。　○太史公——司馬遷。
○制治——定める。　○姦——邪悪。　○萌起——芽生える。
○救火揚沸——沸騰した湯をかけて火を消す。事態が切迫していることのたとえ。

○武健——勇猛な。　○破觚而為圜——四角いものを円くする。
○雕——彫刻。　○烝烝——純良なさま。
○黎民——人民。　○艾安——よく治まる。

設問

(一)「法令者、治之具而非下制二治清濁一之源上也」を、「清濁」が何を意味するか明らかにして、平易な現代語に訳せ。

解答欄：一三・七㎝×一・五行

(二)「非二武健厳酷一、悪能勝二其任一而愉快乎」を、平易な現代語に訳せ。

解答欄：一三・七㎝×二行

(三)「網漏二於呑舟之魚一」は、どのようなことをたとえているか。簡潔に説明せよ。

解答欄：一三・七㎝×一行

(四)「在レ彼不レ在レ此」には、筆者のどのような主張が込められているか。簡潔に説明せよ。

解答欄：一三・七㎝×一・五行

一九九九年度　文科

第四問

次の文を読んで、後の設問に答えよ（設問の都合で送り仮名を省いたところがある）。

李子南《ノカタ》渡《ルニ》一江《ヲ》、有《リ》与《ニ》方《ならベテ》舟《ヲ》而済《ル》者。両舟之大小同《ジク》、榜人《ばうじん》之多少均《シク》、人馬之衆寡幾相類。而《しかルニ》俄《にはかニ》見《ル》其《ノ》舟《ノ》離《レ》去《ルコト》如《クシテ》飛《ブガ》、已《ニ》泊《マルヲ》彼《ノ》岸《ニ》。予舟猶《ホ》邅廻《てんくわいシテ》不進《マ》。問《ヘバ》其《ノ》所以《ヲ》、則《チ》舟中《ノ》人曰《ク》、「彼《かしこニ》有《リ》酒以《テ》飲《マシメ》榜人《ニ》、榜人極《メテ》力《ヲ》蕩《うごカス》槳《かいヲ》故爾《のみト》。」予不能《ハ》無《キ》愧色《きしよく》、因《リテ》嘆《ジテ》曰《ク》、「嗟乎《ああ》。此《ノ》区区《タル》一葦《ゐノ》所如《ゆク》之間《スラ》、猶《ホ》以《テ》賂《まひなひ》之有無《ヲ》、其《ノ》進《ム》也《や》有《リ》疾徐先後。況《まシテ》宦海《くわんかい》競渡《ノ》中、顧《レバ》吾手《ニ》無《キヲ》金、宜《むべナルかな》乎至《ルモ》今《ニ》未《ダ》霑《うるほハ》一命《ニ》也《やト》。」書《シテ》以《テ》為《ス》異日《ノ》観《ト》。

（李奎報『東国李相国集』より）

〔注〕○榜人――舟のこぎ手。　○邅廻――行きなやむこと。　○愧色――恥じる顔色。　○区区――小さいさま。
○一葦――一枚のあしの葉。　○宦海――官界。　○一命――初めて官吏に任命されること。

設問

(一)「人馬之衆寡幾相類」とは、どのようなことか。具体的に説明せよ。

解答欄：一三・六cm×一行

(二)「而俄見二其舟離去如レ飛、已泊二彼岸一」を、平易な現代語に訳せ。

解答欄：一三・六cm×一行

(三)「此区区一葦所レ如」とあるが、これはどのようなことを指しているか。具体的に説明せよ。

解答欄：一三・六cm×一行

(四)「書以為二異日観一」の異日観とは、どのようなことか。簡潔に説明せよ。

解答欄：一三・六cm×一行

一九九九年度 文科

第七問

次の詩は、唐の杜甫(七一二—七七〇)の作品である。これを読んで、後の設問に答えよ。

百憂《ノ》集《マル》行《うた》

憶《フ》年十五心尚《ホ》孩《がいニシテ》　健《ナルコト》如《ク》二黄《くわう》犢《とくノ》一走《リテ》復《タ》来《きたル》

庭前八月梨《り》棗《さう》熟《スレバ》　一日上《ルコト》レ樹《ニ》能《ク》千廻《くわいナリキ》

即《そく》今《こん》倏《しゆく》忽《こつトシテ》已《ニ》五十　坐《ざ》臥《ぐわ》只《ダ》多《クシテ》少《シ》二行立一

強《しヒテ》将《もつテ》二笑語《ヲ》一供《ス》二主人《ニ》一　悲《シミ》見《ル》生涯百憂《ノ》集《マルヲ》

入《レバ》レ門《ニ》依《リテ》レ旧《ニ》四壁空《シ》　老妻睹《みル》レ我《ヲ》顔色同《ジ》

痴児《ハ》不レ知《ラ》父子《ノ》礼　叫怒《シテ》索《もとメテ》レ飯《ヲ》啼《なク》二門東《ニ》一

〔注〕○孩——幼児。　○黄犢——あめ色の子牛。　○棗——なつめ。　○廻——回。　○倏忽——たちまち。
○主人——この詩が作られた時、杜甫の一家は成都(四川省)の友人のもとに身を寄せていた。

設問

㈠　第一・二句「憶年十五心尚孩　健如二黄犢一走復来」を平易な現代語に訳せ。

解答欄：一三・七㎝×二・五行

㈡　第九句「入レ門依レ旧四壁空」からは、杜甫のどのような暮しぶりがうかがわれるか。簡潔に記せ。

解答欄：一三・七㎝×一行

㈢　第十一・十二句「痴児不レ知父子礼　叫怒索レ飯啼二門東一」には、杜甫の自分自身に対するどのような思いが込められているか。簡潔に述べよ。

解答欄：一三・七㎝×一・五行

一九九九年度　理科

第四問

次の文章を読んで、後の設問に答えよ（設問の都合で送り仮名を省いたところがある）。

人生処世、如《キ》二白駒《ノ》過《グルガ》一レ隙《げきヲ》耳《のみ》。一壺《こ》之酒、足《リ》二以《テ》養《フニ》一レ性《ヲ》、一簞《たん》之食《し》、足《ル》二以《テ》怡《よろこバシムルニ》一レ形《ヲ》。生《キテハ》在《リ》二蓬《ほう》蒿《かうニ》一、死《シテハ》葬《ムラル》二溝壑《がくニ》一。瓦《ぐわ》棺石槨《くわく》、何《ヲ》以《テカ》異《ナル》レ茲《これニ》。吾嘗《テ》夢《ミテ》為《リ》レ魚《ト》、因《リテ》レ化《ニ》為《ル》レ鳥《ト》。当二其夢一也、何楽如レ之。乃《チ》其《ノ》覚《ムル》也《や》、何《ノ》憂《ヒカ》斯《これニ》類《セン》。良《まことニ》由《ル》下吾之不《ル》レ及《バ》二魚鳥《ニ》一者《ノ》遠《キニ》上矣。故《ニ》魚鳥《ノ》飛浮《ハ》、任《まかス》二其《ノ》志性《ニ》一。吾之進退《ハ》、恒《ニ》存《ス》二掌握《ニ》一。挙《グルニ》レ手《ヲ》懼《おそレ》レ触《ルルヲ》、揺《うごカスニ》レ足《ヲ》恐《ル》レ堕《ツルヲ》。若《シ》使《メバ》三吾《ヲシテ》終《つひニ》得二魚鳥《ト》同遊《スルヲ》一、則《チ》去《ルコト》二人間《かんヲ》一如《キ》レ脱《グガ》レ屣《くつヲ》耳。

（『梁書』世祖二子伝より）

〔注〕○隙――すきま。　○蓬蒿――よもぎの生えたくさむら。　○溝壑――谷間。

○石槨――棺を入れる外側の石のひつぎ。

設問

㈠「如㆓白駒過㆑隙耳」とは、どういうことか。簡潔に説明せよ。

解答欄：一三・六㎝×一行

㈡「当㆓其夢㆒也、何楽如㆑之」を平易な現代語に訳せ。

解答欄：一三・六㎝×一行

㈢「魚鳥飛浮、任㆓其志性㆒」とは、どういうことか。簡潔に説明せよ。

解答欄：一三・六㎝×一行

㈣「挙㆑手懼㆑触、搖㆑足恐㆑堕」とは、どういうことか。簡潔に述べよ。

解答欄：一三・六㎝×一行

㈤この一文で作者の望んでいることを簡潔に述べよ。

解答欄：一三・六㎝×一行

出典一覧

▶古文

<table>
<tr><th rowspan="2">年度</th><th colspan="3">文　科</th><th colspan="3">理　科</th></tr>
<tr><th>大問番号</th><th>類別</th><th>出　典</th><th>大問番号</th><th>類別</th><th>出　典</th></tr>
<tr><td>2023</td><td>2</td><td>説話</td><td>『沙石集』　無住</td><td>2</td><td colspan="2" rowspan="22">文科と共通（文科より設問数が少ない）</td></tr>
<tr><td>2022</td><td>2</td><td>物語</td><td>『浜松中納言物語』</td><td>2</td></tr>
<tr><td>2021</td><td>2</td><td>物語</td><td>『落窪物語』</td><td>2</td></tr>
<tr><td>2020</td><td>2</td><td>寺社縁起</td><td>『春日権現験記』</td><td>2</td></tr>
<tr><td>2019</td><td>2</td><td>俳文</td><td>『誹諧世説』　高桑闌更</td><td>2</td></tr>
<tr><td>2018</td><td>2</td><td>軍記物語</td><td>『太平記』</td><td>2</td></tr>
<tr><td>2017</td><td>2</td><td>物語</td><td>『源氏物語』〈真木柱〉　紫式部</td><td>2</td></tr>
<tr><td>2016</td><td>2</td><td>擬古物語</td><td>『あきぎり』</td><td>2</td></tr>
<tr><td>2015</td><td>2</td><td>物語</td><td>『夜の寝覚』</td><td>2</td></tr>
<tr><td>2014</td><td>2</td><td>浮世草子</td><td>『世間胸算用』　井原西鶴</td><td>2</td></tr>
<tr><td>2013</td><td>2</td><td>史書</td><td>『吾妻鏡』</td><td>2</td></tr>
<tr><td>2012</td><td>2</td><td>歌論</td><td>『俊頼髄脳』　源俊頼</td><td>2</td></tr>
<tr><td>2011</td><td>2</td><td>説話</td><td>『十訓抄』</td><td>2</td></tr>
<tr><td>2010</td><td>2</td><td>説話</td><td>『古今著聞集』　橘成季</td><td>2</td></tr>
<tr><td>2009</td><td>2</td><td>物語</td><td>『うつほ物語』</td><td>2</td></tr>
<tr><td>2008</td><td>2</td><td>説話</td><td>『古本説話集』</td><td>2</td></tr>
<tr><td>2007</td><td>2</td><td>説話</td><td>『続古事談』</td><td>2</td></tr>
<tr><td>2006</td><td>2</td><td>物語</td><td>『堤中納言物語』</td><td>2</td></tr>
<tr><td>2005</td><td>2</td><td>物語</td><td>『住吉物語』</td><td>2</td></tr>
<tr><td>2004</td><td>2</td><td>紀行</td><td>『庚子道の記』　武女</td><td>2</td></tr>
<tr><td>2003</td><td>2</td><td>説話</td><td>『古本説話集』</td><td>2</td></tr>
<tr><td>2002</td><td>2</td><td>説話</td><td>『神道集』</td><td>2</td></tr>
<tr><td>2001</td><td>2</td><td>歴史物語</td><td>『栄花物語』</td><td>2</td><td>説話</td><td>『十訓抄』</td></tr>
<tr><td>2000</td><td>2</td><td>私家集</td><td>『成尋阿闍梨母集』　源俊賢女</td><td>2</td><td colspan="2">文科と共通（文科より設問数が少ない）</td></tr>
<tr><td rowspan="2">1999</td><td>3</td><td>俳文</td><td>『芭蕉翁頭陀物語』　建部綾足</td><td>3</td><td colspan="2">文科３と共通</td></tr>
<tr><td>6</td><td>歌論</td><td>『百首異見』　香川景樹</td><td colspan="3"></td></tr>
</table>

▶漢文

年度	文科			理科		
	大問番号	類別	出典	大問番号	類別	出典
2023	3	思想	『貞観政要』 呉兢	3	文科と共通（文科より設問数が少ない）	
2022	3	思想	『呂氏春秋』 呂不韋	3		
2021	3	論説	『霞城講義』 井上金峨	3		
2020	3	史伝	『漢書』 班固	3		
2019	3	思想	『明夷待訪録』 黄宗羲	3		
2018	3	文章	『新刻臨川王介甫先生文集』 王安石	3		
2017	3	文章	『賢奕編』 劉元卿	3		
2016	3	詩	「寓居定恵院之東、雑花満山、有海棠一株、土人不知貴也」 蘇軾	3		
2015	3	説話	『閲微草堂筆記』 紀昀	3	文科と共通（文科より本文が短く設問数が少ない）	
2014	3	史伝	『資治通鑑』 司馬光	3	文科と共通（文科より設問数が少ない）	
2013	3	史伝	『三国史記』 金富軾	3		
2012	3	経書	『春秋左氏伝』 左丘明	3		
2011	3	詩	「放旅雁」 白居易	3		
2010	3	雑録	『玉壺清話』 文瑩	3		
2009	3	詩話・詩	『梅花無尽蔵』 万里集九	3		
2008	3	説話	『右台仙館筆記』 兪樾	3		
2007	3	随筆	『輟耕録』 陶宗儀	3		
2006	3	随筆	『続墨客揮犀』 彭乗	3		
2005	3	逸話	『庸間斎筆記』 陳其元	3	文章	『嘉祐集』 蘇洵
2004	3	逸話	『西湖遊覧志余』 田汝成	3	文章	『東坡志林』 蘇軾
2003	3	説話	『畸人十篇』 マテオ=リッチ	3	法家	『韓非子』 韓非
2002	3	随筆	「病梅館記」 龔自珍	3	随筆	『風俗通義』 応劭
2001	3	詩 注釈	「蘇小小墓」 李賀 『李賀詩解』 曾益	3	文章	「対禹問」 韓愈
2000	3	史伝	『閩書』 何喬遠	3	史伝	『史記』 司馬遷
1999	4	随筆	『東国李相国集』 李奎報	4	史伝	『梁書』 姚思廉・魏徴
	7	詩	「百憂集行」 杜甫			

■解答欄の例■

●一二・七cm×一行（枝問に分かれた設問。現代語訳など）

㈠		
ア	イ	ウ

●一三・四cm×二行、一三・四cm×一行（心情説明・趣旨・指示内容など）

㈡		㈢

●一二・七cm×一・五行、六・〇cm×一行（枝問に分かれた設問。現代語訳・指示内容など）

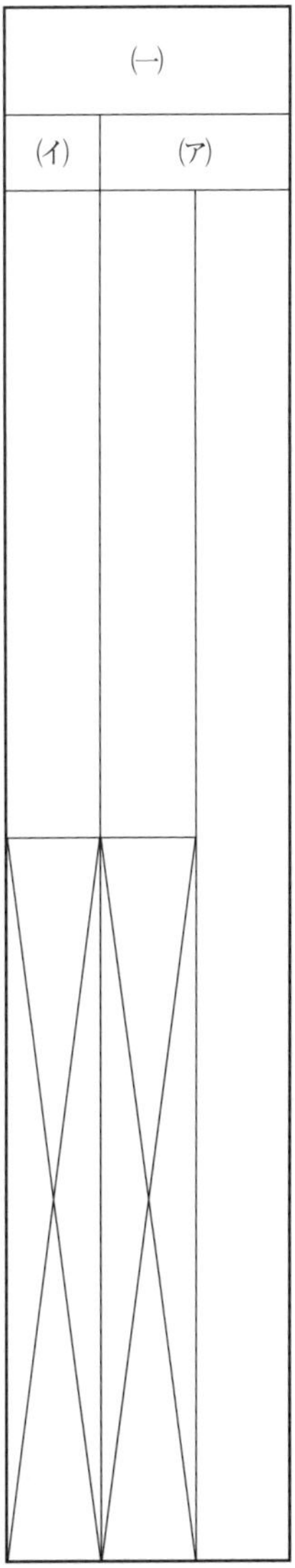

●一三・四cm×二・五行、一三・四cm×一・五行（心情説明・因果関係・主題など）

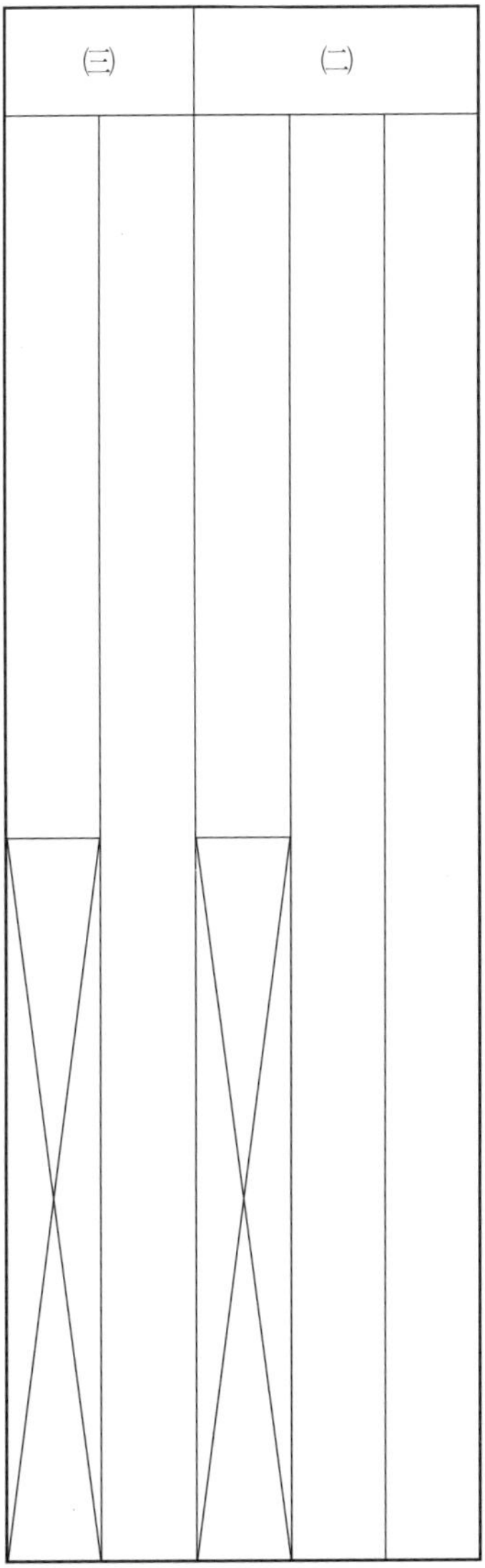

MEMO

MEMO

MEMO